Zu dem Buch

Die Autobiographie erzählt in acht Teilen das fast alltägliche Leben eines Mannes aus dem letzten Jahrhundert.

Um dem Leser ein überschaubares Lesevergnügen zu bieten, wurde eine Dreiteilung des umfangreichen, im Jahr 2011 verfassten Werkes unter Berücksichtigung von abgeschlossenen Zeitabschnitten vorgenommen.

Im 1. Band berichtet der Autor in lebhaften, sinnlich erfahrbaren Bildern von der Zeit des Krieges um Berlin, von der Jugendzeit, von ersten sexuellen Verführungen, der ersten Ehe und dem Alltag als angestellter Architekt in der geteilten Stadt.

Im 2. Band werden die wilden 60er und 70er Jahre lebendig, Partys, die Abkehr von der Familie, eine zweite Ehe, Herausforderungen im Beruf und andere rauschhafte Experimente, sowie eine monatelange Reise nach Afghanistan im VW Bus.

Der 3 Band thematisiert die persönliche Veränderung des Protagonisten durch Reisen zu spirituellen Orten in Indien und Marokko der 80er Jahre und Erfahrungen mit alternativen Therapieformen der 90er, die er als Leiter und Therapeut eines Instituts ´Centrum für bewusstes Leben´ - CBL machte.

Um die Wahrnehmungen und Gefühle des Protagonisten im Verlauf der Entwicklung adäquat zu beschreiben, wählte der Autor für die Zeitabschnitte verschiedene Ausdrucksformen.

Das Werk, AUGEN AUF UND DURCH bringt dem Leser einen Mann nahe, der, wie viele aus seiner Generation vaterlos aufwuchs und daher fast "ohne Eigenschaften" nach der Maxime lebte: Entscheide dich nach dem Lustprinzip.

AUGEN AUF UND DURCH

Biographisches von der Suche nach einem lustvollen Leben

von

Satgyan Alexander

Band 2

Teil 4-5-6

© 2018 Satgyan Alexander
Umschlaggestaltung Satgyan Alexander

Verlag und Druck: tredition GmbH, Halenreie 42, 22359 Hamburg

ISBN
Paperback: 978-3-7465-3374-0
Hardcover: 978-3-7465-3375-7
E-Book: 978-3-7465-3376-4

Das Werk, einschließlich seiner Teile, ist urheberrechtlich geschützt. Jede Verwertung ist ohne Zustimmung des Verlages und des Autors unzulässig. Dies gilt insbesondere für die elektronische oder sonstige Vervielfältigung, Übersetzung, Verbreitung und öffentliche Zugänglichmachung.

AUGEN AUF UND DURCH

Band 1

TEIL 1 Zeitsplitter

TEIL 2 Zeitausschnitte

TEIL 3 On the sunny site

Band 2

TEIL 4 Desolater Morgen

TEIL 5 Zeitbeben

TEIL 6 Morgenlandfahrer

Band 3

TEIL 7 Wahrhaftig gelogen?

TEIL 8 Die Jahre der Provinz

Teil 9 Anhänge

Als Vorwort

Eine leere Dose poltert über die Pflastersteine. Sie fliegt mit Schwung von rechts nach links, klebt einen Moment an einem Schuh und scheppert wieder nach rechts. Sie kullert, macht leise Nachschwingungen und bleibt unbeachtet liegen. Sie hat noch ihre Form und ich ahne, sie ist ein Sinnbild meiner Existenz. Kein Fuß trifft. Beine bewegen sich wie im Scherenschnitt von rechts nach links, von links nach rechts, dunkle Hosenbeine mit nackten Füssen in Sandalen. Glatt geschliffen schimmern die Pflastersteine im Regen, vom hin und her des täglichen Besorgens. Die Dose liegt geschützt in einer Vertiefung, Füße streifen sie leicht, sie wackelt, klappert, bleibt liegen. Jetzt kommen von links farbige Umhänge, aus denen Frauenfüße schauen. Eine helle Bewegung nackter Unterschenkel über den Boden, hin und her, durcheinander diagonal, schnelle Schatten werfend, bewegliche Schatten über graue Steine, vorbei an der Dose.

TEIL 4
Desolater Morgen

Nach der Party 11

2 Stunden später 27

Wochen danach 38

Monate danach 42

Nachtrag 49

TEIL 5
Zeitbeben

15 Jahre danach 53

Leben am Breitenbachplatz 68

Wilde Zeit 81

TEIL 6
Morgenlandfahrer

Vorab 97

Schon unterwegs 99

2 Tage später 102

Stavros in Griechenland 104

Kommentare von E. und R. 108

Türkei

Side im April 110

Nach Alanya 122

Nacht in Silifke 127

Anatolische Hochebene 129

Wildes Kurdistan 136

Persien

Merand und Tabriz 142

Aderbil 149 – Kaspisches Meer 150

Teheran 154 – Nach Quom 159

Esfahan 161 – Shiraz 163

Persopolis 165

Türme des Schweigens 167 – Yazd 169

Vor Teheran 170 – Teheran 171

Kaspisches Meer 173

Balbosar 174

3 Tage Staubstrasse 177

Shavir 180 – Mashad 181

Niemandsland 183

Die Grenze 184

Afghanistan

Herat 187 – Durch die Steinwüste 192

Kabul 195 – Mazar i Sharif 204

Banyamtal 208 – Band a Mir 210

Nach Kabul 217

Die Rückreise

Die Rückreise 220

Durch den Iran 222

Durch die Türkei 224

Grenzerfahrungen 230

Ein Paradies 234

Zurück in Europa 240

DESOLATER MORGEN

Nach der Party

Was für eine Stille. Endlich waren alle gegangen. Die Musik klang mir noch in den Ohren: <Wulle Bulle> wieder und wieder. Wie schön ruhig war es nun. Eben noch die letzten Gäste hinausbegleitet und die Tür ins Schloss fallen gelassen, fühlte ich nun, mit dem Rücken gegen die massive Türfüllung gelehnt, wie sich die Kühle des Holzes durch das verschwitzte, nasse Hemd in meinem Rücken ausbreitete. Ich blickte von der Diele in die drei großzügig geschnittenen Räume der Altbauwohnung. Die Türen standen alle offen, große zweiflügelige Holztüren mit massiven Füllungen, die nach dem letzten Anstrich perlweiß glänzten. Auf dem Boden lagen Zigarettenschachteln und zerrissene Servietten. Der Geruch von Alkohol und Zigarettenasche hing noch als Rest der Einweihungsparty in der Luft.

Irgendwo muss doch noch die Silberplatte mit den selbst gemachten Buletten sein. Ich ging suchend einige Schritte in Richtung Balkonzimmer, wo ich die Platte zuletzt gesehen hatte. Dann hielt ich inne, weil ich die Stimme meiner Tochter durch die geschlossene Tür zu meiner Linken im Schlaf reden oder seufzen hörte. Es konnte auch ein Knarzen gewesen sein. Mit der linken Hand auf der Klinke wartete ich ab. Es war erst so gegen 3 Uhr. Normalerweise schlief sie fest bis 6 Uhr früh.

Früher war sie oft weinend nachts aufgewacht, aber seit unserem Umzug vor einem Monat schlief sie besser. Mit zwei Jahren ist sie ja auch aus dem Gröbsten raus, dachte ich noch, als mir in dem nächsten Moment auffiel, wie ruhig es in der Wohnung war. Wo ist eigentlich meine Frau? Sie war doch vorhin noch in der Küche mit dem Abwasch der Gläser beschäftigt. Ruckartig löste ich mich von der Klinke und ging auf Zehenspitzen die paar Schritte auf dem Eichenparkett der Diele ins Berliner Zimmer. Was für ein Durcheinander! Verärgert hielt ich inne. Stühle und Sessel standen kreuz und quer wie eine Ansammlung desorientierter Passagiere, die bei der Abfahrt nicht mitgekommen waren. Mit langen Schritten durchquerte ich im Zickzackkurs die Möbelansammlung, dabei Kissen und Geschirrbergen ausweichend und riss die Tür zum Küchenflur auf: "Larissa", rief ich mit schwacher, krächzender Stimme, dann etwas lauter: "Larissa!". Keine Antwort. Alles, was mir aus dem engen Flur entgegenkam, war der eklige Geruch von dem erkalteten Bratenfett. Die Tür zur Küche stand offen und das Licht war an.

Vielleicht hat sie sich schon hingelegt und schläft schon, schoss es mir durch den Kopf. Ich ging ein paar Schritte in den Flur. Die erste Tür links führte in unser Schlafzimmer, ich legte vorsichtig die Hand auf die Klinke. Dabei dachte ich unbewusst an den großen Garderobenschrank aus der alten Wohnung, der, aus einem Stück gefertigt, beim Umzug in dem neuen Treppenhaus als riesige Kiste zwischen den Treppenläufen fest eingeklemmt hing. Niemand konnte an dem Nachmittag die Treppe benutzen, weder hoch noch runter gehen. Eigentlich war es ein köstlicher Anblick gewesen, filmreif, wie bei Dick & Doof, und ich musste wieder innerlich kichernd den Kopf über mich schütteln.

Die Umzugsleute lösten dann brummend den Korpus vorsichtig von den Wänden, Putz fiel herab, das Geländer zerkratzte und diese wunderbare, von mir entworfene, an den Ecken verzinkte Tischlerarbeit, musste erst mal im Hausflur abgestellt werden, wo sie dann von mir nach Wochen mit einer Handkreissäge in handliche Einzelteile zerlegt wurde, wie es sich für einen normalen Kleiderschrank auch gehört.

"Ja", redete ich nun laut vor mich hin, "in dieses kleine Zimmer wäre der Schrank als Ganzes sowieso nie hinein gegangen. Es ist ja nur Platz für unser Bett, weil auch noch der alte Kachelofen in der Ecke des Raumes steht". Und vor meinem inneren Auge sah ich nun den wieder zusammengebauten Schrank, der vor 3 Jahren so viel Mühe und Geld gekostet hatte, im sogenannten Berliner

Zimmer an der Wand auf einer Stahlkonstruktion, wo er richtig zur Geltung kam und das Licht des großen Fensters aus der Ecke des Raumes als weiße Fläche reflektierte.

Warum denke ich bloß an diesen Schrank? ging es mir durch den Kopf, während ich noch immer unschlüssig vor der Tür zum Schlazimmer stand, wieso an den Umzug? Ach, na klar, heute war ja unser Einweihungsfest gewesen. Meine linke Hand machte eine unbewusste Geste in Richtung Stirn, während meine rechte noch immer auf der Klinke lag. Endlich drückte ich sie vorsichtig hinunter. Die Tür öffnete sich nach innen in Richtung Ofen. Ich sah das leere Bett. Hatte ich das Bett heute Nachmittag nicht glatt gezogen? Wieso ist das jetzt verwühlt, bemerkte ich etwas irritiert. Ich schloss die Tür und blickte beunruhigt noch in das daneben liegende kleine Bad. Der Geruch von WC Reiniger und verschiedene Deodorantdüfte ließen mich unwillkürlich die Luft anhalten. Meine Frau war nicht da!

Wie kann das sein? Das verstehe ich nicht! Nun, vielleicht ist sie mal Luft schöpfen gegangen? Also rannte ich in dem kleinen, engen Flur zur Küche, sah aber schon von der Tür aus, in der ich abrupt stehenbieb, dass die Hintertür zur Dienstbotentreppe von innen verrammelt war. Dann muss sie doch vorne hinausgegangen sein. Ohne mir etwas zu sagen?

Ich ging kopfschüttelnd von der Küche langsam wie im Traum, ohne etwas wahrzunehmen durch alle Zimmer, fand mich auf dem kleinen Balkon wieder, wo ich den Geruch der Stadt tief einatmete. Die Nacht war sternenklar und warm. Eine wunderbare Frische zog durch die Straße mit den hohen alten Robinienbäumen. Der Mond war schon gen Norden hinter unserem Haus verschwunden, aber die Resthelligkeit ließ überdeutlich die Pflastermuster der Bürgersteige und die Gipsprofile der gegenüberliegenden Hausfronten hervortreten.

DESOLATER MORGEN

Ist schon ein Glück, dass wir diese Wohnung in der Wagner Straße bekommen haben, ging es mir durch den Kopf, es hatten sich ja viele Bewerber um die Wohnung bemüht. Aber die alte Hausbesitzerin hatte sich schließlich für uns entschieden. Sie hatte wohl ein Herz für uns, das junge Paar mit dem Kleinkind, gehabt. Und die Miete ist außerdem nicht sehr hoch.

Meine Gedanken schweiften zurück zur alten Wohnung in der Weimarerstrasse, in der wir, Larissa und ich, zwei Jahre zusammen mit meiner Mutter gelebt hatten. Ich war in der Wohnung zur Welt gekommen, hatte dort meine Kindheit, Jugend und Studienzeit zugebracht und hatte dann im ersten Sommer unserer Ehe alle Räume, die wir bewohnen wollten, in Eigenarbeit renoviert: Das große Wohnzimmer, das Schlafzimmer und die kleine Mädchenkammer für das Kind, das ein halbes Jahr später zur Welt kam. All die Räume, die meine Mutter für uns geopfert und von den Untermietern freigemacht hatte.

Ich erinnerte mich wieder deutlich an das mühselige Abschleifen des Parketts mit Eisenspänen und an das Ablösen der alten Tapeten. Da fand ich als Makulatur Zeitungsnachrichten aus dem Jahre 1923 <Brot kostet 1000 Reichsmark> und <Noch mehr Menschen ohne Arbeit>. Viele Schichten musste ich abkratzen, weil ich die Wand pur haben wollte, in ihrer ganzen Schönheit, nur mit einem Anstrich versehen. Puristisch sollte alles sein, wie die Möbel des Schlafzimmers, die ich nach eigenen Entwürfen in der Werkstatt eines Kommilitonen anfertigen ließ. Alles war aus massiver Kiefer, die Ecken verzinkt, mit weißgestrichenen Vorderfronten perfekt gearbeitet. Die Decke des Schlafraumes hatte ich eigenhändig mit einem weißgestrichenen Holzlamellenraster abgehängt. Die Vorhänge waren in einem vornehmen dunkelgrau gehalten und als Lampe diente der große japanische Lampion. Alles war wunderbar aufeinander abgestimmt. Leider haben nur die Möbel den Umzug mitgemacht. Die Atmosphäre blieb zurück.

Aber es ging auch wirklich nicht mehr mit den beiden. Larissa und meine Mutter hatten sich ständig gestritten, wie das häufig vorkommt, wenn Schwiegertochter und Schwiegermutter zusammen leben müssen. Jeder wollte das Kind für sich haben. Meine Mutter konnte, wenn wir ausgegangen waren, die kleine Franziska nicht allein im Kinderzimmer liegen sehen. Sie nahm das Kind hoch und trug es wie eine Puppe umher. Meine Frau rastete aus. Schließlich wurde das Kind eingeschlossen und der Schlüssel von Larissa abgezogen und mitgenommen.

Ob ich damals einen Einwand hätte erheben sollen? Aber man hört doch von allen Seiten, dass der Mann zu seiner Frau halten soll. Und im Übrigen war die Zeit vor den Streitereien doch eigentlich harmonisch gewesen, vesuchte ich mein latentes Umbehagen zu beruhigen und versank in angenehme Bilder aus vergangener Zeit

Ich erinnerte mich an das erste Jahr und sah mich mit Larissa in dem chinesischen Restaurant in der Kantstraße sitzen, in dem wir täglich als Belohnung für die anstrengenden Renovierungsarbeiten zu Mittag gegessen hatten. "Chinesische Ente, ganz knusprig" hörte ich noch den Wirt mit der witzigen Aussprache und dem breiten Grinsen unter den winzigen Augenschlitzen. Das war die Zeit, als ich noch ganz verliebt war, oder was ich dafür hielt. Meine Frau hatte nach der Geburt wieder ihre schlanke Figur und der kurze Haarschnitt gab ihr den Touch von Jean Seberg aus dem Film <Außer Atem>. Ich war so stolz auf sie.

Im Spätsommer 1963 waren wir dann noch für eine Woche mit dem Kleinkind in einer Privatpension am Plöner Seengebiet untergekommen. Für eine Woche in einem kleinbürgerlichen Schlafzimmer mit hochglanzpoliertem Garderobenschrank, Frisiertoilette und 2 Nachtschränken der gleiche Güte. Es war eine einengende Atmosphäre, die uns täglich in eine Lichtung vertrieb, wo das Sonnenlicht zwischen den hochstehenden Bäumen Muster auf den Moosboden zeichnete. Das schlafende Baby an unserer Seite, holen wir unter den Laubkronen in der Einsamkeit die Liebesspiele nach, die nach der Trauung nur unter Anteilnahme von Verwandten, Untermietern oder Pensionswirtinnen möglich gewesen waren. Während der zwei Stunden Babyschlaf tobten wir uns unter den spätsommerlichen Lüften nach unseren Vorstellungen moralisch enthemmt aus.

"Die Luft ist heute Nacht fast so warm wie damals", fand ich wieder zurück in die Wirklichkeit des Balkons, auf dem ich noch stand. Dann fühlte ich, wie ich von dem einsetzenden Morgenwind fröstelte. Mein Blick überflog die Dunkelheit der Straße mit den von den Laternen ausgeleuchteten Sphären und ich sah kugelförmige Lichtschwaden, in denen die Feuchtigkeit als Nebedunstl aufschien.

Beim Zurücktreten in das Wohnzimmer horchte ich nach dem Kind. Es war nichts zu hören. Meine Augen strichen über die paar Möbel, die wir hier hingestellt hatten. Vor mir standen einer der Safarisessel, die wir uns als einzige Möbel neu gekauft hatten und der Tisch, den ich entworfen hatte. Er war inspiriert von dem Safarisessel und deshalb total auseinandernehmbar. Ich hatte ihn in meiner Lehrwerkstatt bauen lassen. An den Wänden hatte ich am Nachmittag noch Zeichnungen von der Kindertagesstätte festgemacht, an der ich seit einiger Zeit arbeitete. Die Blätter sollten als Wandschmuck dienen, aber vielleicht auch den einen oder anderen auf die Arbeit aufmerksam machen. Ich war ziemlich stolz auf den Entwurf, der von mir stammte.

Während ich noch überlegte, in welchem Jahr ich den Entwurf für den Tisch gemacht hatte, stellte sich das Bild von Heinrich Brummak ein, der den ganzen Abend in dem Safarisessel stumm an dem Tisch gesessen hatte. In der rechten Hand hatte er eine Flasche Bier und in der linken eine Holzkugel von 10 Zentimeter

Durchmesser, die er den ganzen Abend hin und her drehte, als müsste er sie streicheln.

"Heinrich macht wirklich schöne Bronzegüsse", redete ich halblaut vor mich hin, "solche schlanken Figurinen mit den kronenförmigen Köpfen: König und Königin im Stil von Giacometti, nur viel kleiner". Den Brennofen für die Güsse hatte Heinrich selbst errichtet und zum ersten Bronzeguss hatte er mich eingeladen. Das war vor einigen Wochen.

Stundenlang saß Heinrich heute Abend an der einen Stelle. Er kam, setzte sich und drehte die Kugel in seiner Hand. Eigenartig. Alles tanzte <Wulle Bulle> und auch nach andere Musik. Aber Heinrich saß, trank sein Bier und drehte die Kugel. Irgendwann, ich konnte mich auch nicht mehr genau erinnern, wann das war, war der Safarisessel leer und von Heinrich keine Spur.

Und was mache ich hier mitten im Raum? Ich drehte mich um die eigene Achse, um zu mir zu kommen und dann fiel mir ein, ich könnte ja mal nachsehen, ob der Mantel meiner Frau noch an der Garderobe hinge. Vielleicht ist sie nur mal ganz kurz mit einem Gast die Treppe hinunter gegangen um frische Luft zu schöpfen. Wie man so im Gespräch mit jemanden zur Tür geht und, weil das Gespräch so interessant ist, auch noch die Treppe und dann steht man vor der Tür und findet kein Ende, überlegte ich und schlug mir an die Stirn: "Klar, die steht vor der Haustür! Ich könnt ihr den Mantel bringen". Ich griff schon danach, hielt inne und überlegte, aber dann hätte ich doch eigentlich vorhin auf der Straße Stimmen hören müssen, als ich auf dem Balkon war. Aber ich hatte keine gehört.

Nun fiel mir ein, dass ich früher als Junge auch mit Mädchen im Hauseingang gestanden hatte und wir hatten beim Knutschen kaum Lärm gemacht. "Dann gehe ich lieber nicht nachsehen, das wär mir doch ziemlich peinlich!"

DESOLATER MORGEN

Und ich dachte an die peinliche Geschichte von vor 14 Tagen, als wir mit der Rixdorfergruppe in deren VW-Bus zur Havel gefahren waren. Voll waren sie, die Künstler und die Lebenskünstler und der VW-Bus war auch voll, vollgepackt mit Alkohol und einigen aus der Gruppe und wir beide dazu.

Wieso waren wir denn eingeladen worden? ich glaubte mich zu erinnern, dass Larissa den Vorschlag gemacht hatte. "Da gibt es ein paar lustige Maler, die zusammen am Samstag zur Havel fahren um die Nacht durchzufeiern. Wollen wir da mitmachen?"

So ähnlich war es wohl gewesen. Ich wollte eigentlich nicht mit, ich wollte lieber ein gemeinsames Beieinandersitzen mit Musik und der Literatur aus dem dritten Programm, <Am Abend vorgelesen> mit Gert Westphal hören: <Joseph und seine Brüder>. Das zog sich schon seit Monaten hin, war ja immer nur samstags eine halbe Stunde. Den Genuss hatten wir uns am Anfang der Ehe noch mit Smörrebröd aus dem dänischen Spezialitätengeschäft in der Joachimstaler Straße veredelt. Diese hübsch dekorierten Delikatessen mit einem pikanten Obendrauf, sei es ein süß eingelegtes Fischlein oder ein Remouladenschinkenröllchen, in diesem schön gefalteten weißen Karton mit der dänischen Flagge drauf, wurden am Samstagabend zu einem idealen Vorspiel für das Eigentliche. Leider hatte der Laden dichtgemacht. So blieb nur noch Gert Westphal mit Thomas Mann, auf den ich an dem Samstag auch noch verzichten musste, weil ich schließlich doch in den Bus einstieg, der vor der Tür wartete.

Los ging es am frühen Abend. Es gab nicht genug Sitzplätze. Irgendwo musste ich mich festhalten, halb auf dem Boden des VW Busses abgestützt, halb auf einer Bierkiste sitzend. Auf der anderen Hälfte saß dieser Franz S., der schon mit Larissa in einem Gespräch über <ich weiß nicht mehr was> vertieft war. Ich fühlte mich beobachtet. Die mehr oder weniger bärtigen Gesichter bildeten um uns beide eine halbkreisförmige Kulisse mit listigen Augenzwinkern, verhaltenem Lachen und gegenseitigem Anmachen. Dem Bier wurde schon während der Fahrt heftig zugesprochen. Rülpser in verschiedenen Tonhöhen akzentuierten das Motorgeräusch hinter mir. Larissa, die einzige Frau zwischen all den Männern, saß halb auf der Bank, halb auf dem Schenkel eines, schon etwas in die Jahre gekommenen Dicken, von dem sich später herausstellte, dass er der Gründer der Rixdorfer Gruppe war.

Meine Frau hatte einen kurzen Minirock angezogen, der ihre schlanken Beine fast ganz sehen ließ. Der Typ, der mit ihr schwafelte, berührte wie zufällig mit den Händen ihre Waden, die sich in dem engen Raum vor ihm in den hohen Absätzen abstützten.

Was fällt dem denn ein! Ich blickte Larissa streng an, die meinen Blick mehr fühlend wahrnahm und die Beine aus der Berührungssphäre zurückzog. Das will mir gar nicht gefallen, zu ärgerlich, dass wir zugesagt haben, verdrängte ich das Gesehene und hoffte bald aussteigen zu können. Ich hatte mich noch nie so verunsichert gefühlt.

Die Fahrt ging kurvenreich und durchgeschüttelt über Waldwege zu Ende. Beim Aussteigen wurden wir alle von zwei anderen Pärchen mit "Hallo" begrüßt, die sich zwar im Äußeren deutlich durch schickere Klamotten unterschieden, aber offensichtlich auch irgendetwas mit Kunst zu tun hatten. Die freie Art aufeinander zuzugehen und die ungewöhnliche Kombination der Kleidung deuteten in diese Richtung.

Wahrscheinlich alle von der HdK, ordnete ich die Neuen mit ein. Aus dem alten Sambabus waren nun auch die zwei Frauen ausgestiegen, die vorne gessessen hatten. Schwarz geschminkte Augen und solche weiten schlapprigen Klamotten fielen als erstes in mein Blickfeld. Sie lachten grell und schmissen dabei ihre Mähnen um sich.

Ich war noch mit der Betrachtung der einzelnen Personen beschäftigt, als Larissa aus dem Bus rief: "Schatz, ich glaube die Kette ist gerissen!". Tatsächlich, die hübsche Glasperlenkette in Türkis, die sie extra meinetwegen noch umgelegt hatte, lag am Boden des Busses in Einzelteile verstreut.

Das Geschenk zu ihrem Geburtstag! Ich kniete mich hin, um die Perlen aufzuklauben. Ich griff unter den Sitz, unter die Bierkiste. Wie viele einzelne Perlen waren es eigentlich? versuchte ich mich zu erinnern. Jetzt hatte ich vielleicht die Hälfte in meiner Hand und steckte sie in die Jackentasche. Ich räumte die Kiste aus dem Wagen. Larissa stand neben dem Fahrzeug und sagte: "Ach lass doch, du findest sie sowieso nicht alle". Was mich natürlich anstachelte, noch tiefer in den Bus zu kriechen. Die Umstehenden fingen an zu lachen und riefen: "Such, such!". Sie hielten sich die Seiten und klatschten sich auf die Schenkel, während ich wie besessen den Boden absuchte.

Nicht aufgeben! Denen nicht den Sieg gönnen! Außerdem konnte ich so beschäftigt darauf hoffen, dass die Spaßmacher aufgaben und verschwinden würden. Die wollten doch feiern, na dann los! Lasst mich in Frieden suchen. Endlich verkrümelte sich die Gruppe hinunter zur Anlegestelle an der Havel.

Einer blieb beim Bus zurück um abzuschließen. Da musste ich doch nach einigen Minuten die Suche einstellen. Als ich mich aufrichtete, blickte ich in ein lachendes Gesicht: "Na, alle Perlen deiner Frau gefunden? Pass auf, vielleicht kriegst du deine Alte auch nicht mehr ganz heil zurück!"

Irritiert blickte ich in das Gesicht, das sich immer mehr zum Grinsen verzog. "Hast ´de nicht mitgekriegt, wahr?", fuhr der fort, "dass der Franz ein Auge auf sie geworfen hat? Heh?" Nun wurde mir die Situation klar, jetzt passte einiges zusammen.

Und wo ist sie jetzt? schoss es mir durch den Kopf und ich rannte hinter den anderen her, hinunter zum Anleger, wo sie alle lachend auf mich warteten, bis auf zwei.

Von Larissa und dem Franz keine Spur.

Was bin ich doch naiv und wie blöd kann ein Mensch sein, wenn er liebt, stellte ich deprimiert fest. Sie klopften mir tröstend auf die Schulter. "Nimm´s nicht krumm. Ist uns auch schon passiert". Das mochte schon sein, aber ich empfand diesen Moment schrecklich unangenehm und peinlich.

Ja, peinlich, wirklich. Versunken betrachtete ich noch den Mantel meiner Frau am Garderobenständer, fühlte Hitze aufsteigen, ging zur Eingangstür, öffnete sie, um ins Treppenhaus zu lauschen. Die kühle Nachtluft zog an mir vorbei nach oben und von der Helligkeit des Mondes bestrahlt, zeichneten sich die Sprossen des Treppenhausfensters auf dem Podest ab. Wie ein Gitter wirkte der Schattenwurf und das Wort "Gitter", das ich innerlich leise aussprach, schien der Schlüssel für den Zustand unserer Beziehung zu sein.

Hatte ich nicht, aus einem Gefühl des Eingeengtseins vor ein paar Wochen so nebenbei meiner Frau gesagt: "Wir müssen doch nicht immer alles zusammen machen".

Sie hatte mich fragend angeblickt: "Was meinst du damit?"

"Ach nur so! Ich dachte mir, falls du mal Lust hast mit jemandem zu reden, in der Zeit, wenn du mit dem Kind im Strandbad Wannsee bist, dann wäre es doch für dich nicht so langweilig".

"Mir ist nicht langweilig. Ich liege gerne in der Sonne und tue nichts".

"Ja schon, aber manchmal unterhält man sich doch auch gerne, oder nicht?" Damit endete das Gespräch. Könnte es sein, dass sie mich total missverstanden hat? Das war doch keine Aufforderung zum Seitensprung, versuchte ich mich zu rechtfertigen und zu beruhigen. Schließlich war sie damals in der Nacht an der Havel nach ein paar Minuten wieder lachend aufgetaucht und der Franz kam aus einer ganz anderen Richtung.

Man muss auch nicht alles so dramatisieren, dachte ich bei mir. Die nächtliche Feier mit den Künstlern war ja schließlich richtig ausgelassen geworden. Es wurde viel getanzt, die hatten ein batteriebetriebenes Kassettengerät dabei und dort hörte ich zum ersten Mal diesen Song, der nicht mehr aus dem Ohr gehen wollte: <Wulle Bulle, Wulle Bulle>.

Ich fühlte die Musik bereits erneut in den Gliedern und sah mich im gleichen Moment im Balkonzimmer mit der Ingrid aus unserem Büro tanzen. Hoppla, schon fühlte ich mich um drei Stunden zurückversetzt, mein Atem ging schneller, die Beine wippten im Rhythmus, mein Oberkörper drehte sich mit der Musik, meine Hände spürten die weiche Haut meiner Tanzpartnerin. Ich sah in ihre grünen Augen, sah die hochgesteckten, rötlichen Haare, ihr offenes Lächeln und das Grübchen am Kinn. Sie ist doch eine aparte Frau, wenn sie sich so im Rhythmus gehen lässt. Ich hatte sie so überhaupt noch nie erlebt.

Ingrid war in unserem Architekturbüro seit einigen Monaten als Zeichnerin tätig. Sie saß dort vor mir, deshalb sah ich sie fast immer nur von hinten, außer wenn ich ihr Pläne und Details erklärte, die sie für meine Projekte aufzeichnen musste. Im Büro war sie zurückhaltend höflich, fast schon scheu und ich erinnerte mich, dass sie in einer Pause davon gesprochen hatte, wie froh sie gewesen wäre, endlich nach zweijähriger Unterbrechung das Studium der Innenarchitektur an der Meisterschule abgeschlossen zu haben. Ich hatte sie dort nie gesehen. Unerklärlich eigentlich, dachte ich bei mir, dass sie mir nicht aufgefallen war. Heute Abend war sie doch äußerst attraktiv in dem grauen, figurbetonten Kleid, wie sie sich drehte, mit den Hüften schwang, mir zulachte und ganz außer Atem geriet, als der Tanz wilder wurde. Vielleicht ist sie ein wenig zu fraulich, blitzte noch eine Bewertung durch mein Gehirn. Ihr Busen scheint ein bisschen groß.

Ingrid hatte sich nach dem Tanz auch weggedreht, sich entfernt und war später mit einem Glas Wein an mir vorbeigegangen ohne mich anzusehen. Das berührte mich etwas unangenehm, Komisch, was ich an ihr finde. Wenn ich so überlege, muss ich ihr doch eine ziemlich lange Zeit mit den Augen gefolgt sein. Wie lange ich sie wohl beobachtet habe? versuchte ich mir über meinen Zustand klar zu werden. Ist ja auch egal, entschied ich und dann wurde mir plötzlich bewusst, dass mindestens eine Stunde vergangen sein musste, seitdem Ingrid und auch die anderen die Wohnung verlassen hatten.

Also muss Larissa schon mehr als eine Stunde fort sein, überfiel mich die Wirklichkeit der leeren Wohnung. Ein leichtes Unbehagen vom Magen meldete sich und das bekannte Gefühl der Einsamkeit vermischte sich für einen kurzen Moment mit Traurigkeit. Sie ähnelte der Traurigkeit, die ich in unserer Ehe zum ersten Mal letztes Jahr während einer Jugoslawienreise erfahren hatte. Nach der Italienreise, in der wir uns verliebten, war die Reise nach Krk in Nordjugoslawien die erste Auslandsreise ohne Kind. Franziska war bei meiner Mutter in Obhut gegeben worden. Meine Frau wollte sich mal richtig erholen, nicht nur von der Arbeit als Kinderkrankenschwester, die sie nach der Geburt wieder aufgenommen hatte, sondern auch von den anstrengenden Nächten, dem Stillen, einfach von allem. Das konnte ich gut verstehen. Ohne Kleinkind könnte unsere Ehe vielleicht auch wieder eine Liebesbeziehung werden, hoffte ich.

DESOLATER MORGEN

Die Ankunft in dem Hotel in Krk, in dem ein alter Kellner noch aus der Zeit der K.u.K. Monarchie uns auf Deutsch mit österreichischem Charme empfing, geriet zu einem stressigen Anfang. Das vorbestellte Zimmer stand unter Wasser. Es lief durch das Dach an der Wand hinter dem Betthaupt hinunter, das zwar einen gewissen ästhetischen Reiz auf mich ausübte, aber mit meiner Frau zu einem handfesten Streit führte. Also musste das Ausruhen nach einer langen Busreise um Stunden verschoben werden, bis ein anderer, trockener Raum hergerichtet war. Die Regenzeit hörte glücklicherweise am selben Tage noch auf und der ganze April war dann sonnig. So konnten wir viele Tage in Ruhe genießen. Die kleinen Unpässlichkeiten, wie ranzige Butter zum Frühstück wurden von mir mit lauter Kritik an dem pseudokommunistischen System der Bedienung vor die Füße geworfen. Es änderte sich trotzdem nichts. Sonst war das Essen einem Drei-Sterne-Hotel gemäß reichlich und jugoslawisch mit Raznjici, Cevapcici und scharfer Eselfleisch Salami.

Lebend begegneten wir den Tieren auf dem Weg zum Sonnen und Baden an einem felsigen Kiesstrand, wo zum Glück eine Fläche als Anleger betoniert war, sodass eine horizontale Ebene zum Ablegen von Badetüchern einlud. Larissa stellte sich auf Sonnenbaden ein. "Ich will braun werden", hörte ich ihre Stimme wieder ganz deutlich, als mir bewusst wurde, dass sie heute Abend ziemlich viel Make-up aufgelegt hatte um diesem Ziel näher zu kommen.

Und jetzt fiel mir in diesem Zusammenhang auch ein, dass ich vor einigen Stunden die gleiche Make-up Farbe am Hemdkragen von Franz S. bemerkt hatte. Ich hatte es mehr unbewusst wahrgenommen, ohne es zu bewerten. Aber so hatte ich ja auch damals in Krk alles hingenommen, auch dass sie tagelang in der knalligen Sonne lag um braun zu werden.

DESOLATER MORGEN

Nach 10 Tagen hatte sich ihre Haut merklich ins Rote verfärbt. Sie musste Schutzcreme bemühen, die Haut fing an, sich zu pellen. Trotzdem wollte sie nicht aufgeben. Allen meinen Bitten, doch mal eine Pause einzulegen, einen Spaziergang zu dem kleinen Ort zu unternehmen, widerstand sie eisern.

So musste ich allein losziehen. Durch die Gassen, an der Schmiede vorbei, zur kleinen Bar am Markt, wo der Patron nach türkischer Art auf dem offenen Feuer Kaffee mit Zucker in einer Kupferkanne aufkochte, der verführerisch duftete und schmeckte. Alle diese Erlebnisse, einschließlich der wunderbar pikant gewürzten Wurst, die ich von meinem Gang durch den Ort mitbrachte, sowie meine diamantscharfen Beschreibungen von schillernden Steinoberflächen und überreichen Grünschattierungen der schmalen Eselspfade, konnten sie kein einziges Mal bewegen, ihren Stammplatz zu verlassen, außer zu den Essenszeiten. Das Badetuch blieb dann zurück als stumme Mahnung für mich, auf keinen Fall auf eine Änderung ihrer Absicht, braun zu werden, zu hoffen. Ich fügte mich. War das bereits Resignation? Oder eher Trauer über eine verlorenen Chance sich wieder näher zu kommen?

"Das ist nun auch schon über ein Jahr her", murmelte ich vor mich hin, als ich jetzt im Balkonzimmer zwischen den Safarisesseln stand, an der Stelle, wo ich gerade vorhin in Gedanken mit Ingrid <Wulle Bulle> getanzt hatte. Ich griff unbewusst nach einem gefüllten Aschenbecher um ihn in die Küche zu tragen. Im Berliner Zimmer sah ich, im Zickzack durch das Chaos steigend, noch mehr Aschenbecher, die mir als eine Aufforderung erschienen. Eine Aufforderung einfach mal was Nützliches zu machen, dieses Chaos zu beseitigen, statt nur in Erinnerungen abzudriften.

"Ja, ich müsste aufräumen! Die Kissen aus dem Weg räumen! Die umgefallenen Stühle um den Esstisch stellen! Die Tellerberge mit den Resten von Kartoffelsalat und Senf in die Küche bringen!"

redete ich vor mich, "die Gläser hat sie ja offensichtlich schon weggeräumt".

Aber dann kippte meine Stimmung, "sie ist verschwunden und hat mir den ganzen Dreck zurückgelassen. Soll ich wohl wieder alles in Ordnung bringen!", knurrte ich halblaut vor mich hin und fühlte Unruhe von der Körpermitte hoch kriechen, die sich langsam in eiskalte Wut verwandelte. Ich rannte zum Fenster, riss mit der linken Hand an dem Riegel, öffnete den inneren und dann den äußeren Flügel und schmiss den Aschenbecher, den ich noch immer in der Hand hatte, in den Hof, wo er mit einem satten Plumps auf der Gartenerde aufklatschte.

Dann ebte die Wut schon wieder ab, "Na gut, es macht ja keinen Sinn alles runter zu schmeißen. Einerseits gibt es nicht genug Lärm und dann muss ich den ganzen Kram wieder besorgen!"

Ich schloss also die Fensterflügel und beobachtete, wie die zurückgehaltene Wut weiter abflaute und sich zu einer inneren Kraft wandelte, zu einer Stärke, allem standzuhalten. Dieses Gefühl hatte mir schon einige Male geholfen. Zuletzt vor drei Jahren.

In dem Urlaub in Rimini vor drei Jahren war ich mir des Gefühls der Stärke bewusst geworden, als ich zwischen den Wellenbrechern aus riesigen Steinbrocken hinausgeschwommen war, allein hinaus in das Adriatische Meer, in die Weite hinein ohne zu denken. Bei der Rückkehr brauchte ich die ganze Kraft, um gegen die Sogströmung zwischen den Befestigungen anzuschwimmen. Zentimeter um Zentimeter kam ich nur vorwärts und die Kraft zum Durchhalten kam schließlich aus meiner Mitte. Darauf verließ ich mich seitdem. Die Kraft hatte wieder den Mut entfacht, den ich früher oft gespürt hatte, der leider durch Kompromisse, Selbsttäuschungen und all die Lügen irgendwann entschwunden war.

DESOLATER MORGEN

2 Stunden später

Nahdem die Wut über mein naives Verhalten verrauscht war, atmete ich tief die frische Luft ein, die mich beim Öffnen des Fensters umgab. Ich griff jetzt wirklich nach den Tellerbergen und balancierte über die am Boden liegenden Gegenstände in Richtung Küche, innerlich <Wulle Bulle> im Ohr, im Rhythmus der Musik und einem geschmeidigen Gang.

Die Stille war nicht auszuhalten.

"Warum nicht noch einige Scheiben auflegen? Für diese Stimmung passt doch wunderbar Muddy Water`s <I am a man> in der Aufnahme von James Brown", redete ich halblaut vor mich hin, als ich wieder aus der Küche zurückkam. Wobei ich dann lauthals "I am a man" gröhlte, als die Phrase ekstatisch gesteigert wurde. Das Schreien gefiel mir und ich fing an zu tanzen und als dann der Hit <sexmashine> einsetzte, war ich nicht mehr zu halten. Nun tobte ich nochmal richtig los!

So wie wir, Larissa und ich, das noch bis vor kurzem jeden Samstag gemacht hatten, in dem Atelier unsrer Freunde Mott am Bundesplatz. Die Franziska unter einem Arm und eine Bottle für die Party unter dem anderen, waren wir gegen 22 Uhr die Eisentreppenstufen zum vierten Stock hochgestiegen, wo Mike und Nancy mit ihrer Tochter Canlan einen sechs Meter hohen Raum mit einer Schlafgalerie bewohnten. Durch die Eingangstür stürzte man unmittelbar in die 80 m² große Fläche mit einer riesigen Fensterfront aus Metallprofilen, die in kleine Glasflächen unterteilt war, wie das früher in Fabrikgebäuden üblich war. Eine kleine Kochnische und eine Toilette waren der ganze Luxus und eine alte Zentralheizung funktionierte gerade mal so. Im Winter war es ziemlich kalt. Zur Galerie führte eine steile Holztreppe mit Handlauf und damit die Kinder nicht hinunter stürzten, war das offene Geländer mit Kommoden voll gestellt. Die Treppe hatte zur Absicherung eine Klappe mit Riegel. Dort oben lagen dann die beiden Babys auf einer Matratze und Monate später krabbelten sie schon herum, wenn wir unten tanzten und Musik machten, wenn wir zusammen kochten, aßen, tranken, spielten und feierten; meistens bis die Morgendämmerung hinein, die ins Helle überwechselnd, die Augen blinzeln ließ. <Satisfaction> mit den Stones wurde nochmal aufgelegt und als Rausschmeißer folgte <little red rooster> von John Lee Hooker. Und wenn gar keiner gehen wollte, holte Mike, der ja aus den Vereinigten Staaten kam, seine Lieblingsplatte heraus, die er von drüben mitgebracht hatte und wir hörten noch ein Stunde lang Memphis Slim zu dem Bluespiano singen. Nancy mit ihrer lustigen, bunten, amerikanischen Brille kochte dann starken Kaffee, wobei schon der Duft uns weckte. Nur die Kinder schliefen tief. Und der Sonntag floss dahin.

Mike, mit seinem Lockenkopf und einer mit Klebeband geflickten Brille, arbeitete zeitweise in unserem Architekturbüro. Mike und ich arbeiteten an denselben Projekten. Daher kannten wir uns und fanden uns sogleich sympathisch. In den Semesterferien mussten die Architekturstudenten der H.d.K. Praktikas in Büros absolvieren. Obwohl Mike und Nancy keine Konsumenten waren, konnten sie das Geld vom Praktikum doch gut brauchen. Sie hatten keine Möbel, nur Matratzen von irgendwo her, genau wie die verschiedenen Stühle, den Tisch, das zusammengewürfelte Geschirr und die verbeulten Töpfe. Es war einfach alles sehr einfach. Aber sie waren glücklich mit ihrer Canlan. Nancy brachte das Baby ein paarmal mit ins Büro, als sie Mike abholen wollte. Da meine Frau mich auch gelegentlich abholte, trafen sich die jungen Mütter im Büro. Larissa mit Franziska und Nancy mit Canlan. Sie machten Verabredungen für Ausflüge und Partys. So war es auch vor 10 Tagen gewesen, als wir den Termin für das Fest in unserer neuen Wohnung verabredet hatten.

DESOLATER MORGEN

Die Musik hatte jetzt aufgehört. James Brown sang nicht mehr. Die Stille dehnte sich wieder aus und die Morgenröte kroch am Himmel über die Hausdächer, die ich aus dem Balkonzimmerfenster sehen konnte. Ich schätzte, dass vielleicht zwei Stunden vergangen waren, seitdem ich meine Frau vermisste. Das Morgenlicht war noch nicht hell genug, um die Beleuchtung auszumachen. Müde war ich nicht, wie sonst um diese Zeit, wenn wir lange gefeiert hatten. Die Stille in den leeren Räumen wurde zunehmend unangenehm, als draußen die Vögel vereinzelt mit dem Zwitschern begannen. Ich musste nochmal Musik auflegen. Die Ray Charles Platte <Take the chaine from my heart> fiel mir zufällig ins Auge. "Die passt zu meiner Stimmung!".

Das war auch die Musik, die wir früher gehört hatten, als die Mott`s uns in der alten Wohnung besuchten und wir uns beschnüffeln wollten. Ich hatte zu dem ersten Abend ein Pfänderspiel vorgeschlagen, das ich aus einem Film aufgeschnappt hatte. Eine hochkant aufgestellte Streichholzschachtel, die mit einer Ecke über den Tischrand ragte, musste von unten so hoch geschlagen werden, dass sie stehend auf dem Tisch landete. Der Witz dabei war, dass es fast nie gelang und jedes Mal, wenn eine Person gescheitert war, musste sie ein Kleidungsstück als Pfand ablegen. Ein hübsches Gesellschaftsspiel um moralischen Grenzen der Gäste zu testen. Wir Pärchen verstanden uns jedenfalls fabelhaft. Es wurde viel gekichert und anschließend mehr oder weniger ausgezogen getanzt. Mike liebte die Soulmusik der Afroamerikaner und hatte sich aus dem Club <International> in der Hauptstraße Anregungen bei den farbigen G.I.s geholt. Sein muskulöser Körper mit den katzenartigen Bewegungen wirkte zu der Musik sehr sexy und Nancy, die <Intellektuelle>, hatte ein riesiges Vergnügen mit ihren Hüften zu kreisen. Dagegen wirkten wir als Gastgeber eher verhalten norddeutsch, was wir durch lautstarkes Klatschen, Johlen und Stampfen mit den Füßen zu überspielen suchten.

DESOLATER MORGEN

Ich war mit den letzten Takten von <What I´d say> vom Herumtoben und Schreien außer Atem geraten. Schwitzend fand ich mich im Balkonzimmer wieder, etwas hilflos um mich selbst kreisend, dem Verrinnen der Zeit ausgeliefert. Ich wusste nicht mehr, was ich tun sollte! Mehr Aufräumen wollte ich nicht und zum Saubermachen verspürte ich gar keine Lust. Letztendlich musste ich in der Wohnung bleiben, denn ich wollte keinesfalls meine Tochter allein lassen.

Ich könnte, wenn es jetzt hell wird, Franziska wecken und sie ins Ställchen setzen, mich daneben und mit ihr spielen, ging mir eine Möglichkeit durch den Kopf. Ich hatte schon manchmal neben dem Ställchen gehockt, wenn ich auf das Kind aufpasste. Meine Frau hatte im Krankenhaus wechselnde Arbeitszeiten. Letztens hatte ich, stundenlang am Boden sitzend, auf einem Blatt Papier den neuen Entwurf für die Kindertagesstätte entwickelt. Am nächsten Tage hatte ich die Variante meinem Chef gezeigt. Die Lösung gefiel ihm so gut, dass der alte Entwurf verworfen werden konnte. Das war schließlich auch meine Absicht und Hoffnung gewesen.

In den letzten beiden Jahren hatte ich eine gute Position in dem kleinen Architektenbüro errungen. Über meinen Tisch gingen ein Schulneubau und vier Wohnhochhäuser für die Gropiusstadt. Und jetzt noch die Kindertagesstätte. Deswegen hatte ich schon Zeichner zu meiner Hilfe bekommen. Bevor Ingrid ins Büro kam, arbeitete bereits Herr Petersen an meiner Seite, ein freundlicher, bereitwilliger Zeitgenosse, verheiratet, dessen einziger Luxus das Sammeln und Hören der Kantaten von Johann Sebastian Bach waren. Er kaufte von seinem Geld nur Musik dieses Komponisten und genoss sie abends, wie er sich ausdrückte, still für sich.

Es war wirklich toll, dass er heute mit seiner Frau auch zur Wohnungseinweihung erschienen war. Mit der Popmusik der verrückten Künstlergruppe konnten sie wahrscheinlich nicht viel anfangen, resümierte ich vor mich hin. Das Paar Petersen saß ja den ganzen Abend auf zwei Stühlen am Rande des Geschehens. Sie waren pünktlich um 21 Uhr gekommen, tranken ein Bier und entfernten sich schließlich eine Stunde vor Mitternacht, dabei mehrmals um Entschuldigung bittend.

Auch Familie Bandel, also mein Boss mit Gattin, kamen aus Anstand für zwei Stunden. Sie ist Hausfrau und gelernte Keramikerin, spielt zum Zeitvertreib Klassik auf dem Klavier, wenn alle im Büro über die Zeichentische gebeugt arbeiten. Sie sind ja auch schon ein bisschen älter. Ich schätze meinen Chef so auf Ende 40 und sie 10 Jahre jünger. Das einzige, was ich von der Familie genau wußte, ist, dass die beiden Töchter 5 und 10 Jahre alt waren. Die waren natürlich heute nicht dabei.

Aber an dem Faschingsfest vor drei Monaten im Bürokeller hatten sich alle zum kleinen <Schrägen Zinnober> verkleidet. Die gesamte Büromannschaft und Familie Bandel. Bandel selbst war als Baby im Strampelanzug mit Babymütze und Schnuller unterwegs, sehr hübsch! Meine Frau hatte sich zur Farbigen mit Schuhcreme an allen freien Hautstellen verwandelt. Sie wollte endlich mal braun sein, haha! ohne Make-up, dazu hatte sie ein Baströckchen um die Hüften gewickelt. Ich hatte mich in einen Regenmantel gehüllt und mich mit hochgeschlossenem Kragen und Schirmmütze in Monsieur Hercule Poiret verkleidet. Das Fest war unterhaltsam, nicht ganz so die Entkostümierung meiner Frau in der Badewanne. Die Schuhcreme von ihrem Körper zu bürsten, dauerte fast so lange wie das Fest.

Als ich aus meinen Gedankenschleifen wieder aufwachte, stand ich noch immer im Balkonzimmer, ein wenig unschlüssig, was ich machen sollte, ob und welche Musik ich noch hören wollte. Ich griff also ohne großes Interesse zu den Scheiben von diesem Franz S. Da lagen <Times are changing> von Bob Dylan, Rhythm & Blues mit Little Richard und natürlich <Wulle Bulle> auf dem Stapel. Die

Platten hatten die Künstlergruppe mitgebracht und ein paar junge Ischen dazu. Da war sofort eine andere Stimmung in der Wohnung, als die Bande mit "Hallo" hineinstürmte und die Musikanlage besetzte. <Take five> von Dave Brubeck wurde einfach mittendrin beendet und einer legte <Wulle Bulle> auf. Klar, dass dann sofort Halli Galli war! Die tanzten wie verrückt, tranken das Bier und den Wein aus den Gläsern, die noch auf den Tischen standen. Die Typen waren schon ziemlich angetrunken und hatten außerdem eine halbe Kiste Bier mitgebracht. Die Frauen mit ihren Schlapperlook warfen wieder ihre langen Mähnen und kreischten. Die Gruppe besetzte einfach das Berliner Zimmer.

Die anderen Gäste zogen sich daraufhin ein wenig irritiert in das Balkonzimmer zurück.

Dort saß, wie ich mich wieder erinnerte, doch der Heinrich auf dem Safaristuhl, ständig die Holzkugel in der linken Hand drehend. Ja, der Heinrich, der liebt Holz. Aus Holz, aus Deckenbalken von Abrisshäusern hatte er letzte Woche eine große Spielplastik an der neuen Sporthalle in Charlottenburg fertiggestellt. Als ich nun an die Arbeitsintensität von Heinrich dachte, verstand ich plötzlich, warum man einfach nur so sitzen und den Gedanken nachhängen konnte, auch wenn ringsum noch so viel Chaos herrscht. Heinrich hat wahrscheinlich gar nicht gemerkt, wo er sich befand. Dem waren einfach so die Gedankenketten durch das Hirn gewandert. So wie mir jetzt. "Nun aber Schluss damit!"

Ich drehte mich um, sah die Szenerie in der Morgensonne, machte überall das Licht aus und ging in das Kinderzimmer. Franziska schlief fest. Ich ließ die Tür zum Kinderzimmer offen, nahm das zusammengeklappte Ställchen in die rechte, die Bodenmatte in die linke Hand, brachte alles in das Balkonzimmer nahe der Balkontür, wo die Sonne schon das Parkett erwärmte. Im Juli steht die Sonne um 5 Uhr schon deutlich über dem Horizont. Ich baute den Laufstall auf. Vogelgezwitscher drang durch die offene Balkontür. Ein Auto fuhr auf der Straße und hielt. Ich horchte, konnte aber keine Stimmen ausmachen. Soll ich vielleicht auf den Balkon gehen, schauen, ob sie es ist? Quatsch! Ich wecke jetzt erstmal Franziska und bringe sie hierher.

Als ich die schlafende Tochter auf meinem Arm trug, wurde mir wieder bewusst, wie sehr ich das Kind liebte, obwohl es kein Wunschkind war. Wie oft hatte ich es schon so herumgetragen, wenn es sich nicht beruhigen wollte. Zum Beispiel am letzten Sonntag im Strandbad Wannsee. Sie schrie und schrie, stundenlang. Die Leute um uns herum blickten bereits frustriert. Daraufhin nahm ich sie auf den Arm und ging mit ihr die Strandpromenade hin und her, hoch und runter, nochmal und nochmal, bis sie vor Erschöpfung endlich einschlief und es auch Zeit war nach Hause aufzubrechen.

Ich legte die gerade aufwachende Franziska in den Laufstall. Sie schaute mich aufmerksam aus ihren wachen Augen an. In ihrer Spreizhose sah sie wie ein breiter Pfannkuchen aus. Das Krabbeln war ihr fast nicht möglich, aber die Spreizhose musste wohl sein. Meine Frau, als Kinderkrankenschwester in dem Diakonie Krankenhaus in Schöneberg ausgebildet, musste es doch wissen.

Dort hatte sie Franziska auch zur Welt gebracht und in alter Manier wurden Mutter und Kind getrennt aufbewahrt. Eine Woche lang durfte ich täglich zu Besuch kommen, um der jungen Mutter im Wochenbett Aufmerksamkeiten zukommen zu lassen. Unter der Aufsicht der Schwestern, versteht sich! Und die Franziska wurde dann aus der Babystation zum Stillen geholt und an die Mutterbrust gelegt. Ich durfte das Baby nicht anfassen. Die Hygiene ging über alles! Wollte ich das Kind außer der Zeit des Wochenbettbesuchs sehen, wurde es aus einem Saal mit schreienden Babys herausgesucht und hinter einer Glasscheibe für zwei Minuten von allen Seiten zur Schau gestellt.

Ja, dieser Diakonie-Verein, erinnerte ich mich weiter, als ich Larissa damals in ihrer freien Zeit abholte und ablieferte. Das gab es strenge Regularien. Wie in einer Kaserne wurden die Schwesternschülerinnen gehalten. Und diese Schwesternkluft! Ich musste laut lachen, als ich meine Frau wieder mit Häubchen und gestreiften Kleid vor mir sah.

Einmal hatte sie sogar Urlaub für 24 Stunden bekommen. Da waren wir nach einer Party mit den Studienfreunden anschließend durch Berlin gelaufen, die ganze Nacht hindurch, bis es hell wurde. Das Frühkonzert im Tiergarten begann um 7 Uhr. Die Nacht vor Pfingsten war noch kühl. Wir hielten uns festumschlungen und wärmten uns gegenseitig. Als die Sonne stieg, der Boden sich erwärmte und das Festkonzert vorbei war, lagen wir auf unseren Mänteln im Gras der Parkanlage, träumten den ziehenden Wolken hinterher, wussten noch nichts von der Zukunft, gingen zu Aschinger eine Suppe essen, nachmittags ins Kino, sahen <Picknick> mit Kim Novak, eine amerikanische Kleinstadtkomödie mit Beziehungsstress, danach einen Eisbecher bei Kranzler schlecken und machten noch einen Bummel an den Schuhgeschäften in der Joachimstaler Straße entlang, schauten lange bei Sarotti den Schoko-Mohren an und gingen nochmals zurück zu den Schuhen mit den hohen Absätzen, weiß waren sie und sie hätten so gut zu dem Kleid gepasst, das meine Mutter der zukünftigen Schwiegertochter für einen Jazzbandball nähte, mit einem Ausschnitt bis zum Nabel, ganz in weißem Brokat. Ein Einblick wurde geboten, der das Herz schneller schlagen ließ. Die Besucher des Balls, ebenso wie die Zuschauer des Abendfernsehens konnten damals den tiefen Einblick genießen. Wie das Kleid an den Schultern von den BH-Trägern festgehalten wurde, sodass es nicht einfach zu Boden sank, blieb mein technisches Geheimnis. "Ja, die ersten Jahre", seufzte ich laut vor mich hin, "die waren schön aufregend und irgendwie romantisch".

DESOLATER MORGEN

In jene Zeit gehörten auch die Diskussionen um religiöse Fragen, die Larissa mit mir, dem Existenzialisten, führte und die ernsthaften Auseinandersetzungen über Predigten nach gemeinsamen Kirchgängen. Ich hattei immer Wert darauf gelegt, in Kirchen zu gehen, die architektonisch interessant waren, neu errichtete, die die Gespräche auch auf ästhetische Fragen ausweiteten: Zum Beispiel in die Kirche am Lietzensee mit dem Blick über den Altar auf den See und die Bäume oder in die Hallenkirche im Hansaviertel mit dem hochliegenden Lichteinfall oder in den Neubau der Gedächtniskirche mit der allseitig von innen beleuchteten Glaswabenfassade, ein ocktagonaler Kirchenraum ohne Orientierung.

Jaja, ohne Orientierung, beendete ich meine Gedanken, um dann auch noch laut von mir zu geben, "so, wie ich jetzt orentierungslos bin!"

Ich hörte in dem Moment eine Autotür schlagen, einige Zeit später durchdrang die morgendliche Sonntagsruhe das Zufallen der schweren Hauseingangstür und in meiner Vorstellung stieg die Person die Stufen der vier Treppenläufe empor, ging über die die Zwischenpodeste und ich wartete darauf, ob nach einer gewissen Zeit das Geräusch des Schlüssels zu hören wäre.

Plötzlich kam mir die Idee, mich zu verstecken. Ich könnte so tun, als wäre ich in der Küche mit dem Abwasch beschäftigt. Ich eilte zur Tür des Küchenflures, stellte mich dahinter, hielt die Tür einen Spalt offen, um zu beobachten, ob meine Frau beim Anblick der Franziska eine Reaktion zeigen würde.

Sie betrat, von der Diele kommend, das Balkonzimmer mit ausgreifendem Schritt, durchquerte zielbewusst den Raum, am Laufstall vorbei, den Kopf stracks nach vorn zum Balkon gerichtet, rief, noch auf der Schwelle stehend, mit etwas gedämpfter Stimme, jedoch laut genug, dass ich es in meinem Versteck hören konnte, "er ist da!".

Während ich so tat, als käme ich aus der Küche, sah ich, durch das Berliner Zimmer schreitend, wie sie sich umdrehte, in das Balkonzimmer zurücktrat, sich hinkniete und der Franziska über den Kopf strich. "Na, hast du schön geschlafen? Spielst du schon? Du bist aber heute früh aufgewacht". Beim Herantreten, ich befand mich fast vor dem Laufstall, hörte ich auf der Straße eine Hupe und das typische Motorgeräusch eines VW Busses.

"Guten Morgen", sagte ich zu ihr. In diesem Augenblick konnte ich nicht mal ihren Namen aussprechen. Ich wartete, fühlte mich wie gelähmt. Warum sagt sie nichts zur Erklärung? dachte ich noch. Ich stand halb vor ihr, blickte sie an, konnte nichts fragen, nicht sprechen. Ich schluckte den Kloß hinunter. Halb im Wegdrehen, damit sie meine Enttäuschung nicht sehen sollte, hörte ich meine Stimme endlich, "na, hast du dich gut amüsiert?"

Wie durch eine Nebelwand drang ihre beiläufige Bemerkung zu mir, "ja, aber nicht so, wie du denkst. Ich wollte nur mal, nach dem Lärm mit den vielen Menschen, die Natur erleben und frische Luft atmen". Sie richtete sich auf.

Hübsch sah sie aus, als ich sie von der Seite aus den Augenwinkeln betrachtete. Das rosafarbige Kleid stand ihr wirklich gut, betonte ihre Hüften. Dann fiel mir ihr veränderter Gesichtsausdruck auf. So gelöst, hatte ich sie schon lange nicht mehr gesehen. Ihre Augen leuchteten förmlich. Richtig Farbe hatte sie bekommen. Komisch, dachte ich, das ist doch kein Make-up. Ich wandte mich von ihr ab und sagte im Gehen, "ich komme gerade aus der Küche, bin beim Abwasch".

So verließ ich den Raum langsam in der Erwartung, dass sie noch irgendetwas sagen würde. Als ich an der weißen Front des

Kleiderschrankes kurz stehen blieb, durch das Fenster zum Hof am Himmel ein sommerliches Blau registrierte, hörte ich von weit entfernt ihre Stimme, "ja, du hast Recht. Wir sollten jetzt erstmal aufräumen. Morgen müssen wir beide wieder arbeiten" und dann nach einer Pause, "hast du mit deiner Mutter eine Zeit ausgemacht? Wann wir Franziska bringen können?"

Überrascht drehte ich mich um.

"Wie meinst du das?" Mir ging nur die eine Frage durch den Kopf: Will sie Franziska wieder Mutter überlassen? Laut sagte ich jedoch dann, "nein, bisher noch nicht. Ich dachte, dass wir das noch gemeinsam klären wollten. Aber ich kann ja nachher mal anrufen. Oder wir besuchen sie einfach am Nachmittag. Kuchen können wir unterwegs kaufen".

Damit war die sonntägliche Harmonieabstimmung beendet.

An die folgenden Stunden habe ich keine Erinnerung mehr. Eine große Leere breitete sich aus. Mir war, als hätte ich keinen Kontakt zur Wirklichkeit. Meine Knie zitterten zuweilen. Dann wieder fühlte ich etwas wie Wut, aber richtig äußerte sich das Gefühl nicht. Ein paarmal ging ich auf meine Frau zu und wollte sie in die Arme nehmen und meinen Kopf an ihre Wange legen. Aber etwas in ihrem Verhalten hielt mich davon ab und ich verlor jedes Mal den Mut.

Bis zum Nachmittagsbesuch bei meiner Mutter trieb es mich ohne Ziel durch die Räume. Die Leere im Gehirn weitete sich aus. Das Nichts griff nach meiner Seele. Der Körper funktionierte nur noch automatisch.

DESOLATER MORGEN

Wochen danach

Noch wohnten wir zusammen in der Wohnung. Wir teilten uns die Aufgaben. Franziska wurde, wenn wir beide zur gleichen Zeit arbeiten mussten, zu meiner Mutter gebracht. Mehr und mehr wurde dieser Zustand, zur Freude der Oma, die Regel. Bald schlief das Kind mehr in der Mädchenkammer der alten Wohnung als in dem neuen Kinderzimmer. Wir gingen uns aus dem Weg. Das Nötigste erledigte sich von allein. Ich sah die Tochter fast täglich bei meiner Mutter, die ich deshalb öfter besuchte.

"Schön, dass Du so oft kommst. Franziska hängt doch so an dir", versuchte meine Mutter die Stimmung aufzuhellen. Von Woche zu Woche nahm das mütterliche Interesse ab. Anfangs wollte Larissa noch dem Kind täglich gute Nacht sagen. Aber ein paar Mal wartete ich umsonst mit der Tochter in der Wohnung.

In dem Fall brachte ich Franziska ins Bett, setzte mich danach an den Zeichentisch, den ich im Schlafraum neben dem Kachelofen aufgebaut hatte. Ich arbeitete an einen Architekturwettbewerb, der mich von der abendlichen Leere der Wohnung und des Bettes ablenkte. Ich war unsicher geworden, ob meine Frau mit mir das Bett noch einmal teilen würde. Nach zwei Wochen stabilisierte sich die Lage insoweit, dass klare Verhältnisse eintraten.

Sie holte ihre Wäsche und Toilettensachen ab, die ich ihr, auf ein Telefonat hin, in einem Karton bereitgestellt hatte. Als ich nach der Arbeit in die Wohnung kam, war der Karton nicht mehr da. Sie schien nun anderswo zu leben. Ich vermutete, dass sie zu dem Franz S. gezogen war. Aber ich wusste es nicht. Wir hatten bisher keine Auseinandersetzungen gehabt. Ich hatte sie nicht mit Fragen gelöchert. Ich hatte sie weder angeschrien, noch mit Tellern beworfen. Ich fragte mich in lichten Augenblicken, warum ich sie nicht zur Rede stelle? *Warum sage ich ihr nicht, dass ich mich verletzt fühle? Ob ich sie noch liebe?* Manchmal kam mir der Gedanke, dass vielleicht mein Ausweichen mit einer Hoffnung zusammenhängen könnte, einer Hoffnung auf ihre Rückkehr? Vielleicht muss sie sich `mal austoben, dachte ich, und sie kommt zurück mit einem um Verzeihung bittenden Augenaufschlag.

Der Wunschtraum erfüllte sich natürlich nicht. Stattdessen verschwanden immer mehr Haushaltsgegenstände, auch Bilder und Dekorationen. Ich vermisste die Teile nicht.

Franziska war nun ganz der Oma überlassen und ich war froh, dass ich meine Abende frei planen konnte. Ich besuchte Grundkurse in EDV und Philosophie. Meinem Tagebuch vertraute ich mehr als je zuvor an.

`Sich am eigenen Schopf aus dem Sumpf zu ziehen`, hatte ich als Junge bei Münchhausen gelesen. Das war eine Methode, die ich durch Besuche von Ausstellungen, Konzerten klassischer Musik und Verabredungen mit der Familie Mott ausprobierte.

Wenn ich abends in die leere Wohnung kam, setzte ich mich sofort an meinen Zeichentisch in dem Schlafzimmer, legte eine neue Scheibe von Roland Kirk auf, die ich stundenlang wieder und wieder hören konnte. Der Sound von auf den drei gleichzeitig geblasenen Saxophonen war phänomenal. Neben dem Zeichenblatt hatte ich einen Teller mit Brot stehen, biss hin und wieder ab und zeichnete an einem Entwurf für ein Kirchenzentrum in Bad Homburg. Um 2 Uhr nachts war ich zwar noch nicht müde, aber wenn ich am nächsten Morgen um neun im Büro auftauchen wollte, musste ich ein paar Stunden schlafen.

Die Wochen vergingen. Ich suchte und fand einen Untermieter für die beiden Vorderzimmer. Die Miete halbierte sich und die Einsamkeit war nicht mehr so gravierend. Im September lernte ich den Kachelofen heizen. Der Rest der Wohnung blieb kalt. Mit den herbstlichen Nebel- und Regentagen wuchs die Sehnsucht nach neuer Gemeinsamkeit.

Im Büro arbeitete in jener Zeit ein Student, der eine Vorliebe für die Musik von Gustav Mahler hatte. Wohl auch, um mich ein bisschen von meiner Einsamkeit abzulenken, lud der <Kluge> (so hieß er) mich in seine Studentenbude ein und wir hörten Stunde um Stunde die Kindertotenlieder, gesungen von Jessye Norman. Wirklich zu Herzen gehend, aber war das die richtige Medizin gegen Traurigkeit? fragte ich mich auf dem Weg nach Hause.

Dann hatte die Ingrid aus unserem Büro ein besseres Angebot für mich. Das Kabuki-Theater aus Peking gastierte zum ersten Mal in Europa in der Freien Volksbühne und sie lud mich überraschend zu dem Besuch einer Vorstellung ein.

"So als Geburtstagsgeschenk", wie sie zögernd bekannte. "Ich wusste nicht, wie ich dir sonst eine Freude machen könnte. Außerdem bin ich dabei ganz egoistisch. Allein wollte ich nicht hingehen".

Also schmiss ich mich in Schale, traf sie im Foyer des Theaters und ließ die Aufführung mit den schrillen Gesängen, den dumpfen Klopfrhythmen, den gutturalen Lauten und vor allem mit den schönen, exotischen Kostümen und Bewegungen auf mich wirken. Wie verzaubert verließ ich das Theater. Anschließend revanchierte ich mich für den Abend mit einem Schoppen bei Lutter & Wegner in der Schlüterstraße.

An diesem Abend lächelten wir uns wieder zu. Seit der Einweihungsparty hatte ich keinen Annäherungsversuch unternommen. Ingrid war mir als Zeichnerin zugeordnet und sie machte die Arbeit gut. Im Büro war sie meistens unscheinbar, ordentlich angezogen und hatte ihre Haare hochgesteckt. Aber heute Abend: "Olala!".

Ich hatte bereits während der Aufführung versucht, von der Seite in ihren Ausschnitt zu blicken. Sie war praktisch und fest, aber verführerisch verpackt. Um etwas zu verpacken, muss auch etwas vorhanden sein, versuchte ich mir den Inhalt der Korsage vorzustellen, dabei mir eingestehend, dass ich mit der Bewertung, ´etwas zu fraulich´, vorschnell gewesen war. Sie schien mir eher exotisch.

Ingrid war genauso unbefangen, wie ich sie in Erinnerung hatte. Sie lachte viel und ließ ihre Haare, die in der Beleuchtung rötlich changierten, manchmal durch ihre Finger gleiten. Ihre Ausstrahlung bezauberte mich, ebenso ihre klaren, grünen Augen, zu denen ein graues Seidenband um den Hals hervorragend passte. Das Korsagenoberteil bestand aus einem durchbrochen Rankwerk eines undefinierbaren Stoffes in einer hellgrünen Farbe mit graugrüner Unterfütterung, raffiniert kombiniert mit einem schwarzen Rock in dreiviertel Länge, der gerade noch die schlanken Fesseln freiließ. Ich registrierte alles, auch die dunkelgrünen Pumps und wie rafiniert einfach und geschmackvoll alles zusammen stimmte.

Ich ließ mich dann von ihr nach Hause fahren. Der VW Käfer, den sie rasant fuhr, überraschte mich als eine Beigabe, die sie noch interessanter machte. Der Eindruck verwischte sich auch nicht, als sie später erklärte, "hat mir mein Freund ausgeliehen".

Nach dem der Wagen vor der Haustür hielt, verabschiedeten wir uns voneinander mehr oder weniger sitzend im Auto mit einem nachhaltigen Kuss, der in ihr orgasmische Zuckungen auslöste, über die ich noch einige Zeit nachsinnen musste. In meinem Traum führte dieses Sinnen zu weiteren beglückenden Fantasien.

DESOLATER MORGEN

Monate danach

Ich stürzte mich in die Welt der Philosophie. Ich las Nietzsche aus zweiter Hand. Dass der Mut aus der Kraft kommt, war mir bereits vertraut. Aber, dass der Geist auch zu dem Kern des Seins gehört und ein Triumvirat zur Beherrschung der Existenz bildet, hatte ich so noch nicht gelesen. Ich hatte einmal, als ich elf/zwölf Jahre alt war, eine blitzartige Erkenntnis im Charlottenburger Schlosspark erfahren. Damals war mir in einem kurzen Augenblick der alles verbindende Geist bewusst geworden.

Zum sogenannten <Heiligen Geist> hatte ich trotz vieler Diskussionen mit meiner Frau keinen Zugang gefunden. Unter dem Attribut <heilig>, waren, meiner Meinung nach, in vergangenen Jahrhunderten genügend Gräueltaten verübt worden.

Nun, die Suche nach dem Geist würde mich noch viele Jahre in der Welt umhertreiben. Das vermutete ich bereits damals.

Ich fand beim Lesen von Nietzsche eine Aussage, die mich ansprach: ´*In der Schöpfung erlebt sich der Einzelne, indem er sie sich aneignet*´. Das machte mich neugierig auf mehr. Ich vertiefte mich in die Schriften der französischen Existenzialisten. Bei Camus lernte ich das Hinausgeworfensein in die Existenz, ohne Wenn und Aber, kennen und den Gedanken: ´*Das Schicksal des einzelnen Individuums vollendet sich im natürlichen Tod*´. Dagegen las ich bei Sartre eine widersprechende These: ´*Durch Selbstmord ist ein Ausbruch bzw. die Flucht aus dem Schicksal denkbar*´. Selbstmord kam für mich nicht in Frage. Camus wurde zu einem meiner Lieblingsautoren.

Mein Tagebuch füllte sich. Vieles blieb nebelhaft, aber mein Gehirn arbeitete. Die Überzeugung, jetzt Verantwortung für mein Leben ohne Wenn und Aber zu übernehmen, ließ meinen Kopf schon ein wenig aus dem Alltagssumpf herausragen. Ich begann meine Situation zu erkennen, anzunehmen und zuzulassen. Meine Wahrnehmung verlor den Tunnelblick. Die Welt schien sogar im Winter heller. Meine Einigelung und Isolation löste sich auf. Ich beendete den Wettbewerb für das Kirchenzentrum und wartete.

Franziska war nicht mehr bei meiner Mutter. Sie lebte nun mit meiner Frau bei Franz S. in einer Einzimmerwohnung in dem WK Hochhaus am Innsbrucker Platz.

Larissa hatte es wohl doch nicht ausgehalten, die Tochter über so viele Wochen der <alten Schwiegermutter> zu überlassen. Der erste Liebesrausch vor offensichtlich verflogen. Eine Rückkehr zu mir in die Wohnung schien ausgeschlossen.

Bei einem mit meiner Frau vereinbarten Besuch in der kleinen Wohnung entdeckte ich an ihr neue Aspekte im Verhalten und im Aussehen, die mir die Trennung deutlich vor Augen führten. Als sie die Tür öffnete, sah ich ihr Gesicht von einem dunkel gefärbten Pagenschnitt umgeben. Sie steckte in einem superkurzen Mini von gelbgreller Popfarbe, einem hautengen, orangefarbenem Oberteil, in geschnürten Stiefeletten und war über und über mit Glasschmuck behängt. Sie hatte einen Hut in der Hand, offensichtlich war sie in einer Anprobe. Sie liebt ihn wirklich, stellte ich fest, unglaublich, aber wahr! Die Frisur, die Klamotten, einfach alles ist auf seinen Lebensstil abgestimmt.

Ein penetrant süßlicher Geruch umwehte mich, als ich in den Flur eintrat. Die Beatle-Musik war laut. Starke Scheinwerfer leuchteten den Wohnraum aus, der übervoll mit Bildern dekoriert war. Die üblichen Pop Plakate, aber auch Drucke von Andy Warhol und Hundertwasser waren mit Klebeband befestigt. Dazwischen hingen Bilder in einer Stilmischung von beiden Künstlern und meine Frau wies mit einem gewissen Stolz auf diese, "hat alle Pasquale gemalt. Na, wie findest du die? Du interessiert sich doch auch für Kunst, nicht wahr?"

"Ja, ja", nickte ich, "aber wer ist Pasquale?"

"Ach so, natürlich, das kannst du ja nicht wissen. Das ist der Künstlername von Franz".

Ich drehte mich ein wenig zur Seite um meine Überraschung zu verbergen, sah dabei meine Tochter auf einer Liege sitzend mich anstarren. Hatte sie mich wiedererkannt? Oder ist sie nur etwas verwirrt, wegen der vielen Leute hier in dem Durcheinander? ging mir durch den Kopf.

Zur Hauptstraße sah ich einen Balkon, hinter mir war der Flur und ich hatte die Tür zu einem Bad bemekt. Im dem Wohnraum war eine offene Kochnische neben dem Balkon zu sehen. Alles zusammen mochte an die 30 m² haben, lag im 10. Geschoss und war von einem offenen Laubengang zugänglich. Na, ich weiß ja nicht, dachte ich, wie lange ihr das wohl gefällt?

Meine Frau schien jedoch total ausgeglichen, war viel munterer, als ich sie in Erinnerung hatte. Sie versuchte gerade einen zweiten Hut aus blauem Filz in verschiedenen Positionen vor einem an die Wand gelehnten Spiegel zu probieren. Der Fotograf drängte, er wolle fertig werden.

"Ich mache gerade Aufnahmen für die Zeitschrift <Brigitte>", erklärte Larissa die Situation. Ich fand alles etwas ungewohnt, wollte eigentlich nur meine Tochter sehen und dann wieder verschwinden.

"Wie kommt ihr denn hier räumlich zurecht?" fragte ich so dahin mit einem Blick auf Franziska.

"Das klappt alles wunderbar! Ich bin so froh, dass Franzi alles so schön mitmacht", beruhigte sie mich.

"Ihr könntet doch in unserer alten Wohnung den vorderen Teil beziehen. Steht doch alles leer. Der Untermieter ist wieder ausgezogen. Die Räume waren ihm zu groß", fügte ich noch hinzu.

"Nein nein, lass mal. Das wird alles zu kompliziert".

Ich versuchte es noch ein weiteres Mal, "ich habe auch keine Lust mehr in der großen Wohnung allein zu leben. Ich will mir was anderes suchen. Würdest du dann in die Wohnung wieder einziehen?"

Plötzlich war eine auffällige Stille zwischen uns. Sie blickte mich mit verwunderten Augen an und schluckte. "Ich werde es mit Pasquale besprechen. Vielleicht kann er hier bald kündigen. Wir haben auch schon mal über einen Umzug gesprochen", entfuhr es ihr, "wir hatten eigentlich an später gedacht, wenn er genügend Bilder verkauft hat". Sie biss sich auf die Lippen.

Franz S. hatte alles mitgehört, fummelte an irgendeiner Elektrik rum, richtete sich nun auf und sagte beiläufig, "nächste Woche habe ich eine Ausstellung in der Grollmanngalerie. Freitagnachmittag ab 3 Uhr beginnt die Vernissage. Komm doch vorbei, wenn du Zeit hast", wobei er das Wort Zeit so betonte, die mir unterstellte, ich könne wegen der Arbeit über meine Zeit nicht frei verfügen.

"Danke für die Einladung, ich werde gerne kommen. Es gibt ja immer was zu trinken und zu knabbern", antwortete ich neutral und dachte bei mir, na wartet, ihr werdet noch Augen machen.

Ich nahm Abschied von meiner Tochter, machte noch einen Termin mit meiner Ehemaligen wegen einer Übernachtung von Franziska am nächsten Samstag bei mir aus und nickte allen, "ein frohes Schaffen" zu. Auf dem zugigen Laubengang holte ich erst mal tief Luft, schüttelte mich, wie es Hunde tun, wenn sie geknuddelt wurden und schritt nachdenklich zum Aufzug.

Im Büro ging die Arbeit gut voran. Die Kindertagesstätte war als Bauvorlage fertiggestellt worden und die Pläne für die Atelierwohnungen der Hochhäuser lagen zur Bemaßung auf dem Tisch von Ingrid. Ich konnte am Telefon mit den Polieren Maßunstimmigkeiten klären ohne die Zeichnungen zu benutzen, weil ich die Maßketten vor meinem inneren Auge sah. Das machte Spaß, sparte Zeit und ermöglichte viele Projekte gleichzeitig zu bearbeiten. Von meinem Chef wurde ich deshalb gerne mit zusätzlichen Entwurfsarbeiten beauftragt. Ich fühlte, dass ich gebraucht wurde.

Daher spürte ich auch keine Neigung, den Nachmittag der Vernissage am Zeichentisch zu verbringen. Ich informierte alle im Büro, dass ich zu einer Ausstellungeröffnung eingeladen sei und Ingrid als Begleiterin mitnehmen wolle. Ich könnte nicht ohne Begleitung dort erscheinen.

Überrascht blickte Ingrid mich an. "Warum hast du mir davon nichts gestern gesagt?", erhob sie leise einen Einwand, "schade, ich bin doch nicht dafür angezogen".

Ich winkte ab. "Spielt keine Rolle, am Nachmittag ist dort niemand aufgemotzt. Außerdem brauche ich dich als Chauffeuse", fügte ich mit einem charmanten Grinsen hinzu. Als wir das Büro verließen, hatte ich das Gefühl, eine ziemliche Sprachlosigkeit zurück zu lassen. Später, bei der Fahrt im Käfer, sagte ich zu Ingrid, "mir klingen die Ohren. Die anderen ziehen wohl ganz schön über uns her".

Wir blieben nur kurz bei der Vernissage, aber lange genug um alles zu sehen und gesehen zu werden. Die Bilder hatten mir in der Wohnung schon nicht gefallen. Hier sahen sie noch ärgerlicher aus. Aber die neugierigen Augen von Larissa und Franz S. auf meine Begleitung hatte den Abstecher gelohnt. Auch in Alltagsklamotten war Ingrid mit ihrem Rotschopf eine Augenweide, die die Blicke der Besucher auf sich zog. Mehr wollte ich für den Augenblick nicht erreichen.

"Komm, gehen wir. Ich möchte noch ein wenig von der Schönheit der Natur sehen und dich zum Essen einladen ", sagte ich leise beim Herausgehen zu ihr. Erstaunt über meinen Vorschlag, folgte sie zögernd. "Du machst ja Sachen mit mir", wehrte sie sich halbherzig. Ich nahm ihre Hand, deutete einen Kuss an. "Lass dich überraschen".

Die Überraschung war ein Spaziergang um den Grundewaldsee.

Die Sonne des Spätherbstes war noch warm, als das trockene Laub unter unseren Schuhen raschelte. Es roch so intensiv nach Erde, nach Verwitterung, nach Verwesung wie auf einem Friedhof. Ein Geruch der Metamorphose. Altes musste absterben, damit Neues entstehen konnte.

Wie oft wir den See umrundeten, bemerkten wir nicht. Wir merkten nur an der aufkommenden Kühle, dass wir nicht richtig angezogen waren. Wir drückten uns aneinander, legten die Arme umeinander und versuchten im Gleichschritt schnell zum Auto zu gelangen.

"Ich glaube, ich habe noch nie so einen kurzweiligen Nachmittag verlebt", gestand Ingrid seufzend und blickte mich mit anderen Augen an.

"Was ist eigentlich mit deinem Freund?" wollte ich wissen, "das Auto gehört ihm?".

"Ach ja, eine alte Geschichte, nicht mehr wichtig. Er leiht es mir so oft, ich will. Er braucht es nicht".

Ich war nicht ganz sicher, ob die Geschichte mit dem Auto überhaupt wahr war. Vielleicht braucht jeder Mensch einen Rückzugsplan.

Das kleine Restaurant gefiel ihr. Es hatte nur wenige Tische. Während wir auf die Antipasta warteten, packte Ingrid den Stoff aus, den wir kurz zuvor gemeinsam in dem Kunsthandwerkladen im Nebenhaus ausgesucht hatten. Der schwere orangenfarbige Leinenstoff sollte für ein Kleid mit grünen Bordüren abgepaspelt werden und dann trägerlos, oberhalb des Busens enganliegend, wie eine Röhre bis zum Boden reichen. Für einen Theaterabend bräuchte sie ein Outfit, hatte sie beiläufig erwähnt.

"Ich kann dir einen Entwurf machen", hatte ich ihr am Grunewaldsee vorgeschlagen, als sie von ihren Plänen sprach. "Ich schneide den Stoff zu und meine Mutter näht es zusammen. Wir müssten nur den Stoff auswählen". Nun lag er vor uns und jeder fantasierte sich ein eigenes Traumbild herbei.

Nach dem Essen überraschte mich Ingrid. Sie wollte das Essen bezahlen. "Als Gegenleistung für den schönen Nachmittag". Sie reichte mir unter dem Tisch einen Zwanzigmarkschein. Was blieb mir übrig. Ich wollte doch nicht streiten.

Der Abend war noch nicht zu Ende und eine Nacht schien im beiderseitigen Einvernehmen noch vor uns zu liegen. So beugte ich mich mal wieder meinem Schicksal. Übrigens lernte ich so ihre Wohnung kennen, draußen in Spandau. Die lag im 2. Geschoss eines kleinen Miethauses auf einem Berg mit einer Kneipe darin, die <Auf `m Berg> hieß und die Straße, in der das Haus lag, hieß Hochgericht Straße.

Zwei Monate später zog ich dort ein. Aber das ist eine andere Geschichte.

DESOLATER MORGEN

Nachtrag

Nachdem ich die Vorzüge einer Badewanne wieder erleben durfte, außerdem ein breites Bett mit schöner kühler Seidenbettwäsche und dazu einen duftenden, weichen, anschmiegsamen Körper, wurde mir klar, dass Askese nicht die Lösung meiner Existenzfrage in dem aktuellen Zeitraum sein konnte.

Ich verschob die Suche nach dem Geistigen auf später und packte meine sieben Sachen in einen Koffer, mit dem ich dann ziemlich umgehend vor der Wohnung von Ingrid stand. Die Methode, andere vor vollendete Tatsachen zu stellen, zeigte Erfolg. Nach anfänglichem Zaudern und einem, "na gut, wir können es mal probieren. Du weißt ja, ich bin seit Jahren gewohnt, alleine zu leben", gab sie nach und gewöhnte sich an meine Art die Welt zu erobern. Die Argumente, meine Wohnung wäre doch zu groß für mich allein, die kleine Studentenbude auf Dauer zu klein für die junge Familie und für Franziska die alte Umgebung das Beste, waren doch vernünftig und einsehbar. Oder?

Wenn dann ein Opfer durch eine gute Tat und reizvollen Genüssen goutierbar und verlockend genug ist, kann sich auch eine überzeugte Einzelkämpferin nicht entziehen, war meine Meinung. Der Jahreswechsel 65/66 gab mir Recht. Wir wurden als das neue Paar von allen unseren Freunden gefeiert.

Die Wohnung in der Wagnerstraße wurde zum Heim für die Familie von Franz S. Larissa wurde von mir 1967 geschieden. Sie nahm die Schuld für das Scheitern der Ehe auf sich, erhielt mit meinem Einverständnis das Sorgerecht für die Tochter. Sie heiratete ihren Pasquale, bekam noch eine Tochter. Er liebte die französische Lebensart, die Seitensprünge und die Liebe. So trennten sie sich nach sechs Jahren und ließen sich scheiden. Larissa lebt nun schon über ein halbes Jahrhundert in der alten Wohnung. Aber auch das ist eine andere Geschichte.

TEIL 5
Zeitbeben

15 Jahre danach 53

Leben am Breitenbachplatz 68

Wilde Zeit 81

ZEITBEBEN

15 Jahre danach

"Hallo Karl Heinz, schön, dass du mich besuchst. Es ist ja viel passiert in den paar Monaten, seit wir uns nicht mehr gesehen haben".

Karl Heinz war noch ein wenig außer Atem. Bei 4 Geschossen im Altbau ohne Aufzug sind 100 Stufen schon zu spüren.

"Ist ja toll geworden", sagte er unumwunden, als er sich nach dem Eintreten einmal um sich selbst gedreht hatte. Der Ausbau des Dachgeschosses ohne Baugenehmigung war abgeschlossen. Der große Raum von 90 m², mit einer Schlafgalerie über quer laufenden Konstruktionshölzern unter dem Dachfirst, ließen die Architektenaugen von Karl Heinz aufleuchten. In einer Ecke war das kleine Bad nur mit Glasscheiben vom großen Raum abgetrennt, so dass jeder hineinsehen konnte, wenn drinnen das Licht brannte. Jetzt brannte kein Licht. Davor lag die offene Küche auf der rechten Seite. Es roch schon verführerisch nach Kaffee.

"Und hier machst du deine Entwürfe?" fragte Karl Heinz und deutete auf den Zeichentisch neben dem Eingang rechts, beugte sich über die Pläne und bemerkte, "ach ja, das Projekt kenne ich, nicht wahr? Sind das die Solar-Häuser, die du in Zehlendorf errichtest?"

Ich nickte zustimmend, "genau, ich muss jetzt mehr in Berlin sein. Die Schlussphase erfordert meine Anwesenheit. Du kennst das ja mit den Handwerkern, die immer alles anders machen, als sie sollen. Komm, setz dich hier her zu dem Tisch am Fenster", lud ich meinen Freund ein. Der runde Tisch mit einer schön gemaserten Marmorplatte, stand in einer Nische vor dem Sprossenfenster mit Blick auf Villengärten.

Darüber hing ein Jugendstilleuchter, den ich 1975 auf einer Reise durch Oberitalien in Venedig, in einer Glaswerkstatt auf der

Insel Murano entdeckt hatte. Ich war zufällig in diese Werkstatt geraten und war sofort von dem neunarmigen Kallasblütenkunstwerk so begeistert gewesen, dass ich mit dem Patron ein längeres Gespräch über Glasbläserkunst führte. *"Das ist eine Arbeit, die wir für ein Hotel als Prototyp hergestellt haben"*, erklärte der elegant gekleidete Chef, auf die weißen Blüten für die Glühlampen und die hellgrünen, verschiedenen Blattformen hinweisend. *"Die ausgeführten Kronleuchter für das Hotel waren doppelt so groß"*.

Mir schien der Leuchter in Größe und Farbe genau richtig für den Raum in der Wohnung der Karlsbader Straße, den ich mit meiner Frau Edda, als Ingrid kennen und lieben gelernt, 1973 im Boudoirstil eingerichtet hatte. Die Wände waren mit französischen, handbedruckten, floralen Mustern mattglänzend tapeziert, die beim genauen Betrachten als Kohlblätter identifiziert werden konnten. Neben dem Boudoir mit dem gemeinsamem Bett, Fernseher und kleinem Frühstückstisch vor dem Balkon, hatte jeder sein eigenes Zimmer. Wir lebten damals in einer 9 Zimmerwohnung mit zwei anderen Paaren in einer Wohngemeinschaft.

"Den Leuchter hast du jetzt hier oben aufgehängt", stellte Karl Heinz etwas verwundert fest, "macht sich auch ganz gut, aber unten in eurem Boudoir fand ich ihn passender".

Ich zuckte mit den Schultern, "times are changing! Wir haben doch schon letztes Jahr die Wohngemeinschaft aufgegeben. Der ewige Streit mit den Mitbewohnern hat uns gereicht. Außerdem wollte Edda nicht mehr hier wohnen. Sie ist so glücklich mit dem Landleben", schloss ich das Thema ab.

"Sag mal, wie geht es Edda eigentlich jetzt, wo ihr euch getrennt habt?" fragte Karl Heinz, während er mich direkt anblickte.

"Sie hat mir die Konten gesperrt", kam es mürrisch aus mir heraus.

Aus den Augenwinkeln beobachtete ich die Reaktion meines Freundes.

Karl Heinz war ein alter Studienfreund, den ich an der TU beim Zweitstudium in den Vorlesungen der Regionalplaner kennen gelernt hatte. 1972 war das. Ich war an der H.d.K. als Tutor tätig und studierte Stadtplanung bei W. Hämer. Da setzte sich eines Tages in der TU dieser blonde Typ mit den schon immer etwas schütteren Haaren neben mich. Er wirkte körperlich größer als er wirklich war, er war sehr schlank. Seine Augen waren auch damals schon träumerisch offen und der kölsche Dialekt unverkennbar, der durch das sich etwas verhaspelnde Reden besonders hübsch klang.

"Sag mal, wirklich? Die Konten gesperrt?", fragte Karl Heinz ungläubig.

"Ja", ich nickte knapp und erklärte, "Edda hat uns beide aus dem Bauernhaus in Hohe geworfen, als wir ihr klargemacht hatten, dass wir ein gemeinsames Kind haben wollten, meine Liebste und ich".

"Wo ist dein Schatz eigentlich jetzt?" fragte Karl Heinz unmittelbar.

"Sie arbeitet jetzt nachmittags für ein paar Stunden".

"Wie lange braucht sie denn noch bis zum Abschluss?"

"Zwei Jahren werden es wohl noch werden", antwortete ich zögernd.

"Das ist ja eine blöde Lage für euch ohne Geld von deiner Frau", sinnierte Karl Heinz.

"Du sagst es. Wir leben vom Ersparten und ich werde mich wieder in einem Architekturbüro verdingen".

Ich goss nochmal Kaffee nach und griff nach dem Butterkuchen, der bisher nicht angerührt worden war.

"Nimm dir doch ein Stück, Karl Heinz", sagte ich mit vollem Mund und ergänzte noch, "weißt Du, mir macht das nicht viel aus. Das erinnert mich an die Situation, als es mit meiner ersten Frau, der Larissa, auseinanderging und ich auch alles neu arrangieren musste. Ich hatte zum Jahreswechsel 65/66 auch nur ganz wenig Geld und keine Lust in Büros zu arbeiten".

Ich versank kurz in Erinnerungen an die Zeit und sagte dann, "ich gewann damals zum Glück den vierten Preis in dem Wettbewerb Kirchenzentrum Bad Homburg und konnte mit den 3000 DM ein paar Monate über die Runden kommen".

Karl Heinz beugte sich interessiert vor, "davon hast du mir noch nie erzählt. Nun kennen wir uns schon so lange. War das damals, als du zu der Edda gezogen warst?" Ich nickte abwesend und antwortete, "ja damals, damals hieß sie noch Ingrid. Edda ist ihr zweiter Vorname. Ich fand ihn schöner und sie wollte mit mir wohl auch ein neues Leben anfangen, neuer Name, neues Glück!" Ich lachte sarkastisch, wie es meine Art ist.

Karl Heinz blickte mich interessiert an, "1966 sagst du? Da war ich erst 17 und wie alt warst du damals?"

"Ich war 26, als ich Ingrid im Büro kennen lernte. Sie wurde ein paar Monate später auch 26. Da lebte ich schon in ihrer Wohnung. Ich hatte einfach das Allernötigste in einen Koffer gepackt und fuhr mit der S-Bahn nach Spandau, stand vor ihrer Tür und behauptete, in meiner Wohnung schrecklich zu frieren. Stimmte ja auch. Am Schlimmsten war damals die Einsamkeit in den vielen Räumen. Und ihre Wohnung war gemütlich und warm. Sie hatte damals schon Nachtstromöfen und eine geheizte Badestube mit Wanne. Das war ein verführerischer Luxus, abgesehen von ihr als Frau. Anfangs war sie ja ziemlich pikiert von meinem Überfall. Aber mit der Zeit konnte ich sie gewinnen. Ich habe erst mal alles so genommen, wie es war, bin ihr nicht gleich mit meinen Ideen für Wohnungsverschönerung auf den Nerv gegangen".

Karl Heinz schmunzelte in sich hinein, "du verstehst halt die Frauen zu nehmen".

Ich nickte, "ja, ja, meine Kindheit war doch mehr oder weniger ein Frauen-Encounter. Da habe ich halt viel gelernt. Die Wohnung von Ingrid war groß genug, drei Zimmer und Küche. Der einzige Nachteil war die Lage, weit weg vom Schuss, die ewige Fahrerei in die City war schon lästig und auch der viele Verkehr durch die enge Straße, in der das Haus lag. Jedes Mal, wenn die Busse das Haus passierten, bewegten sich die Deckenbalken und der Kaffee schaukelte in der Tasse. Ach übrigens, magst du noch ´ne Tasse?"

Karl Heinz nickte, wartete bis die Tasse gefüllt war und fragte, "und wie lange habt ihr da gewohnt?"

"Bis zum Frühjahr 68. Danach haben wir zwei Jahre in einem Apartment am Breitenbachplatz gelebt, in einem Raum".

"Was? In einem Raum? Zwei Jahre? Erzähl mal".

"Immer der Reihe nach, am Breitenbachplatz war unsere wilde Zeit. Aber davor waren wir vier Monate in England. 1967 wohnten wir im Sommer in Pimlico, auch in einem Raum. Gleich nach unserer Heirat fuhren wir mit einem 3 CV in die Flitterwochen. Beinahe wären wir unverheiratet losgefahren. Wir hatten den Termin beim Standesamt um 11 Uhr schon verpasst und der Beamte hatte bereits ein anderes Brautpaar vorgezogen".

Karl Heinz sah mich fragend an. "Ja, weißt du, unser Polterabend dauerte bis in den Morgen hinein. Und Karl-Eugen, einer unserer Trauzeugen, musste noch geweckt werden, als wir ihn abholen wollten. Und wir waren selber schon spät dran. Edda fuhr schließlich mit 80 durch die Stadt zum Standesamt".

KarlHeinz schüttelte nur seinen Kopf, während mir nun die Vorbereitungen für das Fest durch den Kopf gingen, die ich noch erzählen wollte.

"Der Dachboden des Hauses, in dem wir wohnten, war ein großer durchgehender Raum, ideal für einen Polterabend. Da haben wir den Abschied vom Single-Dasein mit allen Freunden und den Kollegen aus den Büros, die ich kannte, zelebriert. Aus Türblättern hatten wir eine 8 m lange Tafel aufgestellt mit Kerzenleuchter. Strom gab es dort oben nicht. Einen Holzkohlengrill für die Steaks hatten wir auch aufgebaut. Beim Anmachen qualmte es so wahnsinnig, dass wir fast nichts mehr erkennen konnten. Deshalb öffneten wir die Dachluken und die Rauchschwaden zogen leider die Aufmerksamkeit der Nachbarn an. 15 Minuten später hielt die Feuerwehr mit Blaulicht auf der Straße und schwere Stiefel stapften die Treppe hoch".

"Feuer und offenes Licht sind auf Dachböden verboten!".

"Wir beugten uns den Anweisungen und verlegten Kabel für Licht und Musik. Zum Schluss tanzte unser Kater auf der Tafel zwischen den Essensresten".

Kopfschüttelnd hielt ich inne, dabei über das Bild des tanzenden Katers lachend, und lauschte der Musik, die ich zu hören glaubte, "ich hatte für das Fest die Beatleplatte <Revolver> gekauft, Mike hatte Soul Musik mitgebracht und außerdem hatten wir noch die Hits aus der Musikbox von der Kneipe".

Karl Heinz blickte verdattert, "was für ne Kneipe?"

"Ach so, das weißt du ja auch nicht. Naja, die Kneipe im Haus und das Haus mit dem Garten gehörten Edda. Das wusste ich auch nicht, als ich einzog. Sie hatte alles geerbt, als ihre Mutter an Krebs gestorben war. Da war sie 16 Jahre alt. Ab dem Alter hatte sie sich mithilfe einer Tante zu einer richtigen Geschäftsfrau entwickelt. Für mich war das ein ziemlicher Schock, als ich die ganze Geschichte erfuhr". Nachdenklich führte ich die Tasse zum Mund, trank noch einen Schluck und versank in die alte Zeit.

Karl Heinz wartete, lehnte sich zurück, blickte durch das Sprossenfenster in die Villenlandschaft am Roseneck. "Schön habt ihr es jetzt hier oben", bemerkte er noch, während er mein versonnenes Gesicht betrachtete.

Ich war also in das Jahr 67 abgedriftet, dachte an die erste Zeit des Zusammenlebens mit Ingrid-Edda. Wie sie sich an meinem 27. Geburtstag auf einer riesigen, orangefarbenen, mit Fransen geschmückten Decke, nackt als Geschenk präsentiert hatte, die Decke sozusagen als Verpackung um sich dekoriert. Und als sie mich mit ihren grünen Augen so verliebt anstrahlte, fühlte ich zum ersten Mal tiefe Zuneigung. Vorher hatte sie mich eher als gestandenes Weib mit attraktivem Aussehen fasziniert. Sie wusste einfach alles über geschäftliche Angelegenheiten, von denen ich als existenzialistischer Traumtänzer der Architektur keinen Schimmer hatte. Sie hatte sich in die Hausverwaltung eingearbeitet, die Kneipe nach ihrem Geschmack modernisiert, Verträge mit einem neuen Kneipier ausgehandelt und hatte ein festgefügtes Konzept für das Haus und ihre Zukunft im Kopf. Da stolperte ich in ihre Welt. Keine Ahnung von Finanzierung, konnte ich noch nicht mal eine Überweisung ausfüllen.

Das Geld bekam man damals doch noch bar in die Hand. Es gab Postboten, die das Geld an der Wohnungstür auszahlten. Ich erinnerte mich noch lebhaft an die große, lederne Umhängetasche vor der Beamtenbrust.

Damals wehrte ich mich, wie man so sagt, mit Händen und Füßen gegen die Finanzwelt meiner Geliebten. Ich wollte nur Architektur entwerfen. Sie versuchte trotzdem mich in ihre Zukunftspläne einzubeziehen. Einmal sagte sie ganz offen, *"wenn ich mich schon mit einem Mann einlasse, erwarte ich auch Unterstützung, du Besserwisser, Alleskönner, kannst ruhig mal an unsere Zukunft denken!"* Kleinlaut musste ich zustimmen, nachgeben, sah die Notwendigkeit ein, die kleinen Wohnungen des alten viergeschossigen Gebäudes durch Zusammenlegung zu vergrößern und mit dem Einbau von Bädern zu modernisieren. Mehr Miete war ja auch nicht zu verachten. Wir lebten ziemlich in Saus und Braus. Das Wichtigste war für sie eben die Wertsteigerung des Objekts, wie sie sich fachmännisch ausdrückte, *"wir werden in den nächsten Jahren das Haus an den Senat verkaufen müssen. Eine Straßenverbreiterung ist schon lange geplant"*.

Das war also die Zeit, als ich zwischen Wettbewerben, Haussanierung und den neuen Aufgaben in dem Büro von Müller und Heinrichs hin und her pendelte. Eine schöne Zeit, abgesehen von den Entfernungen zwischen Spandau und Berlin, die nicht zu vermeiden waren, wenn ich morgens mit der U-Bahn ins Büro fuhr und nachts mit meiner Frau von den Lesungen der amerikanischen Literatur Avantgarde in der Akademie der Künste zurückkehrte, um berauscht von Kultur und Sehnsucht in ihre geöffneten Arme zu sinken, zugedeckt mit der wundervollen Fransendecke. Ich fühlte mich dann vom süßesten Honig durchflossen und in das weiteste Blau des siebenten Himmels fliegen. Aus den unendlichen Sphären glaubte ich die Stimme von Allen Ginsberg zu hören: "Everything is holy, everybody is holy, everywhere is holy! Every day is eternity! Every man is an angel!"

Karl Heinz räusperte sich: "Hallo, ich bin noch da".

"Entschuldige, ich war mal kurz im Himmel", antwortete ich verlegen.

"Ihr hattet also eine Kneipe in dem Haus?"

Ich nickte und erklärte, "naja, nichts Besonderes, aber Edda hatte gute Verträge mit dem Pächter ausgehandelt. Ein Flipper, zwei Geldautomaten und die Musikbox gehörten ihr. Da kam ordentlich Geld rein, im Monat so 2000 DM, die sie zwar mit dem Kneipier teilen musste, aber immerhin! Um die Reparaturen musste sie sich kümmern und um die neuen Platten für die Musik-Box. Das haben wir später zusammen gemacht. Nur das Geld zählen, das wollte ich nicht. Das stank wirklich nach Kneipe und Rauch, obwohl man ja sagt, Geld stinkt nicht. So haben wir unser Luxusleben bestritten, die Wohnungen saniert und eine Reise nach Patmos finanziert".

"Patmos? Ist das in Griechenland?" fragte Karl Heinz nach.

"Ja, eine Insel in der Nähe der Türkei. Konnte man nur mit dem Schiff erreichen, von Piräus aus", ergänzte ich, überlegte einen Moment, was ich ihm von der Reise erzählen könnte.

"Im Herbst 1966 hörte ich im Büro Bandel auf. Und bevor ich in das Büro Müller und Heinrichs wechselte, machten wir die Reise. Wir fuhren mit dem Zug nach Athen". Ich unterbrach mich, weil mir dazu noch etwas einfiel.

"Eigentlich wollte ich ja in der Zeit zur Filmakademie wechseln, Kameramann oder Regisseur werden. War mal ein Traum von mir. Deshalb hatte ich bereits viele kleine Filme mit einer 8 mm Kamera gedreht. Von Patmos gibt es übrigens auch einen kurzen Film mit einem Kloster aus Granit auf dem höchsten Berg, umgeben von dem Dorf mit weißen Häusern, das das Kloster wie ein ausgefranster Spitzenkragen umgab".

"Jaja", endete ich nachdenklich und erinnerte mich an den Morgen des ersten Tages, wie ich das Fenster der kleinen Pension öffnete. Wie schön lag das von der Zivilisation unberührte, alte

Leben mit dem Kloster im blauen Himmel vor uns. "*Schau mal, ein Traum. Nach der schrecklichen Überfahrt ist das wirklich unglaublich*". Und sie trat an meine Seite, legte ihren Arm um meine Schulter und drückte sich an mich. Sie war während der ganzen Überfahrt seekrank gewesen. Die See war sehr rau und die Passage dauerte 12 Stunden auf dem einfachen Postschiff, auf dem die Griechen vom Festland zu den Inseln schipperten. Männer standen rauchend an der Reling und als es dunkel wurde, legten sich die Familien zum Schlafen auf ausgebreitete Decken. Die Nacht war ohne Mond geblieben. So konnte ich den Seegang nicht mehr zur Ablenkung beobachten und lehnte in einer Reihe mit anderen Opfern an der Reling. Meine Augen starrten in das Dunkel und ich kämpfte mit der Übelkeit. Edda war schon so mitgenommen, dass sie nur noch in einer Ecke des Schiffes neben einem jungen Seemann mehr lag, als saß. Der hatte mitleidvoll den Arm um sie gelegt. ´Schon wieder einer, der sich um meine Frau kümmert´, ging mir eine unangenehme Erfahrung durch den Kopf. Aber ich konnte mit dem Typen wegen meines eigenen Zustandes die Rolle nicht tauschen. Um Mitternacht tauchten endlich die Lichter der Insel auf und ein kleines Beiboot legte am Schiff an. Nur wir beide mit unserem Koffer wurden am Fallreep hinunter geführt. Postsäcke wechselten. Ein Mann kletterte vom Boot ins Schiff. Das Beiboot legte ab, zwei Griechen ruderten in Richtung der Lichter des Ortes. Am Kai stand der Patron des einzigen Gasthauses. Er nahm den Koffer und uns mit in das kleine Hotel. Wie wir ins Zimmer und ins Bett kamen, war mir nicht mehr gegenwärtig. Aber dieser Ausblick auf den Berg mit dem Kloster stand deutlich umrissen vor mir.

"Wie seid Ihr denn auf Patmos gekommen?" unterbrach Karl Heinz meine Gedanken. "Die Insel musste doch ganz einsam sein".

Ich stimmte lachend zu, "Ja, die Idee kam von Edda. Sie hatte schon immer ein Faible für Außergewöhnliches. Ich glaube, sie hatte mal auf einem religiösen Bild den Einsiedler von Patmos gesehen. Jedenfalls war ihr das kleine Hotel in Hafen noch nicht einsam genug. Es musste ein Haus ganz für sich allein in einer einsamen Bucht sein".

Karl Heinz sah mich fragend an.

"Der Patron organisierte also einen Esel, der den Koffer auf seinem Rücken trug. Ein Bursche aus der Familie brachte uns auf einem felsigen Eselspfad über die nächste Hügelkette in eine Traumbucht zu einem alleinstehenden Fischerhaus seiner Familie. Nur die Frau des Hauses war anwesend. Total schwarz gekleidet, begrüßte sie uns freundlich verhalten, stellte das Wohnzimmer zur Verfügung, nachdem sie durch den Burschen unsere Wünsche verstanden hatte. Sie schüttelte skeptisch den Kopf, als sie auch noch erfuhr, dass wir eine ganze Woche in der Einsamkeit bleiben und nicht mal zum Essen den Platz verlassen wollten. Wir waren auch nicht umzustimmen, als sie versuchte, die Einfachheit ihrer Küche zu erklären: Jeden Tag Bohnen in verschiedener Zubereitung und am Freitag vielleicht Fisch".

Ich erinnerte mich an den sämigen Geschmack, den ich im Gaumen spürte und musste mich schütteln.

"Nach vier Tagen konnten wir die Bohnen nicht mehr sehen und zogen dann jeden Abend über den Berg zum kleinen Restaurant im Hafen, wo Tintenfische über den Ästen der Bäume zum Trocknen als Blickfang für die Touristen hingen. Wir waren ja ziemlich naiv und unbefangen, was uns noch zu weiteren ungehörigen Aktivitäten trieb".

Ich griff zur Kaffeetasse und nahm einen Schluck. Ich sah die Bucht wieder deutlich vor mir liegen. "Das Haus war tatsächlich sehr einsam. Wir lagen den ganzen Tag im Sand, schwammen in dem glitzernd klaren Wasser hinaus und mittags legten wir uns im

Haus auf die Matratze, die wir auf den Boden gelegt hatten. Das alte Bettgestell hing sehr durch und machte beim Liebesspiel solchen Lärm, dass selbst Schwerhörige um die Ecke geschaut hätte. Trotz unserer Rücksichtnahme, wurde die gute Alte jeden Mittag Zeuge unser nicht ganz leisen Aktionen, die sie dann mit Türaufreißen und Zuknallen zu kommentieren wusste".

Ich unterbrach die schräge Story, blickte zu Karl Heinz, ob er überhaupt noch zuhörte. Er blickte wirklich noch interessiert.

"Ja, was gibt es noch zu berichten von dieser Reise?" überlegte ich laut, "wir ließen für den Koffer den Esel kommen und schifften uns nach Rhodos ein. Ein paar Tage wohnten wir dort in einer Pension in der lauten Altstadt. Ich machte viele Fotos von den mittelalterlichen Kreuzritterpalästen, die ich dir bei Gelegenheit mal zeigen kann, und dann lebten wir noch einige Tage in Athen am Rande des Gewühls in einem Hotel mit Dachterrasse und Blick auf die Akropolis. Was man sich halt so anschaut und fotografiert als Architekt: belanglose alte Klamotten, schon 100.000 Mal fotografiert, die unsere Kulturwurzeln darstellen".

Meine Blase drückte, ich stand auf, ging zum Pinkeln in das Badezimmer ohne Licht zu machen. Als ich mich wieder setzte, wechselte Karl Heinz das Thema, "hattest Du in jener Zeit nicht schon an Wettbewerben teilgenommen? Ich erinnere mich, dass Du mal einen Städtebauwettbewerb in Ingolstadt erwähntest".

Ich kratzte mir nachdenklich den Schädel, "das war tatsächlich noch bevor ich zu Müller und Heinrichs ging. Eine riesiger Aufwand: die Innenstadtsanierung von Ingolstadt. Damals arbeitete ich mit Edda zum ersten Mal zusammen. Wir waren mit ihrem Käfer zur Besichtigung des Gebietes über die romantische Straße nach Ingolstadt gefahren, hielten in Nördlingen, Dinkelsbühl, Rotenburg o. d. Tauber, das war wirklich romantisch. Einmal übernachteten wir in einem Gasthof, schliefen unter Federbetten, die einen halben Meter dick waren. Wir fühlten uns wie unter einem Federblock. In Ingolstadt wollten wir in dem besten Hotel am Markt absteigen, in der Nähe von dem neuen Theaterbau. Stell dir vor, Karl Heinz, da stand eine Duschzelle in dem Raum, oben offen. Das wollten sie uns als Zimmer mit Bad vermieten! Na, du hättest mal meine Edda erleben sollen. Wie eine Furie rannte sie aus dem Raum, schrie was von Unverschämtheit, verließ türknallend und furchterregend wütend das Hotel, dass ich einige Zeit brauchte um sie zu beruhigen".

Karl Heinz zog die Brauen hoch, schüttelte seinen Kopf und fügte hinzu, "ja, ja die Edda. Die konnte trotz ihrer ruhigen Ausstrahlung wild werden". Was sollte ich dazu sagen, er hatte Recht.

"Schön war die Endphase des Wettbewerbs. Wir arbeiteten beide die Nächte durch und wurden jeden Morgen durch Vogelgezwitscher im Sonnenaufgang begrüßt. Dann gingen wir um 5 Uhr früh durch die leeren Straßen, legten uns danach für 3 Stunden hin um wieder fit zu sein. Das kennst du ja, nicht wahr?"

Karl Heinz nickte zustimmend und fragte, "habt ihr einen Preis gewonnen?"

Ich schüttelte den Kopf. "Die Konkurrenz war riesig. Aber die Arbeit hatte uns Freude gemacht. Davor hatte ich am Schulwettbewerb Französisches Gymnasium mitgemacht. Das war in dem Sommer 66, in dem ich noch im Büro Bandel arbeitete. In jeder freien Minute saß ich in der Wohnung von Edda in Spandau am Tisch für den Wettbewerb. Sie war schon völlig konsterniert. *Geh doch mal raus*", sagte sie mehrmals: "*Setz dich wenigstens zu mir in den Garten. Wir könnten dort einen Tisch aufstellen*".

"Wie groß war denn der Garten?" fragte Karl Heinz dazwischen.

"Das war so ein schmales Handtuch hinter einem Fachwerkhinterhaus, das den Hof in der ganzen Breite abschloss. Es war ein richtiges Kleingartenparadies mit einer Laube, Obstbäumen, Beerensträucher, einer Schaukel und der Rasenfläche für Liegestühle. Da hatte die Familie die Sommer- und Feierabende verbracht und die kleine Ingrid ihre Kindheit. Hühner hatten sie in der Nachkriegszeit gehalten und Kartoffeln wuchsen gut. Edda hing sehr an diesem Stück Natur".

Karl Heinz schüttelte ungläubig den Kopf, "und du wolltest nicht in den Garten? Ich träume immer von so einem Stück Land für mich", fügte er versonnen hinzu.

"Du kennst mich doch! Ich als Großstadt- und Ruinenkind im Garten sitzen! Rasen mähen! Beeren pflücken! Womöglich in der Laube zu Abend essen oder unterm Sonnenschirm Kaffee trinken! Niemals! Habe ich damals gedacht. Eisern blieb ich in der vertrauten Umgebung der sicheren vier Wände und zeichnete. Naja, du siehst ja, was aus mir geworden ist, was Edda aus mir gemacht hat. Ich habe jetzt acht Jahre Landleben, einschließlich Gartenarbeit hinter mir. Das hat mir ja einerseits gut getan, aber andererseits war das Dorfleben auf Dauer nichts für mich". Ein Schauder lief mir über den Rücken.

Nach einer Weile der Stille seufzte ich erleichtert auf, "jetzt genieße ich wieder das Leben in der Stadt, hier in diesem großen Raum ohne Natur. Alles ist überschaubar und mit einer Frau, die mich liebt". Unwillkürlich musste ich an das Apartment am Breitenbachplatz denken, das Edda 1968 ausfindig gemacht hatte. *"Du, ich habe eine tolle Wohnung für uns gefunden"*, freute sie sich, als ich aus dem Büro in ihre 3 Zimmerwohnung eintraf. *"Ein wundervoller, großer Raum mit verschiedenen Höhen, einer Dachterrasse von mindestens 10 m², möbliert und mit einem Kamin. Die musst du dir unbedingt ansehen"*, schwärmte sie. "Bezahlbar?" hakte ich nach und als sie nickte, machten wir einen Besichtigungstermin aus. Edda hatte schon mit der Eigentümerin, die Gattin eines in Berlin bekannten Architekten der Zwanziger Jahre, alles geklärt. Otto Firle war nicht aus dem Krieg zurückgekehrt. So vermietete die Witwe einen Teil, der von ihnen früher bewohnten Etage im dritten Geschoss. Das war wirklich ein Traum von Wohnung mit einem hübschen Bad, einer Diele und einer kleinen Küche vor dem 100 m² großen Raum", erinnerte ich mich noch.

Karl Heinz saß still da und schmunzelte mich an, "na, das hört sich wirklich gut an".

"Jaja, weißt du, ich war bei dem Gedanken <alles überschaubar und mit einer Frau, die mich liebt> plötzlich in dem Appartement am Breitenbachplatz gelandet. Ist doch verrückt, wie sich alles wiederholt!"

Oder haben wir gar keine Wahl? überkam mich plötzlich eine erschreckende Einsicht.

ZEITBEBEN

Leben am Breitenbachplatz

Die Sonne warf einen Lichtstrahl durch eine Dachluke auf den Dielenboden, in dem Staubpartikel tanzten. Ich lehnte mich auf meinem Zweisitzer mit den Kaffeeflecken auf dem weißen Bezugsstoff zurück, beobachtete den Staub und Karl Heinz und kramte dabei in meinen Erinnerungen.

"1968 war für uns eine tolle Zeit. Edda hatte also die Dachwohnung von Otto Firle gleich neben der <Eierschale> für uns angemietet. Du kennst doch das Jazzlokal, nicht wahr? Ein Vorteil war, dass Ich nun vom Breitenbachplatz mit der U-Bahn in 10 Minuten zum Büro in der Uhland Straße fahren konnte und, dass wir für wenig Geld in einer Luxuswohnung lebten. Es gab dort ein riesiges Sofa, das wir mit Schaffällen abgedeckt hatten. Die rutschten zwar jedes Mal von der Lehne, wenn wir uns darauf rekelten, aber es sah schick aus. Übrigens habe ich damals auch einen witzigen Film über das Sofa und uns beiden als Ehepaar gemacht. Den kannst du bei Youtube unter Sofafilm finden, aber das nur nebenbei. Die Fenster waren nach Osten und Westen orientiert, den ganzen Tag lichte Helligkeit und eine Dachterrasse gab es", ich schnalzte mit der Zunge, "mit einem Blick auf einen riesigen Innenhof und einer Pappelreihe. Das Rauschen war identisch mit dem Rauschen aus dem Film <Blowup> von Antonioni. Weißt du, die Stelle, in der der Fotograf im Park die Aufnahmen schoss, die dann später vergrößert wurden. Erinnerst du dich an die Sequenz in dem Film?"

"Ja, ich weiß, welche Szene du meinst. Ein toller Film. Habe ihn zweimal gesehen. Nur schade, dass ich euch damals noch nicht gekannt habe", seufzte Karl Heinz, während er mich animiert anblickte.

"Sei froh, dass du uns nicht gekannt hast. Es war zwar toll in dem Appartement, aber zwei solche Individualisten wie wir, die so dicht Tag und Nacht zusammen lebten, das war für uns schon anstrengend. Und wie wir damals aussahen! Edda mit ihren total kurz geschnittenen roten Haaren, angeklebten Wimpern und den superkurzen Minis, die wir aus London mitgebracht hatten. Manchmal trug sie auch eine rötliche Langhaarperücke um unsere Freunde zu verwirren. Ja, und ich, schau mal hier auf dem Ausweisbild, die schönen Locken, die ich mir machen ließ. Sehe ich nicht aus wie ein Hippie oder Dealer?" Ich musste über das alte Foto schmmunzeln.

"Und hier ist auch noch ein Bild von Edda, schau mal"

"Wenn wir so in die Akademie der Künste zu den Undergroundfilmen oder im Haus des Rundfunks zu Konzerten der Avantgarde auftauchten, war Edda mit ihrer ungewöhnlichen Aufmachung immer ein <Opfer> begehrlicher Blicke. Zu ihrem Mini trug sie obenherum nichts, nur eine Lederweste, die durch eine Brosche zusammengehalten wurde". Ich lehnte mich bei den angenehmen Erinnerungen lächelnd zurück und erzählte weiter.

"In jener Zeit wollten wir sogar eine Boutique am Savignyplatz eröffnen. Wir hatten so viele Ideen aus London mitgebracht. Aber die Architektur ließ mich dann doch nicht los. Im Architekturbüro Müller und Heinrichs hatte ich nach der Englandreise eine Sonderstellung bekommen. Zuerst war ich Heinrichs ja nicht schnell genug gewesen, aber dann konnte ich ihn von meiner gründlichen Entwurfsarbeit überzeugen. Trotz des Altersunterschiedes hatten wir eine fast freundschaftliche Beziehung zueinander. Er erzählte mir von seinen Urlaubsplänen und von Problemen mit seinem alten Herrn, der immer noch über ihn wachte".

Jetzt fiel mir so vieles gleichzeitig ein und berichtete ertsmal von der Zeit im Büro.

"In einem Raum, gleich neben der Sekretärin, arbeitete ich als sein Assistent ungestört vor mich hin. Die anderen Angestellten, wir waren eigentlich gar keine Angestellten, sondern ´freie Mitarbeiter´, zeichneten in den riesigen Altbauräumen an Tischreihen, abseits vom Tageslicht der Fenster. An Tischreihen, an deren Unterkonstruktion sich jeder die Knie stieß und mit einer schweren Stehlampe, die kaum zu bewegen war. Das war alles aus ästhetischen Gründen gewünscht, so auch die Aufstellung der Tische. Ich hatte mir also nach anderthalb Jahen eine eigene Welt ertrotzt und in den drei Jahren viele Projekte entworfen: eine kilometerlange Wohnbebauung für Hamburg, Fabrikhallen für Leitz in Bonn, die ich dem Management am Ort präsentieren durfte. Edda konnte auf Kosten des Büros mit dabei sein. Die beiden Büro-Chefs, Hans Müller, klein und rundlich und Georg Heinrichs, groß und hager, immer in schwarzen Anzügen, waren von Eddas Ausstrahlung auch fasziniert. Oft sind wir den beiden mit ihren Frauen in Konzerten mit Avantgarde Musik begegnet, der sie, wie wir, mit kritischem Interesse zuneigten". Ich lehnte mich erneut im Sofa zurück, reckte meine Arme hoch und ließ sie langsam auf das geschwungene Mahagoniholz der Lehne sinken. Das dunkle, polierte Holz schmeichelte den Handinnenflächen.

Karl Heinz hatte schweigend meine gymnastichen Bewegungen beobachtet und wartete auf die Fortsetzung der Geschichte.

"Heinrichs hatte mir für die Londonreise im Jahr 67 eine Empfehlung für einen befreundeten Architekten mitgegeben, bei dem ich eventuell mitarbeiten könnte. Leider steckte Großbritannien in einer Wirtschaftskrise und es waren viele Architekten entlassen worden. Es wurde also nichts aus der Empfehlung. Ursprünglich hatte ich ja vor, einige Monate dort zu arbeiten. Ich war vom Brutalismus-Stil der englischen Architektur, von James Stirling und seinen Kollegen, total begeistert. Als ich in der freien Wirtschaft keine Stelle fand, bewarb ich mich beim Greater London Council in der Hoffnung, dort Arbeit zu finden. Aber es gab überhaupt keine Arbeit. Deshalb konnten wir auch nur vier Monate bleiben. Die Wohnungsmieten waren schon damals sehr hoch. Eine 2 Zimmerwohnung im Basement kostete monatlich 800 DM Miete. Wir hatten jedoch nur 500 DM im Monat zur Verfügung, aber glücklicherweise eine Adresse eines Freundes von Mike, der uns sein Apartment in der Sussex-Road für vier Monate überlassen wollte, wenn wir uns um seine Pflanzen kümmern würden, während er in den USA studierte. Das war unser Glück. Die Unterkunft lag in Pimlico, eine tolle Lage, Pimlico liegt ja nicht weit von Soho, von der Carnaby-Street und den Szenevierteln entfernt. Das Apartment lag im zweiten Obergeschoss, bestand aus einem Eckraum mit drei Fenstern und einem englischen Kamin, einer Küche, die eine halbe Treppe höher lag, einer Dachterrasse über unserem Raum, die wir ebenfalls nutzten und einem Bad im Basement, wo es für alle Bewohner des Hauses heißes Wasser mit einem Münzautomaten gab. Das war alles gewöhnungsbedürftig, aber es ging. Woran wir uns nie gewöhnen konnten, war der Verkehr auf der Sussex-Road. Um 2 Uhr nachts kehrte erst Ruhe ein und um 5 Uhr fuhren schon wieder die ersten Lieferwagen. Englische Fenster sind leider nur Schiebefenster mit einer einfachen Scheibe und jedes vorbeifahrende Fahrzeug ließ die Fensterflügel klappern. In London hatten wir daher wenig Schlaf, aber wunderbare Frühstückszeiten auf der Dachterrasse".

Karl Heinz unterdrückte ein Gähnen, aber ich musste noch einige Details loswerden. "Soll ich mal eine Pause einlegen", fragte ich ihn, aber er schüttelte den Kopf, "nein, nein, ist doch interessant."

"Also", fuhr ich fort, "von unseren 500 DM kauften wir in Soho Delikatessen, in der Carnaby-Street verrückte, durchsichtige Kleider für Edda und es reichte außerdem für gelegentliche Besuche von Jazz Clubs und Ausstellungen und für den 5. James Bond Film <You only live twice> mit Sean Connery. Mir fällt da gerade noch eine kuriose Geschichte ein. Einmal war die Garderobenmarke beim Besuch des Ronny-Scott-Clubs verschwunden. Edda hatte ihren knöchellangen, rotblau-karierten Mantel, den sie über den Mini trug, abgegeben. Die Marke hatte ich in meine Geldbörse gesteckt, aber beim Einlösen war sie weg. Alles hatte ich schon umgekrempelt. *"Nun schau doch mal alles genau durch"*, höre ich noch ihre Stimme. Nichts zu finden, wir mussten warten, bis der Jazzclub schloss und der Mantel in der Garderobe übrig blieb. Sie zog den Mantel über, es war kalt geworden und ich wollte der Garderobiere ein Trinkgeld geben. *"Da ist ja die Marke"*, rief ich völlig fassungslos. Warum passiert sowas? Das sind so die Geheimnisse der Existenz!"

Ich blickte auf die Armbanduhr. Es war erst 4 Uhr. Meine Liebste wird noch bis 6 arbeiten, ging es mir durch den Kopf. Karl Heinz fragte: "Musst du noch etwas erledigen?"

"Nein, nein. Ich wollte nur mal schauen, wie lange wir noch ungestört plaudern können. Warst du auch mal in England?"

"Bis jetzt noch nicht. Wie seid ihr eigentlich nach London gekommen? Mit der Bahn?"

"Nein, nicht doch, wir hatten uns doch extra für die Reise einen 3 CV gekauft. Der alte Käfer von Edda machte es nicht mehr. Das Problem war, dass ich zwar 1959 einen Führerschein gemacht, aber keine Fahrpraxis hatte. Ich wollte nicht wieder die ganze Reise von Edda kutschiert werden, wie auf der Reise an die jugoslawischen Adriaküste. Also bin ich nachts aufgestanden, sie schlief fest, und habe mich zum Fahren überredet. Erst bin ich ganz langsam in den Nebenstrassen gefahren und dann mit Karacho um die Blöcke am Breitenbach Platz, zur Königin Luise Straße und zurück. Zwischen 3 und 4 Uhr nachts war niemand auf der Straße, nur die geparkten Autos. Ohne Blechschaden zu verursachen, fühlte ich mich nach ein paar Nächten für den Linksverkehr und die <Rushhour> in London gewappnet".

"Und du hattest keine Schwierigkeiten mit dem Verkehr?" wollte Karl Heinz wissen.

"Naja, der erste Kreisel in Dover nach der Überfahrt hatte schon einen <Breakdown> in der Schaltzentrale ausgelöst", dabei tippte ich mir an die Stirn, "aber danach hat uns Edda mit dem Stadtplan auf den Knien durch das one-way-system geleitet. Sie selbst wollte in der City nicht fahren, dafür ist sie dann auf den Landstraßen nach Cornwall und im Lake-District gefahren".

"Ihr wart auch in Cornwall?"

"Klar, eine schöne, romantische Ecke mit dieser Parklandschaft und den altmodischen Schildern für pubs und diarymilk. Wir hatten bizarre Räume als Unterkünfte durch <bed and breakfast> gefunden, einmal sogar ein breakfast mit geschmorten Tomaten, Pilzen, Eiern und Speck, dazu englischen Tee und alles vom Feinsten", träumte ich laut vor mich hin.

"In Portmeirion in Devonschire hatten wir das Künstlerdorf von Clough Ellis entdeckt, das wie eine Theaterkulisse aus Architektur Zitaten der 20er Jahre errichtet wurde. Seine Ideen waren für die Zeit des Funktionalismus abartig, wie aus der Zeit gefallen, obwohl er ein Freund und Zeitgenosse des berühmten Frank Lloyd Wright war. In der puristischen Bauhaus Phase haben alle über diese Künstlichkeit den Kopf geschüttelt. Aber jetzt ist Portmeirion wieder modern und viele Künstler verbringen dort ihre freien Tage. Uns hat das Dorf als emotionale Architektur sofort begeistert. Schau mal, Karl Heinz, hier habe ich ein kleines Bändchen mit Fotos von dem Ort".

Mein Freund ergriff die Gelegenheit meinem Redefluss zu entkommen und vertiefte sich in die Broschüre.

Nun konnte ich mit gutem Gewissen in meine Vergangenheit abtauchen. Ich dachte an den Besuch meines Vaters in dem Jahr vor der Reise nach London. Ich erlebte nochmal, wie der alte Mann die neue Schwiegertochter verwundert und begeistert zugleich aufnahm und als er dann hörte, dass ein Haus mit Einkünften angeheiratet worden war, welches in den vier Monaten unserer Abwesenheit zu verwalten wäre, war er sofort überredet diese Aufgabe zu übernehmen. Ich sah es ihm an, wie glücklich er darüber war, dass meine erste Ehe gescheitert war und die zweite Ehe mit einer, in jeder Hinsicht attraktiven Frau eine bessere Wahl schien. Ich hatte meinen Vater noch nie so ausgelassen erlebt. Sein Gesicht strahlte beim Abschied, als er uns zuwinkte. Die Bereicherung der Familie konnte er leider nur wenige Monate genießen. Er starb 1968 nach einer schmerzhaften Krankheit im Krankenhaus mit 70 Jahren.

Das Bild, eines mit dem Tode Ringenden, tauchte als nächstes auf. Ich wollte ihn im Krankenhaus besuchen. Die Tür zum Krankenzimmer war einen Spalt offen geblieben. Da sah ich in einem schmalen Ausschnitt das schmerzverzerrte Gesicht meines Vaters, wie er versuchte mich auf dem Flur zu erkennen und ich hörte auf seine Frage, "wer ist denn da draußen noch?" die Antwort seiner Frau in einer unechten Stimme sagen, "da ist niemand. Beruhige dich. Leg dich wieder hin". Und ich, was machte ich? ich blieb einfach draußen stehen, ohne mich zu rühren. Hätte ich doch damals den Mut gehabt und wäre hineingegangen, dann hätte ich mich wenigstens von ihm verabschieden können. Das Bild verlosch. Ich schluckte und spürte, wie mir die Tränen kamen. Ich schüttelte mich, erhob mich und durchquerte den Raum, öffnete eine Dachluke, atmete die frische Dezember Luft ein und wandte mich wieder an Karl Heinz.

"Schön war es in England, aber auch ziemlich anstrengend. Wir waren ja wegen der lauten Sussex-Road viel unterwegs. Ein bemerkenswertes Erlebnis aus dem Norden im Lake-District muss ich dir noch erzählen". Karl Heinz legte die Broschüre beiseite und atmete tief durch.

"Wir kamen am späten Nachmittag in einem Dorf an, das um einen großen freien Platz von circa 100 x 100 m gruppiert war. So etwas hatte ich noch nie gesehen. Reihenhäuser in einfacher Architektur, aber durch die Anordnung um den Anger wirkte alles wie ein Schlosshof, irgendwie erhaben. Alle öffentlichen Einrichtungen, Kirche, Kneipe, Gemeinderat waren in dem Geviert untergebracht. Wir wollten ein Bier trinken, nach einer Unterkunft fragen und gingen in den Pub. Fast wären wir auf den Rücken gefallen, wie man so sagt. Da waren in dem Lokal im Norden des Landes, abgeschieden von der Welt, junge Leute mit ungewohnt langen Haaren, die sich unterhielten, die auf uns zukamen, uns einluden, uns ausfragten. Es war eine so freie, tolerante Atmosphäre, wie wir sie in Berlin bisher nicht erlebt hatten. In London konntest du auch die verrücktesten Typen auf der Straße sehen und keiner wurde angemacht. Niemand drehte sich um, wie es in Berlin gang und gäbe war. Das haben wir dann nach unserer Rückkehr als sehr unangenehm empfunden. Blicke, Kopfschütteln, beleidigende Rufe, wenn man aus der Konvention ausbrach. Da hat sich ja in den letzten 10 Jahren wirklich viel geändert, nicht wahr?", beendete ich meinen Monolog. Karl Heinz gähnte wieder verhalten.

"Du hast Recht, ich rede zu viel. Du bist schon ganz ermattet. Da hilft auch kein Kaffee. Ich habe eine Idee um dich aufzumuntern. Wir haben noch mindestens 1 Stunde, in der wir zwei ungestört sind. Genug Zeit für eine Zeitreise. Was hältst du davon?"

Mein Freund schaute mich skeptisch an, "meinst du so eine Art Rückführung?"

"Naja, so ähnlich, eine Reise auf der Zeitschiene zum Jahre 68, ohne dass du dich bewegen musst. Du bleibst einfach so sitzen, spürst die bequeme Sitzfläche unter dir. Du hörst meine Stimme, die du so gut kennst, halblaut, ein wenig rau mit der verführerischen Tonlage, die du, wenn du willst, auch als Schrift vor dir sehen kannst, die Zeile für Zeile vorbeizieht, während du dich entspannt zurücklehnst und die Atmung unbeschwert fließen lässt, deine Hände im Schoß spürst und wie sich dein Bauch beim Ein- und Ausatmen bewegt. Diese vertraute Wahrnehmung der natürlichen Bewegung des Körpers lässt dich tiefer sinken und weiter werden und voller Vertrauen den Worten folgen, die dich nun von hier mitnehmen zum Breitenbachplatz des Jahres 1968".

"Du befindest dich in der Mitte des ovalen Platzes umgeben von der dreigeschossigen Bauhausarchitektur, fühlst das Pflaster unter deinen Sohlen, siehst die prächtigen, großen Kastanien in voller Blüte. Der Duft umweht dich, gemischt mit den Autoabgasen, die hin und wieder über den Platz streichen. Der gelbe Doppeldeckerbus ist gerade wieder angefahren, aus dem du ausgestiegen bist. Dein Blick geht zur U-Bahn Treppe und du siehst in diesem Augenblick, wie ich, einen Hut auf dem Kopf, die Treppe hochsteige, siehst die Schultern, den Oberkörper, und dann, wie ich auf dich zukomme. Schon begrüße ich dich mit "Hallo, wie geht es Dir?". Und du weißt jetzt, während du mit deiner einen Hand die andere drückst, dass das meine Hand ist, die dir damit versichert in diesem Moment an der richtigen Stelle zu sein, mit mir noch ein paar Schritte bis zu dem Hauseingang zu gehen, den du schon kennst. Ich öffne die grau gestrichene Holztür mit den drei horizontalen Glasfüllungen, durch die wir gemeinsam in den Hausflur eintreten. Du hörst, wenn du genau hinhörst, unsere Schritte auf den beigefarbenen Sandsteinplatten, berührst beim Weitergehen mit den Fingerspitzen die Poren des graubraunen Travertins, der die Wände des Flures als ein Band in Schulterhöhe begleitet. Das Laufen auf den Steinstufen ist bequem, leicht, mühelos und der Klang unserer Schritte macht dir bewusst, wie die Zeit vergeht und, dass du dich darauf freust, gleich vor der Eingangstür zu stehen, ohne die drei Geschosse wirklich gegangen zu sein. Der Schlüssel dreht sich im Schloss. Die hellgrau gestrichene Kassettentür geht nach innen auf. Wir wenden uns in dem kleinen, durch eine Deckenlampe beleuchteten Flur, nach rechts zu einer zweiten Tür. Wieder schließt ein Schlüssel, die Tür öffnet nach innen und wir sehen eine von Sprossen unterteilte Spiegelfläche, in deren Feldern wir uns sehen. Das ist die Tür zum Bad, hörst du meine vertraute Stimme. Licht fällt in den kleinen Flur durch eine offene Tür auf der rechten Seite. Dein Blick geht in einen länglichen Raum mit einem Fenster, den du aufgrund der Möblierung als eine zweckmäßig eingerichtete Küche erkennst. In dem Augenblick fällt die Tür hinter uns ins Schloss und eine angelehnte Türe vor uns öffnet sich wie von Zauberhand".

"Seid willkommen, ich habe schon auf euch gewartet", hörst du die Stimme von Edda. Sie sieht apart aus mit ihren kurzgeschnittenen, roten Haaren. Lachend berührt sie uns an den Händen und ihre grünen Augen schauen liebevoll einladend. Der Hausanzug betont ihre schlanke Silhouette, lässt den schön proportionierten Busen ahnen. Die Muster des oben eng anliegenden, die Beine weit umschwingenden Stoffes, sind floral und geometrisch verwirrend. Sie geht in den Raum voran, der mit 10 Meter Breite in ganzer Helligkeit nun vor uns liegt, unterteilt von einem hüfthohen Raumteiler, der uns links begleitet. Eine darauf liegende glänzende Travertinplatte reflektiert das Sonnenlicht aus dem Fenster

rechts von uns als Raute an die Raumdecke. Daneben eine weitere geometrische Lichtspiegelung von der Glasfläche der Terrassetür, die beim Weitergehen deinen Blick nach draußen in einen großen Innenhof mit haushohen Pappeln lenkt. Das Rauschen ist nicht hörbar, aber die Bewegung der Blätter und Zweige lässt ein sanftes Brausen vermuten".

"Jetzt stehen wir in der Mitte des Raumes auf dem mattglänzenden Eichenparkett und sehen rechts von uns eine Raumerweiterung, einen Erker mit einem großen, sechsflügeligen Fenster, drei Flügel oben und drei Flügel unten, durch das die Sonne auf einen braunen Holztisch scheint und auch noch die mit Bast geflochtenen Sitzflächen der vier Stühle hell aufleuchten lässt. In der Mitte der vor uns liegenden Wand, die teilweise vier Meter hoch ist, erstreckt sich ein Kamin, eines englischen Landhauses würdig. Der Holzrost ist mit dekorativen Birkenhölzern bestückt und du bekommst Lust, Feuer zu machen. Das Knistern und der Geruch des Feuers würden die wohnliche Atmosphäre verstärken und die im Raum wahrnehmbaren Düfte von Räucherstäbchen und Cannabis intensivieren. Vor dem Kamin beeindruckt dich ein schweres, ausladendes Sofa von drei Metern durch den imposanten Stil der Dreißigerjahre. Die Schaffelle, die auf dem Sofa liegen, stellen einen eigenartigen Widerspruch zum Stil dar. An der Rückfront des Sofas schließt eine Lagerstätte an, die mit einer orangeroten Fransendecke bedeckt, eine Aufforderung zur freien, ungezügelten Liebe ist. Die Wand zum Breitenbach Platz, die über die ganze Länge von Bücherregalen beherrscht wird, aus denen warmes Kunstlicht an die Raumdecke strahlt, ist unterbrochen von 2 zweiflügeligen Balkontüren, die von dunkelgrauen Vorhängen so verdeckt sind, dass der davor liegende Balkongang nur zu ahnen ist".

"Nehmt Platz, hier auf dem Sofa", hören wir Eddas warme Altstimme. *"Welche Musik wollt Ihr hören? Ich hatte gerade Jimi Hendrix aufgelegt"*. Wir sind einverstanden und nicken. Die Gitar-

rentöne zerreißen die Stille, die bisher in dem Raum herrschte. Der Rhythmus überträgt sich auf den Körper. Edda kehrt von einem Regal neben dem Kamin zu uns zurück, in jeder Hand eine Tonpfeife mit langem Hals. *"Das sind die ganz einfachen, handgemachten Pfeifen"*, sagt sie, *"bei denen am Kopf ein Drahtkörbchen drin liegt, damit der Stoff gut verbrennt"*. Dann reicht sie uns ein brennendes Streichholz, wir nehmen jeder einen tiefen Zug, der Stoff glimmt auf, wir legen uns zurück in das weiche Fell und warten. Die Stimmung ist entspannt und fröhlich. *"Tief den Rauch einatmen und so lange wie möglich halten"*, unterweist sie uns fachkundig. Unsere Körper verlieren ihre Festigkeit, wir beginnen uns der Einzelteile bewusst zu werden. Die Lunge bläht sich ungewohnt auf. Der Bauch scheint für sich zu sein und an Größe zuzunehmen. Das Schlucken hallt in den Ohren nach. Der Atem wird unendlich langsam, manchmal steht er still und das Ausatmen zieht sich über Minuten hin. Oder doch nicht? Die Gitarrenglissandi öffnen sich, einzelne Töne perlen hervor. Die Zeit dehnt sich, bricht ab, hört auf. Wir trinken zwischendurch ein Glas Portwein. Wie voll und sämig der Geschmack am Gaumen ist und wie kühl das Glas. Und nach dem Schlucken rinnt die Flüssigkeit unendlich langsam durch die Speiseröhre. Die Nachmittagssonne streift eine farbige Glasvase. Das Grün des Kelches wird zu einem durchscheinenden Wasserfall und das Rot am oberen Rand der Vase springt grell feurig in die Augen. Es ist so unerwartet schön, dass wir vor Freude über die Schönheit der einfachen Dinge stöhnen und lachen. Wir lachen, lachen, lachen bis wir von den Fellen des Sofas auf den Boden rutschen".

"Ihr seid ja ganz schön munter drauf", Eddas Worte schallen verzerrt, auseinandergezogen, *"ich glaube, für heute habt ihr genug. Es ist wirklich schön, euch zu erleben, wie fröhlich ihr seid. Schade, dass ich den Stoff überhaupt nicht vertrage. Ich werde immer so müde, dass ich wie ein Hund auf allen Vieren ins Bett kriechen muss"*, und dabei lacht sie so laut auf, dass wir uns die

Ohren zuhalten müssen. Vermutlich kommt uns ihr Lachen nur so übertrieben laut vor. Die Wirkung des Stoffes lässt allmählich nach und wir stehen auf, um das Gehen zu testen. Das ganz bewusste Auftreten, Abrollen und Anheben des Fußes ist überraschend deutlich. Blöde nur, dass der Atem manchmal stockt. Das silbrige Grün der Pappelreihe im Hof glitzert noch in den Augen wie ein Wasserspiel mit Sonnenreflexen. Nach einigen Minuten setzen wir uns zurück an den Tisch in dem Erker und schauen uns an. Wir legen die Hände in den Schoß. Eine Hand in die andere, wie zum Abschied und in dem Wissen, dass, wenn wir die Hände auseinandernehmen, alles wieder so sein wird, wie vorher und du dich dort wiederfinden wirst in dem Raum, in dem du vor einiger Zeit diese Reise begonnen hast, unverändert, um eine Erfahrung bereichert, die ich als hypnotische Meditation bezeichne, um die Wirklichkeit hinter der Geschichte zu verschleiern".

ZEITBEBEN

Wilde Zeit

Karl Heinz öffnete die Augen, die er während der vergangenen 15 Minuten geschlossen hatte. Er reckte sich, stand auf und ging ein paar Schritte. "Ist schon bemerkenswert, das Gehen so deutlich zu spüren", stellte er fest. "Hattest du mir das nicht schon mal als <Walking Meditation> vorgestellt?"

"Ja, ja stimmt! Übrigens haben wir diese einfache Meditation auch viel im Aschram in Poona geübt. Das sind Wahrnehmungen, die du bei allen außergewöhnlichen Sinneserfahrungen machen kannst. Seit meiner Marokkoreise 1978 haben mir die regelmäßige Meditation die Drogen ersetzt. Damals entdeckte Ich, dass Bewusstseinserweiterungen durch Meditationen auf Dauer stabiler und gesünder sind als die Drogen".

Ich räusperte mich, weil ich bemerkte wie lehrerhaft ich schon wieder klang. Ich begann erneut, "1968 kannte ich von Meditationen nichts, außer das Wort. Ich experimentierte wie alle in jener Zeit mit Mitteln der Bewußtseinsveränderung. Eines Tages hatte ich Marihuana Blüten und Blätter mit Hackfleisch zu Buletten verarbeitet. Das roch und schmeckte nicht viel anders als mit Majoran überwürzt. Wir machten uns also gemeinsam über die Kost her und warteten. Nichts passierte. Eine Stunde verging. Wir hörten Ottis Redding, Janis Joplin und lauerten. Ich aß die zweite Bulette. Wieder nichts. Ich nahm an, die Wirkung wäre durch das Braten verflogen. Um die Buletten nicht sich selbst zu überlassen und, weil ich noch Appetit hatte, verdrückte ich noch zwei. Edda blickte schon etwas zweifelnd und schüttelte den Kopf über ihren Verrückten. Sie hatte Recht! Die Wirkung setzte abrupt ein! Es waren fast drei Stunden vergangen. Es war 23 Uhr geworden und ich fing an durch den Raum zu tanzen, zu springen. Dann erfasste mich eine Unruhe, ich musste raus auf die Straße, an die Luft. Edda begleitete mich. Schon die Treppe war ein schwebendes Ereignis. Vor dem Haus wehte ein kühler Nachtwind. Edda fröstelte im

Mantel. Mich, in eine dünne Jacke gehüllt und ohne Schal, umwehte dagegen ein lauer Frühlingswind. *"Fühl doch mal, wie schön warm die Luft heute weht. Sind wir im Süden?"* fragte ich meine Frau, die bibbernd neben mir ging. Gehen konnte ich gar nicht richtig. Es war mehr ein Balancieren, als würde ich auf Kugeln laufen, so schwebte ich rollend über den Bürgersteig. Dabei waren nur gewöhnliche Einlagen in meinen Schuhen die Ursache". Ich konnte das Kichern nicht unterdrücken, als ich an das merkwürdige Gefühl dachte.

Karl Heinz schaute ungläubig.

"Lange sind wir gelaufen und immer wieder an den Ampeln stehen geblieben, weil das Rot für mich ein so einmaliges Rot, so wunderbar rot erschien, zum Weinen rot und als dann das Grün kam, war ich wie verzaubert. So ein zärtliches, funkelndes Grün hatte ich noch nie gesehen. Ich wollte nicht über die Straße, ich wollte nur noch in das Grün fallen. Irgendwann hat mich Edda wieder nach oben ins Apartment gelockt. Ich weiß nicht wie. Wir hofften beide Schlaf zu finden. Es war vielleicht zwei oder drei Uhr nachts. Plötzlich, aus dem Schlaf hochgeschreckt, weckte ich sie auf. *"Du musst mich festhalten, Edda! Ganz fest!"* rief ich voller Angst. *"Ich muss sonst in die Küche, an das Schubfach mit den Messern um dich zu töten!"* Ich sah bereits das Blut aus ihrem Körper quellen. *"Halte mich fest, Edda!"* Stundenlang hielt sie mich ganz fest umschlungen. Ich fiel ins Schwarze und tauchte danach in ein Blutbad ein, rot schwappte es um meinem Körper, um meinem Kopf und dann fiel ich zurück ins unendlich Schwarze, in die Nacht des Nichts und kehrte in Blutwellen zurück. Immer wieder! Stundenlang! Mein Herz raste, auch mein Atem. *"Halt mich fest, ganz fest!"* rief ich immer wieder. Ich stank nach Tod, nach Blut, nach Schweiß! Ausdünstungen, die sich über meine Frau wie ein Tuch legten. Alles klebte. Ekelhaft! Gegen Morgen schlief ich ein. Die Wirkung hielt in abklingender Form bis zum

Abend an. Der Gestank waberte tagelang durch den Raum, stand zwischen uns und entfernte die Liebe für einige Tage. Duschen, baden, parfümieren, alles war zwecklos. Es brauchte einfach Zeit. Meine Neugierde war erst mal befriedigt und für eine Weile hatte ich genug".

Ich schüttelte mich, erhob mich und drehte mich um die eigene Achse um aus dem Horrortrip auszusteigen.

Karl Heinz schaute noch mit starrem Blick ins Weite und sagte nichts, dann nach Minuten der Stille, "gut, dass mir das erspart geblieben ist" und nach einer Pause, "und was kam danach?"

"Wie gesagt, von dem Stoff hatte ich für ein paar Wochen genug. Aber ich hatte ja noch die Filmerei und die Pornographie. Die befriedigten meine Sehnsüchte nach Ekstase in den nächsten Monaten".

"Pornographie?" fragte Karl Heinz ungläubig, "1968/69? Wie bist du denn dazu gekommen?"

"In Kopenhagen gab es damals die 1. Internationale Pornomesse der Welt. Da musste ich einfach hin, um mich zu informieren, um Material für Filme zu sammeln und um mich aufzugeilen", gab ich zu. "Das war doch fast so etwas wie erste Bürgerpflicht".

Karl Heinz schüttelte den Kopf, "und wie war's? Bist du auf deine Kosten gekommen?"

"Naja, lass mich mal erzählen. Ich fuhr also mit dem Zug auf der Transitstrecke über Saßnitz nach Kopenhagen. Ich hatte nicht vor, in einem Hotel abzusteigen, wollte mich nur auf der Messe Tag und Nacht herumtreiben. Ich hatte deshalb auch nur eine kleine Tasche mit dem Allernötigsten bei mir, Unterwäsche zum Wechseln in irgendeiner Toilette. Es war wirklich ein Hammer, was dort ausgestellt wurde. Die Weiber lagen nackt auf den Tischen mit

Dildos beschäftigt, die wir im Katalog bei Beate Uhse gesehen hatten und sie benutzten die Dinger öffentlich! Der Eintritt kostete schon ´ne Stange Geld. Die Besucher waren fast nur Männer. Und Filme konnte man sehen, Filme über Filme, mit Dreiern oder im Massenaufgebot. Großaufnahmen bis in die Cervix. Naja, alles das, was man heute überall sehen kann. In einem Saal fand sogar ein Vögelwettbewerb statt. Das fand ich weniger ästhetisch. Obwohl die Geräusche, die dabei entstanden, nicht zu verachten waren und auch nicht die Anfeuerung aus dem Publikum. Das hatte schon was. Nach einem Tag und einer Nacht konnte ich jedenfalls nicht mehr, war einfach gesättigt, hatte noch einige Hefte und Filme gekauft und auch so mitgehen lassen, um nach meiner Rückkehr damit zu arbeiten".

"Arbeiten?" warf Karl Heinz ein, "was meinst du denn damit?"

"Naja, ich verfremdete das Material und schnitt die Streifen anders zusammen, kombinierte sie mit eigenem Filmmaterial. Später, wenn ich mal sehr alt sein werde, zeige ich dir die <Jugendsünden>, dann werde ich sie vielleicht bei Youtube unter meinem Pseudonym als Spiegelfilme veröffentlichen", lachte ich leise in mich hinein.

"Bei der Rückfahrt durch die DDR schnüffelten die Vopos alle Reisende nach Material ab. Die wussten genau, warum plötzlich so viele Männer aus Kopenhagen kamen. *"Haben Sie etwas zu verzollen?"* höre ich den Vopo noch sächseln. *"Zeigen Sie mal Ihre Tasche"*. Beim Öffnen der Tasche leuchteten ihm zwei schöne Brüste in Glanzdruck entgegen, die er sich sofort mit den Worten krallte, *"Sie wissen doch, dass verbotenes Schriftgut nicht durch die deutsche, demokratische Republik geschmuggelt werden darf!"* Ich nickte verschämt. *"Das muss ich beschlagnahmen"*, sagte er und verschwand sichtlich zufrieden mit dem Heft, dabei seinem Kollegen auf dem Korridor zuwinkend. Was er nicht wissen konnte, war, dass unter allen Sachen die wirkliche Ware lag und er auf einen alten Trick reingefallen war".

Karl Heinz lachte aus vollem Halse, "typisch Alexander, das passt zu dir".

"Heh, woher kennst du denn mein Pseudonym?" fragte ich überrascht".

"Ich glaube, die Monika mit dem hellen Teint und dem Rotschopf hat dich immer Alexander genannt, als ich euch hier in der Karlsbader Straße in der WG besuchte. Oder war es die Paula? Oder Friedel?"

"Nein, nein nicht Paula oder Friedel", wehrt ich ab. "Die beiden kannte ich damals noch nicht, aber Monika ist schon möglich. Sie hatte eine liebesdienerische Beziehung zu mir. Sie ist ja mit dem Texter und Musikproduzenten W. verheiratet. Er hatte mit dem deutschen Text von <sitting on the dock of the bay> seinen ersten großen Erfolg gehabt. Als sie frisch verheiratet waren, hatten sie unsere Wohnung in der Hochgerichtsstraße übernommen, während wir in England weilten. Jetzt wohnen sie hier drüben", und ich wies mit der Hand auf eine Villa gleich hinter dem Supermarkt. "Er macht dort in seinem Soundstudio viel Geld mit Musikproduktionen. Monika hat leider die Rolle der unausgelasteten Ehefrau übernehmen müssen. Sie haben noch keine Kinder". Ich zuckte mit den Schultern und sagte schließlich, "naja, so vergeht die Zeit und auch der Name Alexander ist passé".

Ich glaubte noch etwas erklären zu müssen. "Der Name Alexander hatte mir als Pseudonym für meine Filme gefallen. Einfach so. Ich brauchte einen Decknamen. Ich war ja noch als Architekt tätig und konnte die Filme nicht unter meinem Namen vorführen", fügte ich hinzu.

"Du hast die Filme vorgeführt? Wie? Wo? Wann?" Karl Heinz war sichtlich überrascht.

"Ja, wir hatten damals Kontakt zu dem neuen Berliner Kunstverein und, als ich dort mal beiläufig erzählte, wir hätten eine Reihe kleiner Undergroundfilme in Arbeit und auch etwas von Pornographie andeutete, waren die vom Verein nicht mehr zu halten. Bei der Vorführung war der Raum rappelvoll. Maler, Bildhauer und Mitläufer von der H.d.K., auch einige Ältere, die mal was Ungewöhnliches sehen wollten. Wir hatten aus unserem Arsenal ein paar kurze, provokante Streifen ausgewählt, die sogenannten Spiegelfilme: Einen witzigen Film über Selbstbefriedigung und einen zweiten über visuelle Selbstbefriedigung mit Edda vor einem Spiegel, vor dem sie sich an- und auszieht, an und aus und immer wieder andere Klamotten an- und auszieht. Hier, schau mal, Karl Heinz, das ist übrigens der Spiegel, vor dem wir damals die Filme gedreht haben", und ich deutete auf den Theaterspiegel von über Zweimeterundfünfzig Höhe mit breitem Holzrahmen, in dem wir uns beide nun anblickten.

"Ja, und dann führten wir noch den Sofa Film vor, ein lustiges Familiendrama: Edda setzt sich räkelnd auf das große Sofa, die Schaffelle rutschen vom Sofa, ich komme aus dem Hintergrund und bringe alles in Ordnung. Es war als Satire auf die neue Rollenaufteilung gedacht. Die Szene wiederholte sich in vielen Varianten und dazu spielten wir auf einem alten, aufziehbaren Grammophon Tangomusik aus Argentinien der vierziger Jahre".

Diese feurige Tangomusik! Ich hörte sie wieder innerlich und sah gleichzeitig den kleinen Trödlerladen im Keller eines Hauses im Kreuzberg vor mir, wo wir die alten Schellackplatten als vollständige Sammlung in einer Mappe entdeckt hatten. Auch viele alte Jazzaufnahmen aus den dreißiger und vierziger Jahren fanden wir dort, die nun alle in dem Regal ordentlich sortiert vor mir standen. Mein Blick wanderte von der Plattensammlung wieder zu meinem Freund, der mich die paar Minuten schweigend beobachtet hatte.

"Also, zurück zur Filmaufführung. Nach den Filmstreifen von uns und einer Collage von Sexszenen aus Kopenhagen, betitelt <Free movie>, zeigten wir dann abschließend noch die Originale aus der Pornomesse. Na, das war ein Erlebnis! Wie ausgehungert diese Generation nach solchen Bildern war. Zweimal mussten wir die Pornofilme wiederholen. Die Diskussion über unsere Arbeiten fiel natürlich weg, weil die Leute aufgegeilt hinausrannten, auf der Suche nach einer Entladung".

Noch animiert von der Erinnerung, versuchte ich langsam in das Hier und Jetzt zurückzufinden und setzte mich an den Marmortisch. Karl Heinz, noch stehend, zögerte, wollte wohl eine Anmerkung machen, aber sagte schließlich nur, "sag mal, dieser Karl-Eugen, euer Trauzeuge, kannte dich doch auch unter dem Namen Alexander. Ich habe ihn mal auf euren Bauernhof in Hohe getroffen. Da war ich ganz verwirrt, als er immer von Alexander sprach".

"Stimmt, Karl Heinz, Karl-Eugen gehört auch in diese Zeit. Von dem bekamen wir ja immer den Stoff. Der hat ordentlich einen reingezogen. Einmal sind wir mit ihm zu irgendeinem Fest nach Neukölln gefahren. Er fuhr total bekifft, wir saßen hinten in seinem Mini, hatten auch schon ein paar Züge genossen. Plötzlich fing er an zu lachen, schlug sich auf die Schenkel und lachte und lachte. *"Was is`n los?"* wollte ich wissen. *"Schaut euch doch bloß den Doppeldeckerbus an, wie klein der ist und so schmal"*. Ich blickte Edda an. Sie zuckte mit den Schultern. *"Hoffentlich geht das gut"*, hörte ich noch von ihrer Seite, als zwei Taxen an der Ampel vor uns hielten. Bei Grün spurtete Karl Eugen mit seinem Mini durch den Zwischenraum auf der durchgezogenen Linie als erster über die Kreuzung. Puh, ich sag dir Karl Heinz, wenn wir nicht schon so entspannt gewesen wäre, hätten wir nicht aus vollem Hals mitlachen können". Ich versank erneut in die alten Bilder und schüttelte innerlich meinen Kopf über die seltsame Party, die wir an dem Tag besuchten.

"Das Fest bei den völlig unbekannten Leuten war ziemlich öde, bis ich auf die Idee kam, den Inhalt eines Papierkorbs im Wohnzimmer anzuzünden und laut "Feurio, Feurio" zu rufen. Später haben wir noch den Kühlschrank leer geräumt, Dosen geöffnet und einen Hering pur in die Deckenlampe der Küche gelegt. Wird ganz schön gestunken haben. Beim Verlassen der Party im dritten Geschoss benutzten wir verschiedene Toiletten auf den Zwischenpodesten, weil uns die Blase drückte, ohne im Dunkeln genau zu sehen, ob die Klodeckel offen oder geschlossen waren. Wir waren einfach total zu, nur mein heimlicher Beobachter, rechts hinter mir, hat das alles noch mitbekommen", endete ich mit einem tiefen Seufzer. Karl Heinz schaute angewidert.

"Schöne Schweinerei", sagte er nur und fragte nochmal nach Karl-Eugen. "War der nicht sogar mit dir in dem Büro Müller und Heinrichs? Haben die nicht das Märkische Viertel gebaut?"

"Das war schon im Bau, als ich kam und noch immer im Bau, als ich wieder ging. Als ich mit Heinrichs wegen der sozialen Frage im Jahr 69 Streit hatte, übernahm Karl-Eugen das Projekt, eine gemischte Bebauung in Tempelhof. Wir hatten uns ziemlich gefetzt, Heinrichs und ich. Es ging für mich nicht mehr. *Was gehen mich die Familien im sozialen Wohnungsbau an*", pflegte Heinrichs zu sagen. *"Wir machen die Architektur und die sollte so schön sein, wie eine Maschine"*. Originalton, sage ich dir, dann zitierte er noch einen Ausspruch von Andy Warhol: *"Ich wünschte, ich wäre eine Maschine!"* Na dann gute Nacht, das war für mich das Ende der Fahnenstange. Selber wohnte er mit seiner Frau in einer tollen sechs Zimmer Altbauwohnung. Ich nahm also meinen Krempel, einen zusammenklappbaren Regiestuhl, der als Provokation für die übertriebene Büroästhetik seinen Dienst geleistet hatte und wünschte Karl-Eugen viel Glück. Wird er gebraucht haben. Er war ein sehr begabter Architekt. Als Diplomarbeit hatte er der TU ein Modell für eine Schule aus Bonbons von 2 m² Größe hinterlassen".

Ich stand auf, ging zur Musikanlage und legte eine Platte auf. Es hörte sich sehr experimentell an.

Karl Heinz legte die Stirn in Falten, "hörst du neuerdings moderne E-Musik?"

"Nein, nicht neuerdings, schon länger, das ist auch Musik aus jener Zeit. Es ist eine Aufnahme von der Gruppe <Nuova Consonanza> aus Rom. Eine Musik-Professoren Gruppe, die 1968 einmal in der Akademie gastiert hatte."

Percussion, elektronische Klänge, zerrissene Glissandi, gestocherte Posaunentöne breiteten sich über den Raum aus. Ich stellte die Musik etwas leiser und ergänzte noch, "als ich im Büro in der Uhlandstraße bei Müller und Heinrichs arbeitete, habe ich in der Mittagspause täglich 2-3 Stunden Musik im Electrola Laden auf dem Kudamm gehört: indische Ragas, tibetanische Mönchsgesänge, Penderecki, Ligeti, Cage mit dem präparierten Klavier, Clustermusik. Es motivierte meine Entwurfsfantasie. Ich arbeitete lieber die 3 Stunden länger im Büro. Was soll ich hier die Zeit absitzen, erklärte ich Heinrichs, ich arbeite am besten, wenn ich gut drauf bin. So war diese Zeit. Schöne wilde Zeit".

Während ich an den Film <Augenblick der Wahrheit> dachte, fiel ich, ohne es bewußt wahrzunehmen, in eine nachdenkliche Stimmung und meine Stimme wurde gedämpfter, "kennst du <Augenblick der Wahrheit>, Karl Heinz?"

Karl Heinz fragte zurück, "meinst du den Film von Francesco Rosi? Diesen Dokumentarfilm über den Stierkampf?"

Ich nickte zustimmend. "Ja, darüber dachte ich gerade nach. Es war in irgendeinem Filmkunstkino in Kreuzberg, ich weiß nicht mehr genau wann und wo, da sahen Edda und ich den Film und anschließend tranken wir in dem Szenelokal <Bei Leydicke> noch einen Wein. Wir waren beeindruckt von der Wildheit des Filmes, von der Direktheit der Bilder, vom Sterben der Stiere und ich weiß nicht mehr, warum, warum Edda gerade in dieser Situation, in dieser Kneipe, an diesem Tisch mir mitteilte, so unter der Hand, dass sie schwanger sei. Ich war sprachlos und spürte Kälte von meinen Füßen hochsteigen, sich über mein Leib, meine Existenz ausbreiten. Das bloß nicht, dachte ich, nicht noch einmal, nicht noch einmal eine Beziehungskatastrophe wegen eines Kindes. Ich wollte das Leben, das gerade für mich anfing, genießen und nicht eingesperrt sein. Ich sagte erst mal gar nichts. *"Du freust dich ja gar nicht"*, zeigte sie ihre Enttäuschung unmittelbar. *"Ich bin einfach total überrascht"*, versuchte ich die Situation zu retten. *"Ich muss mich erst daran gewöhnen. Lass uns mal ganz in Ruhe darüber sprechen"*. Tränen schossen in ihre grünen, liebevollen Augen, rollten ihre Wangen hinunter. Schweigend saßen wir in dem Lärm der Kneipe uns gegenüber. Ich war froh, sie dort nicht in den Arm nehmen zu müssen. Sie schluckte und begann tapfer, *"ich dachte, du würdest dich über ein Kind für uns freuen"*. Wieder dieser Tränenglanz in ihren Augen, den sie versuchte zurückzuhalten. *"Ich war so angetan"*, fuhr sie fort, *"wie du dich um deine Tochter gekümmert hast. Wie du mit ihr gespielt hast"*. Ich konnte nichts sagen, fühlte mich igendwie schuldig".

Meine Gedanken wanderten zurück und Bilder von den Stunden mit Franziska tauchten auf, wie ich im Garten ein hoch liegendes Kinderhaus im Birnbaum baute und wie wir die Übernachtungen mit Franziska in dem großen Bett genossen hatten, sie in der Mitte, von Edda und mir liebevoll umsorgt.

Ich schreckte zusammen und meine Stimme klang heiser, als ich mich wieder Karl Heinz zuwandte.

"War ja klar, dass sie mich als idealen Vater ihres Kindes sehen musste, nachdem sie mich so liebevoll mit meiner Tochter erlebt hatte. Ich versuchte also sie hoffnungsvoll anzulächeln und sagte in der Kneipe, *"Edda, Liebste, komm, lass uns jetzt gehen, damit ich nicht auch noch zu weinen anfange"*. Schweigend fuhren wir dann, jeder in seine Gedankenwelt eingesperrt, nachhause zu dem Atelier am Breitenbach Platz".

Meine Stimme klang noch immer belegt und ich war den Tränen nahe, als ich die Situation erneut fühlte.

"In der Nacht wollte ich ihr meinen Standpunkt verständlich machen. *"Schau Edda"*, sagte ich zu ihr, *"wenn du das Kind bekommen willst, musst du dich dafür entscheiden. Ich kann die Verantwortung nur übernehmen, wenn du das Kind willst. Ich werde dich unterstützen, aber du musst entscheiden"*. Eddas Gesicht versteinerte sich, sie wandte sich ab, schluckte kurz, drehte den Kopf wieder in meine Richtung. Ihre Augen waren traurig, aber fest auf mich gerichtet, *"wenn du kein Kind willst, lasse ich es abtreiben. Ich will nur ein Kind für uns beide bekommen"*. Die klare, knappe Aussage traf mich tief. Ich zuckte hilflos mit den Schultern. *"Dann ist es entschieden"*, sagte ich leise vor mich hin und wollte ihre Hand ergreifen. Sie zog sie zurück und stand auf. *"Ich spreche morgen mit meinem Arzt, er wird nicht begeistert sein"*. In dem Moment fühlte ich mich so hilflos, das kannst du mir glauben, Karl Heinz". Ich vermied den Blickkontakt mit ihm, schaute zum Boden, als ich weiter redete.

"Ich wusste, dass sie einen guten Frauenarzt kannte mit einer kleinen Privatstation, in der sie regelmäßig zur Untersuchung ging. Eine Woche später besuchte ich sie dort in einem der hinteren Räume. Sie sah fürchterlich aus, leidend und traurig. Trotzdem lächelte sie, als sie mich mit dem erbärmlichen Blumenstrauß in der Hand erblickte. Ich hatte vorher mit ihr telefoniert und schon gehört, dass es Komplikationen gegeben hatte. Sie wollte nicht mehr darüber sprechen. *"Mein Doktor hat mich schrecklich zusammengestoßen"*, gestand sie mir und versuchte wieder ihr Lächeln. *"Das hätte er nicht von mir gedacht. Ganz, ganz ausnahmsweise, nach vielem Betteln meinerseits, war er dann bereit <es> wegzumachen"*. Das waren ihre Worte. Ihre Augen füllten sich erneut mit Tränen, ich griff nach ihrer Hand und drückte sie zärtlich, fast dankbar, setzte mich an ihr Lager in dem dunklen Hinterzimmer und weinte, weinte über mein Schicksal, das ich nicht annehmen konnte".

Ich hielt inne, wischte mir die Tränen mit den Fingern von der Wange.

Karl Heinz stand noch am Spiegel, schweigend, dann stellte er endlich die Frage, "und warum hast du dir und ihr das angetan? Ihr habt euch doch geliebt, nicht wahr!"

"Ja", antwortete ich, "aber die Freiheit, die ich spürte, wollte ich nicht hergeben. Außerdem hatte ich tief drinnen das Gefühl, dass Edda nicht die richtige Frau für Kinder wäre, nicht als Mutter geeignet. Das klingt hart, ich weiß, aber ihre eigene Geschichte als Einzelkind, der Vater hatte ihre Mutter verlassen um freiwillig im Krieg zu sterben, bedrückte mich. Ich hatte schon mein eigenes Einzelkind Schicksal. Ich befürchtete, falls unsere Ehe scheitern sollte, ein zweites Mal um ein Kind kämpfen zu müssen. Ich glaubte damals, dass sie sich an das Kind klammern würde. Unbewusst hatte ich von Anfang an die Vorstellung Edda wäre meine <Zweite>, eine Ahnung, als wäre sie nicht die letzte in der Reihe. Auch das klingt fürchterlich, nicht wahr?".

Ich schwieg. Die Stille dehnte sich unbehaglich aus. Ich räusperte mich, lachte kurz verlegen auf, meine Stimme klang beinahe wie immer, "jetzt erzähle ich dir noch schnell den Rest der Geschichte vom Breitenbach Platz. Meine Liebste müsste auch bald kommen".

"Also, wir, Edda und ich, wollten eine Reise nach Asien machen. Alle Welt fuhr nach Kabul oder nach Indien. Das reizte uns auch. Die USA hatten wir anfangs auch auf`m Schirm, aber dann war uns der Wunsch nach spirituellen Erfahrungen wichtiger. Vermutlich wollten wir auch die lästigen, wiederkehrenden Gedanken an die Abtreibung verscheuchen. Wir nahmen also ein Ehestandsdarlehen von 10.000 DM auf. Damit hatten wir genug Geld für eine Reise von 5-6 Monaten. Nachdem wir den 3 CV für 3000 DM verkauft hatten, kauften wir einen nagelneuen VW-Bus für 7000 DM, ein Sonderangebot ohne Ausbau. Mit dem Ausbau beschäftigte ich mich während der restlichen sechs Monate, die wir noch am Breitenbach Platz wohnten. Täglich werkelte ich nun In einer Werkstatt in der Zillestraße, die dem Rolf von Wild gehörte".

"Rolf von Wild? Wer ist das?" unterbrach mich Karl Heinz.

"Vielleicht kennst du ihn, in der Bleibtreustraße hatte er die Boutique <Moosgrund> mit dem Baumstamm als <eye catcher> ausgebaut."

Er nickte zustimmend und ich erzählte weiter, "die Werkstatt in einer Fabriketage war gut eingerichtet. Dort sägte, leimte und schraubte ich alle Teile für den Ausbau des Busses zusammen: das Bett mit den Regalen darunter, die Küchenkiste, die Verkleidung der Fahrgastzelle. Irgendwo habe ich hier auch noch die Zeichnungen liegen. Küche und Schränke waren herausnehmbar. Alles wurde von Edda in Gelb und Grün sorgsam gestrichen und lackiert. Sie nähte, farblich aufeinander abgestimmt, die Vorhänge und den Bezug der Matratzenteile. Wir träumten jeden Tag unsere Route im Voraus. Die Vorbereitungen waren umfangreich. Wir mussten die Visa, die Karten, die Ersatzteile für das Auto besorgen und Impfungen gegen alle möglichen Krankheiten über uns ergehen lassen. Nach einer Impfung entzündete sich Eddas Arm so schrecklich, dass wir schon an Aufgeben dachten".

"Ja, und dann mussten wir noch Abschied von unserem Apartment nehmen. Es fiel uns leichter, als wir gedacht hatten. Die schöne Pappelreihe fiel in den letzten Tagen einer Motorsäge zum Opfer. <Blow-up>-Rauschen war mit uns gegangen und die wundervolle Terrasse wurde von Tag zu Tag schmutziger, da die Einflugschneise nach Tempelhof von immer mehr Flugzeugen frequentiert wurde. Alle unsere Sachen, das Bett, das Geschirr, den Krimskrams und die Kleidung brachten wir schließlich in der Mädchenkammer bei meiner Mutter unter, die sieben Jahre vorher der Franziska als Kinderzimmer gedient hatte".

Ich hielt inne, weil ich ein Geräusch von der Tür vernahm. "So, das war es. Schluss, Punkt, Aus!", und ich lachte befreit.

Karl Heinz horchte ebenfalls auf. Ein Schlüssel drehte sich im Schloss. Die Tür ging auf und ein glockenhelles Lachen begrüßte uns beide alten Kumpane. Meine Allerliebste betrat den Raum.

Karl Heinz sah sofort, dass sie schwanger war.

TEIL 6
Morgenlandfahrer

Vorab 97

Schon unterwegs 99

2 Tage später 102

Stavros in Griechenland 104

Kommentare von E. und R. 108

Türkei

Side im April 110

Nach Alanya 122

Nacht in Silifke 127

Anatolische Hochebene 129

Wildes Kurdistan 136

Persien

Merand und Tabriz 142

Aderbil 149 – Kaspisches Meer 150

Teheran 154 – Nach Quom 159

Esfahan 161 – Shiraz 163

Persopolis 165

Türme des Schweigens 167 – Yazd 169

Vor Teheran 170 – Teheran 171

Kaspisches Meer 173

Balbosar 174

3 Tage Staubstrasse 177

Shavir 180 – Mashad 181

Niemandsland 183

Afghanistan

Die Grenze 184

Herat 187 – Durch die Steinwüste 192

Kabul 195 – Mazar i Sharif 204

Banyamtal 208 – Band a Mir 210

Nach Kabul 217

Die Rückreise

Die Rückreise 220

Durch den Iran 222

Durch die Türkei 224

Grenzerfahrungen 230

Ein Paradies 234

Zurück in Europa 240

MORGENLANDFAHRER

Vorab

Als ich im Jahre 2011, mit über 70 Jahren, meine Lebenserfahrungen wiederbelebte, wurde mir klar, wie stark ich 1970 in einer Identitätskrise steckte. Ich wusste nicht mehr, wer ich war! Mein damaliger Name Alexander stellte nur ein Aushängeschild dar.

Ich fand es damals interessant, nicht zu wissen, wer ich war. In jenem Jahr, also mit 30, sollte ich mich ja entscheiden, wie mir mein Professor geraten hatte. Wozu wusste ich allerdings immer noch nicht. Ich dachte, wenn ich mich für etwas entscheiden soll, das ich nicht kenne, müsste ich das Alte vorher ablegen. Der Ausstieg aus der Verantwortung in meinem Beruf, dann der Drogenkonsum und die Filmbesessenheit waren essentielle Auslöser bei der Suche nach dem Sinn meines Lebens.

Dabei verlor ich die Wurzeln meiner Existenz. Die Wahrnehmung des Alltags verschob sich zu Traumvorstellungen von der Welt und mein Antrieb verlor sich mehr und mehr zum Geschehen lassen. <Laissez-faire> wurde zu meinem Lebensideal!

Die gut funktionierenden Wesensanteile ließ ich verkümmern, in der Hoffnung neue, andere Erfahrungen zu machen. Die exakte Wahrnehmung der Welt, die mir immer Glück gebracht hatte, verlor sich in Trödelei und meine Angriffslust, die viele Erfolge im Beruf ermöglicht hatte, reduzierte ich soweit, dass ich nur das Nötigste erledigte.

Aber Anteile meines Wesens protestierten, ohne dass ich es bemerkte. Sie entwickelten sich zu Beobachtern, die sich außerhalb meines Wesenskerns meldeten. Sie wollten mir, dem Alexander, helfen schwierige Situationen zu bestehen. Auf der Reise erinnerten mich "Ernst" an meine Verantwortung und "Reinhold" an die Kreativität und Spiritualität.

MORGENLANDFAHRER

War mein Zustand eine Persönlichkeitsspaltung? Eigentlich nicht, es war eher eine Störung. Im Nachhinein bin ich sehr dankbar für die Hilfe der guten Geister, die als Schutzengel E. und R. über meine Reise wachten.

MORGENLANDFAHRER

Schon unterwegs

Das Licht ist grell über den Wolken. E. und R. schweben in mäßiger Geschwindigkeit zwischen einzelnen Cumulusanhäufungen. "Schau, da unten! Sind sie das?" Die eine Stimme ist dünn, flüsterndes Explodieren gleich.

"Kann sein", antwortet ein leises, samtenes Rauscheln "soll ich sie mal heranzoomen?"

"Na klar, wir müssen ihnen doch folgen", flüstert die Stimme, die zu E. gehört.

"Sie sind es wirklich. Ich hole sie näher ran. Jetzt kann ich das Kennzeichen des Autos erkennen, fängt mit B an und die Farbe des VW Busses stimmt auch", tönt es samten von R., wobei er sich parallel zur Fahrtrichtung treiben lässt.

"Sag mal?", flüstert E., "sind die überhaupt auf diese Winterverhältnisse eingerichtet?"

"Ich glaube nicht", sinniert R. "sie dachten doch nur an Bewusstseinserweiterung und Abenteuer".

"Wo befinden wir uns eigentlich im Augenblick?"

"Woher soll ich das wissen! Ich kenne mich hier auch nicht aus", nach kurzer Pause, "ich könnte sie noch näher heran zoomen und dann einen Schnitt machen. Was hältst du davon?"

E. ist einverstanden "dann können wir mal hören, wie es ihnen geht. Vielleicht vermisst er uns".

"Glaubst du? Jetzt, wo er sich Alexander nennt? Er hat doch alles abgestreift", stellt R. mit trauriger Stimme fest.

E. flüsternd, "er wird sich noch wundern ohne uns. Wie soll das gehen, auf so einer Reise, ohne seine guten Geister. Du, Reinhold, warst doch für ihn das Wahrnehmungspotenzial und die Fantasie".

"Ach hör auf, nenn mich nicht mit meinem Namen. Ich bin jetzt R., so wie du nur noch E. bist und nicht mehr Ernst, der für Verantwortung und Durchhalten zuständig war".

"Sag mal R. warum nennt er sich denn jetzt Alexander?"

"Eine Identitätskrise! Er will sich neu erfinden. Das geht doch schon eine Weile so, seitdem er mit der Filmerei anfing und in seine Tagebücher lange theoretische Abhandlungen schreibt".

Dann erinnert sich E.,"du wolltest doch noch näher heranzoomen und einen Schnitt machen, um den Kontakt herzzustellen".

Der Blick auf den Tacho zeigt 95 km/h an. "Schneller kann ich bei dem Schneetreiben wirklich nicht fahren", Alexanders Stimme klingt genervt, "wir hätten vielleicht noch ein paar Tage warten sollen, Edda!"

"Ach was", antwortet sie und wischt die von innen beschlagene Frontscheibe trocken. "Schau, da hinten wird es schon heller. Nach Wien wird der Verkehr auch bestimmt übersichtlicher. So ein Wintereinbruch kommt im April eben vor. Wir haben doch alles so schön organisiert um am 1. zu starten. Wo hätten wir denn bleiben sollen? Bei deiner Mutter etwa, Alexander? Wenn wir zügig durchfahren, sind wir heute noch an der jugoslawischen Adriaküste. Ich löse dich nach Wien ab".

"Hm", kommt eine Zustimmung von ihm und dann, "sag mal Edda, wo hast Du denn die Pistole verstaut? Mit der Munition zusammen?"

"Ich hab diese Dinge hinten in die Kleiderkisten versteckt. Außerdem hoffe ich, dass wir sie überhaupt nicht brauchen werden".

"Das Schneetreiben wird noch schlimmer. Ich hätte gerne mal eine Pause und einen Happen gegessen".

"Na gut", pflichtet sie ihm bei, "fahren wir an der nächsten Abfahrt raus und suchen uns ein Plätzchen, wo wir mit dem Bus ungestört stehen können".

"Sie blinken. Jetzt fahren Sie raus, die Landstraße entlang zu dem Wäldchen", R. kommentiert leise, was er sieht.

"Du musst mir nicht alles erläutern", explodiert flüsternd E., "ich weiß schon, was in der nächsten Stunde passieren wird. Ich trage doch die Verantwortung für die Reise. Du hast es leicht, deine Aufgabe ist ja nur alles in schönen Bildern aufzunehmen. In dem ungeschriebenen Drehbuch ist festgehalten, dass die beiden jetzt eine kleine Pause machen. Sie kocht ein bisschen Wasser für den Tee. Er legt sich hinten auf die Schaumstoffmatratze, versucht die Augen auszuruhen. Nach einer Stunde werden sie wieder aufbrechen. Sie wird sich ans Steuer setzen. Aber beim Losfahren wird sie den Wagen hinten eingraben, weil der Waldboden von dem vielen Regen der letzten Zeit vollgesogen ist".

"Und dann, was machen wir?", rauschelt R. noch.

"Wir machen gar nichts. Wir warten ab. Er hat doch die Hartfaserplatten zum Unterlegen für die Räder mitgenommen".

"So?", rauschelt leise R.", na, darum habe ich mich nicht gekümmert. Das war deine Aufgabe als verantwortlicher Organisator".

"Jaja, du sagst es. Lass uns jetzt auch ´ne Pause in der frischen Bergluft machen. Es duftet so fein nach Rindvieh".

MORGENLANDFAHRER

Zwei Tage später in Jugoslawien

Die Dämmerung zieht vom Osten über den Horizont. Die Wolken unter denen sie dahinfliegen sind rötlich von der untergehenden Sonne angestrahlt. Sie beobachten von oben wie der VW-Bus auf der Küstenstraße in den gefährlichen Kurven die Geschwindigkeit zurücknimmt und wieder beschleunigt. "Gut fährt sie, findest du nicht auch?", R. legt sich ebenso elegant in die Kurven, um dieses Gefühl zu genießen.

"Hör doch mit diesem Quatsch auf!", E. ist wie immer ernst, "sie müssen sich jetzt ranhalten, wenn sie zu dem Hotel noch vor 20 Uhr ankommen wollen".

"Wieso?", R. hat offensichtlich gar keine Ahnung.

"Hier herrscht Sozialismus. Da lassen sie die Gäste nach 20 Uhr vor der Tür stehen. Kommst du einfach nicht mehr rein. Ist doch Planwirtschaft". "Weiß er das denn?"

"Nein, er nicht, aber sie. Sie ist immer gut informiert, deshalb fährt sie schon wie der Teufel". E. schweigt implodierend.

"Wie der Teufel ist gut gesagt. Haha! Mit ihrem roten Schopf sieht sie auch nicht gerade wie ein Engel aus".

"Lass jetzt mal deine Bemerkungen R. Ich muss sehen, dass ich ihn dazu bringe, ihr auf der Karte den Weg zu zeigen".

"Wo ist eigentlich die Karte?" Alexander kramt im Handschuhfach. "Ach da, ich habe sie. Meinst du, dass wir das Hotel noch finden?", er klingt zweifelnd.

"Na klar", kommt prompt die Antwort, "Wir sind doch 1967 schon mal die Strecke gefahren und in Sibenik haben wir vor dem Hotel gestanden. Weißt du noch, wie dir die Fassade gefallen hat?

So eine moderne leichte Vorhangfassade aus farbigen Gläsern. Damals hatten wir uns vorgenommen dort zu übernachten, wenn wir mal wieder hier unterwegs sein sollten".

"So?" Alexander denkt laut, "kann mich nicht mehr daran erinnern. Was Du alles noch weißt. Und wie weit ist es jetzt noch?"

"Schau auf die Karte", fordert sie ihn auf.

Er vertieft sich, so gut es bei der einsetzenden Dämmerung geht, "es müssten nach der Abzweigung, die wir gerade hinter uns lassen, noch 25 km sein".

"Schau mal, Alexander, da hängt schon wieder ein Wagen halb über dem Abgrund. Die fahren auch zu schnell".

"Wenn dir ein Lkw auf der Mitte der Straße entgegen kommt? Bleibt doch nur der Ausweg über die Leitplanke", stellt er nüchtern fest.

"Mal nicht den Teufel an die Wand", wischt sie den Einwand beiseite.

"Teufel hin, Teufel her", R. rauschelt begeistert, *"mit dem Teufel vorhin, hast du ihr ein Stichwort gegeben"*.

"Papperlapapp", E. ist kurz davor zu explodieren, *"du, mit deinen blöden Sprüchen. Hör zu, wir müssen jetzt vorplanen. einen Augenblick noch, warte, ja jetzt! Sie kommen gerade noch rechtzeitig an. Ganz schön geschafft sehen sie aus. Jetzt bist du dran. Los, R., zoom sie ran. Was siehst du?"*

"Ich sehe fast nichts. Sie sind ins Hotel gegangen. Nun geht in einem Zimmer zum Meer das Licht an, aber nur eine Funzel. Die Scheiben sind nicht geputzt. Jetzt erkenne ich ihn, wie er schimpfend aus einem kleinen Raum kommt. Ich vermute, es ist das Bad".

"Ja und?", E. ist ungehalten, "Was hörst du?"

"Unglaublich, es gibt kein Wasser aus der Leitung, weder kalt noch warm. Neben der Toilette steht ein Eimer mit Wasser zum Spülen. Was sagst du dazu Edda?"

"Eine schöne Überraschung auf unserer Reise", stimmt sie zu, "aber du hast doch erst vor zwei Tagen in Wien geduscht".

"Ich bin sauer! Ich fühle mich schmutzig, wenn ich die Haare nicht waschen kann. Ich hatte mich schon so darauf gefreut. Dieses blöde Hotel!"

"Ich glaube, du solltest den Sozialismus beschimpfen".

"Wir hätten im Auto übernachten sollen! Wenn ich das gewusst hätte! Hätte ich mich bloß nicht so auf das Duschen versteift. Die ganze Hetze der Fahrt. Irgendwo hätten wir ein schönes Plätzchen zum Übernachten finden können".

"Jaja, ist doch gut, Alexander, beruhige dich endlich. Morgen suchen wir uns in Griechenland rechtzeitig so einen Platz", fügte sie noch hinzu.

"Und wo, bitte schön, soll ich meine Haare waschen?"

"Haha", macht E. lautlos. "Wenn er wüsste, wie oft er auf dieser Reise ungewaschen bleibt. Er wird noch froh sein, wenn er Wasser zum Trinken ergattern kann".

Stavros in Griechenland, am Abend des 6. April

Zwischen den Blättern einer riesigen Steineiche schweben die beiden Ungeliebten über dem VW-Bus. "Einen wundervollen Platz zum Übernachten haben sie mit deiner Hilfe gefunden", flüstert E., *"heute haben sie ordentlich was geschafft"*.

"Ja ja", unterbricht R. rauschelnd, *"für uns war's auch nicht leicht, bei der Geschwindigkeit mitzuhalten. Ich frag mich nur, wo er sich hier die Haare waschen will"*.

"Ach du Unke, hast du nicht gehört, wie glücklich er über den schönen Platz ist, hier so dicht am Meer unter diesem herrlichen alten Baum. Er kommt schon darüber hinweg. Vielleicht ist das Meer auch nicht zu kalt".

"Was? Um Haare zu waschen? Macht er nie!"

"Na, warte ab! Sag mal R., wo sind die beiden eigentlich hin? Hast Du sie aus den Augen verloren?"

"Lass sie mal ohne deine Aufsicht E. Sie wollten sich den Ort ansehen. Vielleicht finden sie ein Restaurant, wo sie etwas essen können".

"Patron, hallo", ruft Alexander in den Raum in Richtung Theke, als sie sich an einem dieser typischen, kleinen, quadratischen Tischen niedergelassen haben, die immer wackeln, trotz der untergeschobenen Bierdeckel.

Der weiß gestrichene Raum ist karg eingerichtet, Madonnenreproduktionen hängen an den Wänden. Hinter der Theke stehen die Ouzo Flaschen auf Holzbrettern. Eine schmale Tür führt nach hinten, vermutlich in die Küche, aus der jetzt ein Mann mit Schnauzbart heraustritt, sich die Hände an der Schürze abtrocknet und näher kommend fragt, "was möchten die Herrschaften?"

Erstaunte Blicke. "Sie sprechen Deutsch?"

"Habe viele Jahre im Ruhrgebiet gearbeitet. Geld gespart. Hier Lokal aufgemacht. Im Sommer kommen viele Deutsche her. Wo seid ihr her?"

Sie erklären sich und bestellen einen halben Liter Retsina und einen Teller Salat mit Schafskäse. Von ihrem Platz blicken sie durch einen Spalt der zweiflügeligen Türen, die auf die Straße führen. In dem schmalen Ausschnitt sehen sie im Mondlicht den VW-Bus unter der Eiche stehen, dahinter das Meer von Lichtreflexen gesprenkelt.

"Wo wir wohl morgen sein werden?", träumt er vor sich hin.

"Wir wollten uns doch treiben lassen", erinnert ihn Edda, "jeden Tag neu entscheiden, Richtung Indien. Wir fahren einfach so weit, wie wir können. Wenn es wirklich gefährlich wird, kehren wir um, nicht wahr?"

"Nun ja, Edda, wir sollten aber mindestens bis Kabul kommen. Sonst hätten wir uns doch das Visum ersparen können und die Impfung auch. Vielleicht schaffen wir auch den Weg nach Indien über den Khyberpass. Der Wagen bringt das. Mit der Ausstattung und den vielen Ersatzteilen kommen wir schon durch".

"Die Straßen sollen furchtbar schlecht sein", wendet sie ein. "Und ob ich durchhalte, kann ich auch nicht garantieren. Vielleicht wird dort nicht nur das Fahren übel, sondern mir auch", schmollt sie kokett zwinkernd.

"Ach Edda, Liebste, du hast schon so viel mit mir durchgestanden, das machst du locker!"

Sie überlegt, dann beginnt sie zögernd, weil sie nicht weiß, wie sie es ihm sagen soll, "weißt du, mir kommen die Bedenken eher deinetwegen. Seitdem wir unterwegs sind, finde ich dich so eigenartig abwesend. So anders als sonst, weniger vorausschauend, eher träumerisch. Deine Wahrnehmung ist nicht so wie früher".

Er blickt sie überrascht und verunsichert an. "Ich glaube, du hast Recht", räumt er nach kurzem Nachdenken ein. "Ich habe mich in den letzten Tagen auch schon über mein Verhalten gewundert. Aber ich kenne das von mir. Am Anfang einer Reise, oder auch sonst, wenn ich etwas Neues beginne, finde ich mich so isoliert, auf den existenziellen Kern reduziert. Dann empfinde ich mich unvollständig, so als wären Teile von mir nicht anwesend. Verstehst Du das?"

"Ja, genau, das meine ich. Was für Teile sind das denn", will sie wissen.

"Schwer zu beschreiben, also heute hatte ich Probleme mit der exakten Wahrnehmung der Umgebung. Ich bin mit dem Auto wie in einen Film gefahren und", er zögert, "ich hatte den Eindruck, als würde ich selbst gar nicht fahren, also ich meine, ohne meinen Willen, sondern wie getrieben, von außen bestimmt".

Sie blickt ihn verständnisvoll an, "ich hatte bereits befürchtet, dass du den Zustand auch noch beschreiben kannst. Hoffentlich hält das nicht zu lange an. Ich liebe eigentlich mehr den vollständigen Alexander", sie lacht ihn an, drückt ihn, küsst ihn mit Inbrunst und nimmt ihn an der Hand, um ihn hinter sich her aus dem Lokal zu ziehen.

Unter dem gelbweißen Licht des Vollmondes sind die Schatten der Bäume klar abgegrenzt und der Schatten der beiden Morgenlandfahrer verbindet sich mit denen der Bäume. Der Wind säuselt über dem Wasser und der Duft der Datura umnebelt sie in Schwaden. Hundegebell lässt die Stille noch deutlicher werden. Wellen plätschern gegen unbefestigte Uferstreifen.

MORGENLANDFAHRER

Kommentare von E. und R.

Das Wasser der Dardanellen liegt ruhig, fast glatt im Abendschimmer vor ihnen. Die Überfahrt mit der Fähre dauerte nicht länger, als die Zeit des Wartens auf die Fähre. Für Alexander verging die Zeit zu schnell. Lieber wäre er noch einen Tag länger auf der europäischen Seite geblieben.

"Er macht mich noch rasend mit seiner Unentschlossenheit", E. explodiert flüsternd. "Am liebsten hätte er noch <Die Angst vor der Freiheit> zu Ende gelesen".

"Vielleicht glaubt er", unterbricht R., "mit der Kenntnis des Buches die Reise besser zu bestehen. Der hat doch einen richtigen Bammel vor dem Neuen. Hast du ihn schon mal beim Schreiben des Tagebuchs über die Schulter geguckt, was er alles niederschreibt?"

"Ja, ich weiß, er macht sich was vor: die Ideen vom Leben seien schon das Leben. Seit einigen Wochen ist es schlimm mit seiner Unsicherheit geworden. Vorher hatte er die freie Zeit ja mit dem Ausbau des Busses überbrückt".

"Ist doch auch praktisch und schön geworden, nicht wahr? Die herausnehmbare Küchenkiste mit den vielen Klappen als Ablagen ist doch ein gelungenes Möbelstück, oder?"

"Ja, wenn er ein absehbares Ziel vor Augen hat, läuft er zur Hochform auf. Da war ich mit ihm total einig".

"Seine Wahrnehmung war eben in jenen Jahren hoch differenziert", stimmt R. zu: "Auch noch während der ersten Reisen, als er mit dem Filmen begann".

E. nickt: "Ja, mit der Philosophie in den Abendkursen fing die Suche an und dann noch die politischen Diskussionen über den dialektischen Materialismus. Deswegen hat er sich doch mit dem Heinrichs so gezofft. Der Arme verstand nicht, was Alexander wollte, mit den Forderungen nach Mitbestimmung für die Bewohner des Massenwohnungsbaus!"

"Irritiert hatte sein Boss ihn angestarrt und mit den Schultern gezuckt. In jener Zeit verlor er auch immer mehr den inneren Halt".

"Der Stoff spielte natürlich auch eine Rolle", schiebt R. nach.

"im Grunde ist er aber willensstark und kontrolliert den Konsum ziemlich gut und wir können froh sein, dass er Edda hat".

"Stimmt, sie ist wie Mutter Erde für ihn, nicht so abgehoben".

"Zurzeit genau die richtige", stimmt E. zu, *"aber warte ab".*

"Was soll das heißen? Meinst du, sie bleiben nicht zusammen?"

"Gut Ding will Weile haben, oder alles zu seiner Zeit, das sind doch Sprüche, die du gerne hörst, nicht wahr? Mehr sag ich jetzt nicht", vieldeutig schweigt E.

"Fahren sie denn wenigstens morgen weiter?" will R. wissen.

"Klar, morgen treffen sie in einem Dorf auf einen deutschsprechenden Lehrer, der sie nach dem Frühstück in die kleine Schule mitnehmen und alle Klassen in Reih und Glied aufstellen wird. Dann werden Fotos gemacht, mit der Edda mittendrin. Du kannst schon ihren Kommentar hören: "sind die nicht süß, die kleinen Jungs mit ihren Glatzen und die niedlichen Mädchen, alle mit den gleichen Uniformen in Reih und Glied aufmarschiert?"

"Sei froh, dass du nicht hier leben musst", wird sein Kommentar sein. Und was in ihrer Erinnerung bleiben wird, ist die Gastfreundschaft der einfachen Dorfbevölkerung, die besonders Edda zu Herzen geht und Abschiedstränen auslösen wird".

"So so", tönt R. dazwischen, "bleibt mir auch noch etwas zum Aufnehmen? Ist denn für Alexander morgen nichts im Programm?"

"Doch, er wird anschließend von ihr zu den Ausgrabungen nach Priene gefahren. Dort wird er von der Größe der griechischen Stadtkultur träumen. Durch die Ruinen mit Meterschritten gehen und in seiner Vorstellung alte Gebäude entstehen lassen. Dann wird er ihr Vorträge halten über die heutigen Probleme der Stadtplanung mit ruhenden und fließenden Verkehr und dass es noch immer keine zeitgemäßen ästhetischen Stadtkonzepte gibt. Und sie wird heimlich gähnen und er wird in Gedanken versinken über diese Konzepte, weit weg von der Wirklichkeit des Hier und Jetzt aufwachen, an einem Platz über dem Meer, den sie für beide ausgesucht hat".

"Hör auf, das ist schrecklich. Warum lässt du es zu?"

"Er will es im Augenblick so. Er muss selbst darauf kommen, die Reise in die Hand nehmen".

"Und wie lange wird das so weiter gehen?", fragt R. irritiert.

"Sie werden noch 14 Tage in Side verbringen, weil sie sich akklimatisieren wollen".

"14 Tage, die spinnen!" R. ist entsetzt.

"Er will eben noch einige Bücher lesen und kommentieren".

"Dazu hätte sie aber nicht die 6.000 km fahren müssen!"

Side im April

Die Sonne brannte ab 6 Uhr früh bis 7 Uhr abends auf einen kilometerlangen, breiten Sandstrand mit klarem, noch kühlen Wasser. Es gab Felder mit Tomatenstauden, Weinstöcke bis zum Horizont, ringsum beschützt durch die schneegepolsterten Höhenzüge der anatolischen Hochebene. Vom klaren Hellblau einer köstlichen Luft überwölbt, steht 3 km vom Ort Side entfernt das fahrbare Liebesnest. Kleine, kaum wahrnehmbare Schwingungen der Karosse könnten einen unbeteiligten Beobachter vermuten lassen, dass der VW-Bus nicht nur abgestellt wurde, um eine Nacht ungestört zu verbringen.

Tatsächlich ist die Ruhe an diesem einmaligen Ort so unglaublich intensiv, dass Edda einige Male irritiert von dem Liebesspiel ablässt, den Vorhang zu Seite schiebt und durch das hintere Fenster den weiten, leeren Strand nach etwaigen Beobachtern absucht. Jedes Geräusch dringt in die Leere des Morgens überdeutlich an die Ohren der beiden Liebenden. Das Meer hat heute Morgen nur noch ein leises Plätschern übrig und die Möwen mit ihren einzelnen Rufen haben die Ruhe schon seit Stunden nicht mehr gestört. Lerchen verlieren sich mit ihrem Zwitschern in der hohen Weite des Himmels.

"Ich hatte das Gefühl, das wir beobachtet werden", erklärt sie die Unterbrechung einer Bewegung, die durch ihre eindeutige Sitzpositionen auf dem unter ihr liegenden Alexander keine weitere Erläuterung bedarf.

"Mach weiter! Bitte. Wer soll in dieser Einsamkeit schon kommen", drängt er ein wenig in sie, indem er den Körper nach vorn wölbt. "Die letzten Tage war niemand hier vorbeigekommen und der Ort ist auch viel zu weit entfernt".

"Ich weiß. Ja, sicher hast du Recht, aber die kleinen Sommergerüste hier hinter uns auf der Düne sprechen doch eine andere Sprache". Sie ließ sich wieder auf ihn nieder und bemühte ihre gutgeformten Beinmuskeln für eine kurze Bewegungsfolge, ähnlich einer guten Sprungfeder.

"Hm, mach weiter so, ich finde, du siehst in dieser Position bedeutend verführerischer aus als..."

"Als was?" will sie wissen.

"Als wenn du mir den Rücken zudrehst. So sehe ich deine Augen, deine aufgeplusterten Lippen, deine sich auflösenden Züge und wie hübsch deine Brüste hüpfen. Und die feucht glänzende Clit zwischen den rasierten Schamlippen".

Die Schwingungen übertragen den Höhepunkt zum zweiten Mal an diesem Morgen auf die Karosse. Stöhnen und unterdrückte Schreie verklingen. Die Stille um das Auto kehrt zurück. Das Rascheln in den Weinstöcken hören sie nicht mehr. Auch nicht die Schritte, die davon schleichen.

Stunden später wird die Schiebetür geöffnet, die Küchenkiste aufgeklappt, der Wasserbehälter herausgezogen, Wasser in die italienische Espressomaschine gegossen, der fein gemahlene Kaffee in den Behälter gefüllt, das Oberteil aufgeschraubt und auf die Gasflamme des Campingkochers gestellt. Edda steigt nackt aus dem Wagen und stellt den Tisch und die beiden Klappstühle vor die offene Tür. Alexander, noch von der Bettdecke halb zugedeckt, genießt den Duft des Kaffees, der sich mit den Säften des Morgens zu einem unbeschreiblichen Geruch vereint und eine neue Erektion auslöst. Mit einem Seitenblick erfasst Edda die sich anbahnende Lage und entzieht sich durch ein Ablenkungsmanöver.

"Heute könntest du mal das Vorzelt aufbauen. Ich denke, wir bleiben sicher noch ein paar Tage hier. Und du meinst wirklich, diese Hütten hier hinten sind Überbleibsel vom letzten Sommer?"

"Ganz sicher", antwortet er, "schau, der Wintersturm hat doch überall Spuren hinterlassen. Die Leute müssen alles überarbeiten, wenn sie wieder kommen. So kann man die nicht mehr benutzen, da kann niemand drin wohnen, nicht mal ein Hippie".

"Du kannst recht haben, trotzdem hatte ich vorhin ein komisches Gefühl bei unserer Übung", lacht sie ihn an, "übrigens wie viele Übungen aus diesem Hinduismus Tempel willst Du eigentlich noch mit mir durchziehen?" fragt sie schalkhaft.

"Das hängt doch nicht von mir ab. Du hast mir das Buch über die Tempel in Khajuraho zum Geburtstag geschenkt. Nun benutze ich die Abbildungen doch nur als Anleitung zur Belebung der sexuellen Störungen in der bürgerlichen Ehe", strahlt er sie an. "Ich stehe jetzt auf, dann baue ich nach dem Kaffee das Vorzelt auf. Hast du Lust, mitags in den Ort zu wandern? Vielleicht finden wir ein Restaurant? Mit deinen lilafarbigen Hotpants siehst du schon ausgehfertig aus, aber fast ein wenig zu frei".

"Sie treiben es ganz schön doll", E. ist wieder von flüsternden Explosionen geschüttelt, "findest du nicht auch R.?"

"Ach, lass sie, ich bin froh, wenn sie spielen und glücklich sind. Du weißt doch E., Glück hängt von Wahrnehmung ab. Je exakter und feiner die Wahrnehmung, desto besser der Genuss an dem Objekt der Begierde".

"Willst Du mir schon wieder die Astrologie erklären?" forscht E., "du mit deinem Halbwissen über Jupiter. Warte noch 12 Jahre, dann erhältst du eine wissenschaftliche Basis von deinem Herrn und Meister".

"Lass mich mit der Zukunft in Ruhe. Das Hier und Jetzt ist sein Problem. Im Sex ist er wenigstens bei sich. Aber kaum ist die Erregung vorüber, fängt er an zu denken. Wenn ich die Bücher sehe, die er hier lesen will, werde ich ganz traurig".

"Kopf hoch, kann ich dir ja nicht raten", versucht E. einen Scherz: "Komm, wir holen sie ein. Ich will Alexander in eine Erfahrung der Zukunft führen und du musst mir mit deinen Fähigkeiten helfen".

Mitten im Ort an der Kreuzung mit Tankstelle und Teestube stehen Edda und Alexander versunkenen vor einer Mauer von drei Metern Höhe. Dahinter erkennen sie eine Villa oder vielmehr nur das Dach, welches unter hohen Weidenbäumen und Pinien durchschimmert.

"Was für eine unglaublich intensive Ausstrahlung von diesem Ort ausgeht", Alexander steht wie angewurzelt. Ein Auto hupt, bremst, fährt um sie herum.

Edda zieht ihn von der Straße, "Komm jetzt, wir wollten doch zum Restaurant".

"Warte Edda, spür´ mal diese Energie, die aus diesen Mauern strömt, sie ist unglaublich stark! Wo ist eigentlich der Eingang? Nichts, kein Namensschild. Schade, dass wir nicht türkisch sprechen können um die Leute zu fragen".

"Das hast du wunderbar gemacht R.", flüstert E., "er hat alles gespürt, aufgenommen, abgespeichert. Viele Jahre später wird er sich daran erinnern, an dieses außersinnliche Erlebnis".

"Wie meinst du das?"

"Die Kraft, die er hier so intensiv wahrnahm, treibt ihn zur Suche nach mehr. Er wird in einigen Jahren dem Buch von Reshad Feild begegnen, in dem er die Lösung für diese Verzauberung beschrieben findet. Heute ist er auf eine Art berührt worden, wofür er keine logische, intellektuelle Erklärung finden kann".

"Ich bin total durcheinander, Edda, das war wie ein kleiner Stromschlag. Als hätte ich eine Droge genommen".

"Ich versteh dich nicht", schüttelt sie Ihren Kopf, "etwas Ungewöhnliches hat dieser Ort schon, aber..."

Er unterbricht sie, "es ist eine immaterielle Wahrnehmung. Eine Welle der Wärme, der Liebe umgab mich für einen Augenblick". Sie blickt ihm in die Augen, nimmt seine rechte Hand in ihre linke und führt ihn kopfschüttelnd zum Essen in eine Garküche.

"Das ist doch absurd mitten im Ort an einer Kreuzung so eine Erfahrung", Alexander schüttelt wieder und wieder den Kopf, als er seinen türkischen Kaffee schlürft.

"War das Essen nicht wieder schmackhaft?", versucht Edda ihn aus seinen Tagtraum zu holen. "Der Joghurt passte doch vorzüglich zu den gefüllten Paprikaschoten und zu den geschmorten Auberginen der Vorspeise. Die Türken verstehen wirklich etwas von Kochkunst".

"Jaja", stimmte er ihr gedankenverloren zu, "irgendwo habe ich mal gelesen, die türkische Küche sei die französische des Orients".

Sein Blick verliert sich in dem Raum der kleinen Imbissstube mit dem offenen Holzkohlenfeuer neben dem Eingang. Vor der Glasscheibe neben der Eingangstür sind die dampfenden Gerichte auf Blechen ausgebreitet. Der Duft der Gewürze und des Olivenöls erfüllt den Raum, in dem nur wenige Tische stehen. Sie sitzen schon seit Stunden hier und genießen das Vorbeitreiben der Menschen auf der staubigen Straße. Alte Männer mit Schirmmützen blicken kurz in den weißgestrichenen Raum. Frauen mit Kopftüchern über zurückgestrafftem Haar stehen gegenüber im Schatten einer Platane und deuten beim Sprechen mit versteckten Bewegungen des Kopfes in Richtung der Gaststube.

"Schau Edda, du hast schon wieder Aufmerksamkeit erregt mit deinem Outfit. Vielleicht solltest du nicht mehr so kurze Hosen tragen. Und die unbedeckten Schultern lösen auch Kopfschütteln aus".

"Aber ich will so gehen, wie es mir gefällt", entrüstet sie sich.

"Für die Menschen hier ist dein kurzer Hosenanzug leider eine Provokation. Sie finden es absurd, wie du als Frau angezogen bist".

"Du, mit deinem Begriff absurd. Alles ist absurd", redet sie sich in Rage. "Vorhin auf der Kreuzung hast Du auch schon das Wort benutzt".

"Nun ja", versucht er eine Erklärung, "wenn ich in meiner Erwartung von einer Situation völlig überrascht werde, stellt sich bei mir so ein Zustand ein, den ich als absurd empfinde. Bei Beckett findest du das in seinem Stück <Endspiel> als Mittel der Provokation, wenn er Schauspieler aus Mülltonnen sprechen lässt. Für die Frauen dort drüben, bist du so eine Provokation".

"Vielen Dank für dein Kompliment", rastet sie aus, "sehe ich also wie eine Mülltonne aus?" Erregt steht sie auf und spielt die Empörte, damit er endlich zahlt und mit ihr durch den Ort den Rückweg zum Bus aufnimmt.

"Die beiden unterhalten sich doch prächtig", kommentiert R. zufrieden. E. findet das Theaterspiel überflüssig.

"Alexander sucht nur eine Gelegenheit, um über seine derzeitigen Ideen zu diskutieren. Da hat er einfach den Ballon <absurd> steigen lassen", belehrt er R. "Seit Wochen beschäftigt ihn das Thema Absurdität in der Existenz, das ihn im <Der Mythos von Sisyphus> von Camus ergriffen hat".

"Wie ergriffen?"

"Nunja, du kennst ihn doch. Wenn er von einer Idee erfüllt ist, wird sie auf allen Seinsebenen durchdekliniert, zum Beispiel, wie absurd provokant muss Architektur gestaltet sein, damit die Benutzer ihrer angenommen Verhaltensweisen aufgeben".

MORGENLANDFAHRER

"So etwas denkt er?" rauschelt R. ungläubig.

"Du kennst doch seine Filmexperimente", legt E. nach.

"Auf einer gewissen Weise provokant sind sie schon", gibt R. zu, "aber ich finde es blöd, dass er sich damit beschäftigt".

"Er versucht halt sein ganzes Leben als ein Werk der Suche zu gestalten. Das ist für den Normalbürger doch auch unverständlich, oder?" Die Frage schwebt noch für einige Minuten in der kühlen Abendluft bis sie sich in einer für das menschliche Ohr kaum hörbaren Explosion zerstäubt.

"Was war das denn für ein eigenartiges, absurdes Geräusch?" Edda glaubt noch ein leises Rauscheln im Nachklang zu orten und dreht sich um sich selbst, weil sie auf dem leeren Strand nichts erkennen kann, außer in der Ferne den VW-Bus.

"Siehst du Edda, jetzt benutzt Du auch schon den Begriff".

"Naja, in dieser wunderbaren Einsamkeit ist doch jedes ungewohnte Geräusch absurd", lacht sie ihn an.

"Schau `mal dahinten unser Bus, der steht fast im Wasser, das Vorzelt mit Tisch und Stühlen wird von der Flut umspült. Wir müssen laufen, wenn wir noch etwas retten wollen".

"Absurd, absurd!", rufen sie sich abwechselnd lachend zu und, "Schlafplatz mit direkten Zugang zum Meer!"

Tage vergehen in der Gleichmäßigkeit der Sonnenaufgänge, mit Liebesspielen, Einkaufen, Lesen, Kochen und mit Spaziergängen am Strand in die Sonnenuntergänge.

"Was soll ich denn jetzt für eine kosmische Stellung einnehmen?", fragt sie ihn.

"Schau hier die Nummer XXXVII", Alexander weist auf das Foto, es ist die Wiedergabe eines plastischen Reliefs aus dem 10. Jahrhundert. "Ich übernehme die untere Position, lege meine Schenkel auf die Matratze und lass mich dann nach hinten fallen, du kletterst obendrauf mit dem Gesicht zu mir".

"Und wo soll ich mich festhalten?"

"Wenn du mit den Händen gegen das Dach drückst, kannst du dich gut auf mich drauf schieben".

"In der Lage kann ich aber nicht mit dem Becken schwingen", wendet sie ein.

"Dann dreh dich doch um die eigene Achse".

"Ich bin doch kein Brummkreisel", lacht sie, "es ist einfach zu eng hier und außerdem tut es weh! Das können wir nur machen, wenn ich total geil bin. Ich glaube, unsere Vorlage ist nur als ästhetische Anregung zu benutzen".

Alexander stimmt zögernd zu, "vermutlich hast du diesmal Recht." Während er die eingenommene Position aufgibt, greift sie sich seinen Schwanz und verkündet, "verlassen wir einmal die Theorie des Tantra-Rituals und kommen zur Praxis des dialektischen Materialismus, das Sein bestimmt das Bewusstsein. Mal sehen, ob diese Theorie hält, was sie verspricht. Verändert sich dein Bewusstsein? Kannst du noch denken? Fühlst du das Sein schon anwachsen, wie dein Schwanz in meiner Hand?"

"Halt! Das Bewusstsein bestimmt das Sein", widerspricht Alexander, "nur wenn im richtigen Bewusstsein die Vereinigung von Shiva und Shakti vollzogen wird, tritt die große Seligkeit ein, als allumfassendes Mitgefühl....." Seine Worte verlieren sich in einem undeutlichen Grunzen.

"Hast du irgendetwas verstanden?", R. ist verwirrt.

"Sie suchen nach Lösungen", E. gibt sich überlegen. "Er liest doch täglich Bücher über die indische Kama Kala Kultur, über die Entfaltung des Marxismus, über den Existenzialismus, über Gruppendynamik. Ich bin auch schon ziemlich verwirrt. Da geht dann schon einiges durcheinander. Gestern hat er doch versucht seiner Edda beim Kochen das Verhältnis von individueller zur gesellschaftlichen Arbeit zu erklären. Warst du nicht dabei?"

"Doch schon, ich habe aber nichts verstanden", gab R. zu, "Muss ich das denn verstehen?"

"Das fragst du R.? Exakte Wahrnehmung ist doch das A und O für eine differenzierte Interpretation. Also kurz, er will unbedingt gesellschaftlich wirken, Einfluss nehmen. Dazu braucht er Kenntnisse der Soziologie, Psychologie, Ökonomie und die Klärung seiner eigenen Persönlichkeit. Er tastet sich durch das Lesen an das Tun, verstehst du das R.?"

"Learning by doing?" - "Genau, er will seine Begabungen ausprobieren und Edda ist halt der naheliegende Diskussionspartner", flüstert E., während R. unterbricht, "versteht sie ihn?"

"Ach was, sie nimmt es als Unterhaltung. Sie liebt ihn! Schau sie an!" - "Ja, sie scheint glücklich", rauschelt R., "soweit ich es sehe".

Edda erhebt sich vom Lager, dabei den Kopf drehend, "ich hab schon wieder so ein merkwürdiges Gefühl, dass wir beobachtet werden". Sie schaut nach draußen in Richtung der Felder, während sie die Stoffjalousie hochwickelt und festbindet. Im gleißenden Mittagslicht entfernt sich eine Person.

"Ich wusste es doch, dass uns da jemand auflauert", entrüstet blickt sie Alexander an.

"Gut, du hast mit deinem sechsten Sinn mal wieder Recht gehabt", gesteht er ein. "Aber was hat er schon davon, hier herumzuschleichen? Er kann doch nicht hinein schauen".

"Mir ist das unangenehm, ich möchte nicht hierbleiben".

"Dann fahren wir morgen ein Stück weiter. Heute habe ich keine Lust aufzubrechen. Ich wollte nochmal zu dem geheimnisvollen Haus in Side, auch eine Kleinigkeit essen und meine Gedanken über die Gruppendynamik zusammenfassen. Du, Edda, das ist total spannend was der Hofstädter über die Entwicklung der Massengesellschaft in der ersten Hälfte des Jahrhunderts schreibt. Ortega y Gasset war einer der Philosophen, der die Vermassung der Bevölkerung als Verlust der Kultur und als neues Element der gesellschaftlichen Produktivkraft formulierte. Die Isolierung des Einzelnen in der Masse und die Massenpsychose haben wir ja in Hitlers Deutschland bis zum bitteren Ende erfahren".

Sie unterbricht ihn, "schon gut, ich verstehe dich. Dann morgen vielleicht? Nach Alanya?" -

"Einverstanden". Hand in Hand trotten sie nach Side und stehen vor der hohen Mauer. "Und?" fragt sie", was spürst du heute?"

"Ich möchte noch einmal um das Anwesen herumgehen", er nimmt ihre Hand, "heute ist es nicht so stark, so überwältigend. Die Energie ist eher wellenartig an- und abschwellend. Hier an der Stelle, wo ich gestern stand, ist das Gefühl am stärksten".

"Ja, es ist schon deutlich", stimmt sie zu, "so etwas wie ein Mantel, einen Schutz aus Güte umhüllt mich. Es gibt keinen Begriff dafür". Sie stehen versunken, aneinander gelehnt, aufgelöst in einer Einheit, von einer gemeinsamen Aura umgeben, die sie nur schwach wahrnehmen.

"Schau E., wie schön die Energie um die beiden strahlt, dieses rötlich gelbe Licht, flirrend schön", schwärmt rauschelnd R.

"Ich sehe nichts", flüstert E.: "Ich sehe nur, dass sie Arm in Arm mitten auf der Straße vor einer hohen Mauer stehen. Ich weiß von solchen Erfahrungen, aber ich sehe nichts, ich erlebe sie nicht. Ich staune über deine Wahrnehmungsfähigkeit R. Ich weiß, dass Alexander nach solchen Erfahrungen sucht. Geduld und Ausdauer braucht er, dafür bin ich zuständig. Jetzt wecken wir ihn auf und du erinnerst ihn an die Leere seines Magens", das Flüstern von E. verebbt.

"Das Essen kann noch so einfach sein, mit dem Joghurt ist es immer köstlich. Gefüllte Tomaten, Auberginen, Reis zu jeder Tageszeit, was für eine Esskultur!" Edda schwärmt wieder von der Mahlzeit, während sie auf dem Sandstrand barfuß zurücktrotten, hin und wieder eine Muschel aufheben, sie betrachten, fallen lassen oder in die Tasche stecken. Die Nachmittagssonne wärmt im April schon ein wenig das flache Wasser.

Alexanders Gedanken wandern zu seinem Tagebuch und den Aufzeichnungen über die Gruppendynamik: *Wie wird es mir gelingen, meine Individualität in einer Gruppe einzubringen ohne zu streiten, beleidigt zu sein, Druck auszuüben? Wie schnell verliere ich immer meine Mitte, weil ich es allen recht machen will. Wie, wo, wann werde ich den Weg zu mir finden?*

Die letzte Nacht bringt Wind, Regen und etwas Kühle. Das Rauschen auf dem Dach des Busses ist anheimelnd. Ihre Körper lieben die gegenseitige Wärme, wenn sie zueinander treiben und die Kühle des Bettes, wenn jeder wieder für sich ist. Der Morgen strahlt mit Glanz auf dem frischen Blattgrün. Morgennebel entschwinden mit der Wärme der Sonne.

"So ein Morgen verlockt zum Spazierengehen in den Feldern", Edda entschließt sich aufzustehen.

Alexander schläft noch nach den nächtlichen Traumeskapaden, als sie kurze Zeit später erregt die Schiebetür aufreißt und ihn mit einem Wortschwall weckt, "steh auf Alexander! Dieser Typ, den ich gestern gesehen habe, ist mir heute Morgen gefolgt. Dann hat er sich vor mir auf die Knie geworfen und mich angefleht. Ich wusste nicht, was ich tun sollte. So ein Junge! Ich habe dann immer auf unser Auto gedeutet und mein Mann, mein Mann gerufen. Irgendwie hat er das nicht verstanden. Er ließ nicht von mir ab. Flehte mit erhobenen Armen um <ich weiß nicht was>. Ich bin einfach zum Auto zurück. Schau doch mal, ob der noch da ist".

Sie ist völlig außer Atem geraten. Das ist nun wirklich ein Grund den schönen Platz zu verlassen.

Nach Alanya, den 2.Mai 1970

Sie verlassen um 10 Uhr vormittags die liebgewordene Einsamkeit des unberührten Strandes, der 30 Jahre später, mit Hotels zugebaut, nur noch einer der vielen Devisenbringer des Landes sein wird. Wir fahren gen Osten. An diesem Samstag ist in dem Ort Manavgat an der Straße nach Alanja Markt. Die Bauern der Umgebung haben ihr Gemüse in atemberaubenden Gebirgslandschaften aufgebaut und der Stolz auf ihre angebauten und geernteten Tomaten, Paprikaschoten, Auberginen und Zwiebel Pyramiden leuchtet unter ihren Schirmmützen aus den verschmitzt blickenden Augen hervor. Die von dem Klima dunkel gegerbten Gesichter mit den Schnauzbärten erscheinen den beiden anfangs alle gleich. Aber von Tag zu Tag werden ihnen die Gesichter vertrauter und auch die Abschiedsrufe "güllé, güllé", die sie immer einige Momente begleiten, wenn sie einem Einkauf getätigt haben.

MORGENLANDFAHRER

Bis Alanya ist es auf der ausgebauten Küstenstraße nicht weit. Der Verkehr ist mittäglich gestimmt. Ein Bus mit hoch aufgeladenen, verschnürten Bündeln in allen nur vorstellbaren Farbkombinationen fährt hinter ihnen schwankend um eine Kurve. Sie halten in einer Straßenbuchtung über dem Meer, das unter ihnen die Felsen aushöhlt, um den Bus passieren zu lassen. Durch die verstaubten Scheiben können sie nur undeutlich die Insassen an bunten Kopftüchern und Schirmmützen erkennen. Sie überholen mit einem kurzen Hupton einzelne Männer, die bepackte Maultiere an einer Leine hinter sich herziehen. Überhaupt gewöhnen sie sich an, jede Kurve mit einem Hupkonzert zu begrüßen, um die entgegenkommenden Fahrzeuge, Eselskarren oder Ziegenherden warnend auf ihr Fahrzeug vorzubereiten, das wie ein Gefährt aus einer anderen Welt betrachtet, begrüßt, und bewundert wird. Die Fahrt führt sie durch eine fremd aussehende Landschaft, vorbei an einzelnen weißen Häusern, vorbei an steilen Felsabhängen, vorbei an kleinen Ansiedlungen, die sich zum Meer abtreppen zu einem Fischerort mit Anleger, Netzen und schaukelnden Booten.

Sie fahren viele Stunden, bis sie an dem Ortsschild der Kleinstadt Alanya in eine Gemeinschaft eindringen, die sie mit Tanz, Musik und Gesang in Empfang nimmt, als würden sie erwartet. Einige Männer sprechen sieauf Deutsch an, "ich in Stuttgart bei Mercedes".

Die Reisenden erklären das Woher und das Wohin und sind sogleich eingeladen um an der Hochzeitsfeier der Nichte teilzunehmen, die bereits seit dem Vortag im Gange wäre und gerade heute ihren Höhepunkt erreichen sollte. Daraufhin wird Alexander von seiner Edda getrennt. Sie wird mit Hallo und Umarmungen in den Kreis der Frauen aufgenommen und verschwindet hinter einem Vorhang in das Innere eines geräumigen Holzhauses.

Alexander wird an den Händen genommen und zu dem Kreis der Männer geführt, die draußen beschirmt von ihren Mützen, auf kleinen Holzstühlen mit geflochtenen Sitzen unter einer Pergola mit Weinlaub versammelt sind, lachend die kleinen Teegläser erheben und ihm freundlich zunicken.

Einer spielt Gitarre und singt dazu Liebeslieder, in dieser eigenartig dissonannten Obertonstimme. Die Stimmung verändert sich, als eine zweite Gitarre dazukommt, die einen tänzerischen Grundrhythmus anstimmt. Die Männer stehen auf, bilden einen Kreis, nehmen Alexander mit hinein. Aneinandergefasst wiegen sich alle im Wechselschritt eines langsamen Rhythmus, Schritt für Schritt, immer wieder, ohne Unterlass. Gesang wird angestimmt, den Alexander anfangs mitsummt, dann nach einiger Zeit, die Vokale betonend, mitsingt und die Zeit vergessend, in der mit Händedruck verbundenen Gruppe aufgeht, die Stunde um Stunde um den in der Mitte tanzenden Bräutigam kreist.

Irgendwann duftet es nach einem köstlichen Essen, das ihn an die Garküche in Side erinnert. Der Kreis löst sich auf und die Männer werden an eine große Tafel ins Haus gebeten. Die Frauen sind mit Kopfschmuck aus Perlen festlich herausgeputzt und tragen farbenfrohen Pluderhosen unter geometrisch floralen, gerafften Oberteilen. Sie sitzen an der Wand eines großen Raumes, lachend, schwatzend und kichernd. Edda hat zwischen zwei besonders attraktiven Schönen, vielleicht ist eine die Braut, einen Ehrenplatz erhalten. Sie sieht etwas angestrengt aus, findet er. Schon macht sie ein Zeichen, das Spiel zu beenden. Er zuckt mit den Schultern und deutet auf die Tafel. Die Gastfreundschaft können sie doch nicht ausschlagen. Zu Eddas Überraschung wird sie von den beiden Schönen an ihrer Seite zu der Tafel geleitet und darf neben ihm Platz nehmen. Als einzige Frau an der Männertafel. "Sie als Gäste sind eine Ausnahme. Unsere Frauen warten, bis wir Männer gegessen haben, sie essen dann später". Ein wenig unangenehm ist es schon, aber die ehemaligen Gastarbeiter erklären die besondere Einladung, "ist eine große Freude für Familie der Braut! Ein deutsches Paar als Gast bei der Hochzeitsfeier!"

Immer neue Köstlichkeiten werden gereicht und ein gut gekühlter leichter Wein aus kleinen Gläsern getrunken. Die Abenddämmerung mit einer leichten Brise vom Meer breitet sich über die Geellschaft durch die geöffneten Fenster aus. Die von den reichlichen Speisen und Getränken überforderten Reisenden benutzen eine Pause in der Reihenfolge der Gerichte und verabschieden sich mit großer Mühe unter dem Versprechen, morgen wieder an der Fortsetzung teilzunehmen. Sie versuchen einer Zusage durch vorgegebene Kopf- und Bauchschmerzen vorab zu entgehen. Mitleidvoll umarmt und mit den besten Wünschen für die <Schmeerzen> am ganzen Körper versehen, werden sie endlich der dunklen Nacht und ihrem sicheren Schlafplatz überlassen.

"Sag mal, Edda, wie hast du denn die ganze Zeit mit den Frauen verbracht?"

"Wir haben nur gegessen und gegessen. Süßigkeiten auf Silbertabletts wurden immer wieder herumgereicht. Weißt du, diese länglichen Dinger, die wir heute Morgen auf dem Markt gesehen haben, von denen du sagtest, die sähen wie Zuckerpenisse aus. Total süß sind die und glitschig. Die Frauen sind wie wild darauf. Sie lassen sie einfach ohne zu kauen in ihren Schlund verschwinden. Das sieht ziemlich erotisch aus. Dann lachen sie glucksend, freuen sich und reiben sich überglücklich ihre rundlichen Bäuche".

"Ist ja irre!", er kann es kaum fassen, "und du hast mitgehalten?"

"Ach nein, ich habe einmal abgebissen und einen verschlungen. Dann musste ich mir was einfallen lassen. Sie waren doch so gastfreundlich. Schau hier, in meinem Ärmel habe ich noch ein paar für dich aufgehoben", zeigt sie die Gaben.

"Wie gut, dass du dich der Kleiderordnung unterworfen hast. Hat doch alles seine Vorteile", lobt er seine Liebste.

Am nächsten Morgen ist der VW-Bus umringt von Schulkindern in Uniformen, die sie mit "Merhaba" begrüßen, als sie die Schiebetür aufmachen. "Mach schnell die Tür zu, bloß weg von hier!" ruft Edda: "Hier kann ich nicht mal pinkeln gehen. Oder?"

"Natürlich nicht. Mit dem Frühstück im Freien ist es auch Essig", mault er noch. "Die Schmerzen am ganzen Körper scheinen sich nach dem üppigen Essen wirklich einzustellen. Hätte ich doch nur nicht die Prophezeiung gewagt".

Sie sind wieder auf ihrer Route. Die flachen Ebenen landwirtschaftlicher Nutzung werden auf der Fahrt nach Osten schmaler, die Gebirgszüge schieben sich als Vorsprünge ins Meer. Die Straße wird kurvenreicher. Fantastische Ausblicke in die Weite des Mittelmeeres wechseln mit turmhohen Steinformationen ab, auf denen kleine Wasserkaskaden die graugrünen, schwarzgelben Gesteinsschichten in der Morgensonne glitzern lassen. Es wird wärmer, es wird schwüler. Die Luftfeuchtigkeit legt sich's aufs Gemüt.

"Wollen wir wirklich bis Adana fahren?" Alexander zweifelt an dem angenommenen Tagesziel, "wir sind seit heute Morgen schon 350 km unterwegs. Das Klima vertrag ich nicht gut und die Kopfschmerzen sind auch stärker geworden!"

R. meldet sich rauschelnd, "Edda sieht heute auch nicht sehr vergnügt aus. Sie scheint Migräne zu haben. Sie hat sich schon einen nassen Lappen auf die Stirn gelegt. Lass ihn doch anhalten und eine Pause einlegen".

E. überlegt, die üblichen Explosionen zurückhaltend, "stimmt, du hast recht. Sie fällt heute aus. Er ist auch noch nicht sehr belastbar. Mit so vielen Personen auf einem Fest hat er seine größten Schwierigkeiten".

"Lass ihn im nächsten Ort halten", schlägt R. mit seiner samtenen Stimme vor, *"ich befürchte sonst, dass er wieder die Felswände mit dem Auto streift, wie damals auf der Fahrt in Jugoslawien, als er dem 3 CV die linke Türklinke abgerissen hatte, weil er zu müde war und die Geschwindigkeit unterschätzt hatte. Ich höre heute noch das knallende Geräusch".*

"Danach war er aber wenigstens wach!" fügt E. hinzu

Nacht in Silifke

"Ich glaube hier oben am Ortsschild ist ein guter Platz für die Nacht". Alexander zieht die Bremse an und fragt, "Silifke, wo ist das eigentlich auf der Karte?"

"Auf halbem Wege nach Adana", antwortet Edda. Sie stehen mit dem Wagen auf einem Felsplateau über dem Mittelmeer, das bis weit in die Ferne schaumgekrönte Wellen zeigt. Die feuchte Hitze des Tages verliert ihre Kraft. In der Dämmerung sind die Geräusche der Insekten deutlich wahrnehmbar.

"Wollen wir in den Ort gehen und dort etwas essen? Ich bin hungrig".

"Nein, ich bin zu müde. Ich möchte mich gleich hinlegen", Eddas Stimme klingt verzagt, "diese feuchte Saunaluft macht mir zu schaffen. Außerdem hat mich schon was gestochen. Mach bloß die Schiebetür zu. Wir sollten noch die Moskitogaze anbringen".

"Ja", stimmt er zu, "aber jetzt ist es schon zu dunkel. Wir müssen die Gaze heute Nacht über uns legen, damit wir nicht gestochen werden. Ich höre auch schon das Summen. Da müssen schon Moskitos im Auto sein. Nordeuropäisches Blut ist bestimmt ein Leckerbissen für die", versucht er witzig zu sein.

"Das hintere Klappfenster sollten wir offen lassen, Alexander, ohne Fahrtwind ist es schrecklich warm hier drinnen".

Sie legen sich hin, Alexander kaut noch an einem Pide. Schließlich decken sie das Moskitonetz über sich und versuchen trotz der unerträglichen Hitze einzuschlafen.

"Alexander, wach auf!", Edda fuchtelt mit den Händen um das Netz vom Gesicht fernzuhalten. "Wir müssen hier weg", schreit sie hysterisch, "das sind Vampire, die ich über mir sehe".

"Wie spät ist es denn?", ruft verschlafen seine Stimme.

"Erst kurz nach vier, aber es wird langsam hell".

"Was hast du von Vampiren gesagt?"

"Mach `mal deine Augen auf, dann siehst du sie. Sie wollen an dein nordeuropäisches Blut!"

"Uff, solche Riesendinger habe ich noch nie gesehen. Die sehen wirklich zum Fürchten aus, wenn die ihre Rüssel durch das Netz stecken und immer wieder versuchen, ein freies Stück Haut zu finden. Das ist auch kein Summen mehr, das ist ein Brausen. Es müssen Hunderte sein, die durch das kleine Fenster den Weg zu uns gefunden haben. Ich zähle allein schon über meinem Gesicht mehr als 20".

"Jetzt mach was. Los! Steh auf! Wir müssen hier weg".

"Jaja, langsam, ich muss erst einmal überlegen, wie ich ohne Stiche an das Lenkrad komme".

Er springt mit einem Satz aus dem Bett, reißt die Schiebetür auf, klettert nach vorn, dreht beide Scheiben an den Türen runter, wobei er ständig um sich schlägt. Dann springt er aus dem Wagen und öffnet die hintere Klappe. Schließlich setzt er sich ans Steuer, startet und fährt mit offener Schiebetür und Heckklappe los. "Halte dich fest und das Netz auch!" ruft er ihr noch zu, bevor er richtig Gas gibt und die Strecke in Richtung Hochebene weg vom Meer einschlägt. Die Straße steigt an. Sie fahren zwei Stunden auf kurvenreicher Strecke. Die feuchtwarme Luft weicht der kühlen Bergluft und mit ihr die Vampire, die sich in Gardinen und an windstillen Ecken des Wagens noch aufhalten. Endlich, auf einem Parkplatz in vielleicht 800 m Höhe, weit über dem entfernt liegenden Meer, stellt Alexander den Motor ab. Matratzen und Kissen werden ausgeräumt, Gardinen geschüttelt und die restlichen Moskitos vernichtet.

Edda fällt ihm um den Hals: "Das war eine tolle Idee! Ich weiß nicht, was ich da unten gemacht hätte".

"Siehst du E.", feines Rauscheln lässt sich vernehmen, "in Aktion ist er unschlagbar".

"Habe ich das bezweifelt?" E. explodiert flüsternd.

"Ich mache jetzt einen Kaffee", schlägt Edda vor, "schlafen können wir sowieso nicht mehr".

"O.k. Frühstück um sechs. Ist ja wie in alten Zeiten, als wir zusammen am Wettbewerb gearbeitet haben", erinnert Alexander und stellt Tisch und Stühle in die kühle Morgenluft an eine Stelle, wo die Sonne schon den Boden zwischen den Pinien erwärmt.

Auf der anatolischen Hochebene

Mittags sind sie in Karaman. Eine Garküche am Straßenrand berauscht ihre Sinne mit dem Duft von Hackfleisch auf Holzkohlenfeuer. Geschmortes Auberginengemüse mit kaltem, dickflüssigem Joghurt wird serviert. Danach essen sie einen Baklawa in Honig gebadet und trinken dazu Kaffee in einem Henkeltopf mit Zucker über dem offenen Feuer aufgekocht. In der klaren Luft der anatolischen Hochebene ist die Sonne auf ihren Gesichtern ganz intensiv zu spüren. Stunden fließen dahin mit Träumen, Beobachten und mit Beantworten der Fragen der Jugend: Woher? Wohin?

Der Wagen wird vollgetankt, der Wassertank gefüllt, die Luft an den Reifen geprüft und los geht es in das endlose Auf und Ab des Asphaltbandes, vorbei an Ortsschildern mit Namen, die auf keiner Karte verzeichnet sind, an Häusern, die kaum über die Erde ragen,

vorbei an winkenden Kindern mit rasierten Köpfen, vorbei an Ziegenhirten, die Bewegungen von Rauchenden machen, aber nichts in der Hand halten. Vorbei an einer Landschaft, die nur aus Steinen und Buschwerk besteht, bis in der Ferne eine Dunstwolke in einem Tal auszumachen ist, die keine Fata Morgana ist, sondern die sich nach und nach durch Kuppeln und Minarette als die erste Stadt ihrer Sehnsucht nach spiritueller Erfahrung manifestiert. Die Stadt der Sufi Meister, der Derwische, die sich in tiefer Meditation stundenlang um sich selbst drehen, um in göttliche Verzückung zu geraten. Vieles von dem, was sie vorher gelesen haben, hoffen sie jetzt zu erleben, während sie das Ortsschild mit dem Namen der Stadt <Konya> passieren.

Es ist eine mittelgroße Provinzhauptstadt mit Autos, Bussen und Fahrrädern. Überall stehen Männer an den Straßenrändern mit Schnauzbärten und Schirmmützen. Es gibt die Garküchen auf Rädern mit dem jetzt schon etwas lästigen Holzkohlenfeuerrauch, der in den Augen brennt. Und es gibt viele öffentliche Plätze mit etwas verwahrlosten Grünanlagen. Es gibt keinen Platz für einen VW-Bus zum Übernachten. Es gibt aber mehrere Hotels. Sie wählen das Hotel <Saray> aus, weil es so orientalisch klingt. Es bietet ein Doppelbett und eine Duschkabine und warmes Wasser, immerhin, wer hätte das gedacht. Noch ist es nachts auf der anatolischen Hochebene in 1500 m Höhe kalt im Mai. Das spüren sie nicht mehr im Bett, weil sie kuschelig einander kleben und dann erschöpft einschlafen.

Am nächsten Morgen begegnen sie der noch nächtlichen Frische mit einem heißen Kaffee und einem Pullover. Sie besuchen die Sehenswürdigkeiten, die der örtliche Touristenverein in einer handlichen Broschüre für die vielen ausländischen Sufi-Suchenden schon adäquat aufbereitet hat und gegen einen Obolus zur Verfügung stellt. Sie ziehen die Schuhe am Eingang der Moschee aus, verzichten jedoch wegen der frühen Stunde und des kalten Wassers auf die Waschung der Füße. Sie bedecken, wenn nötig, die Oberarme und Edda ihre Haare, blicken auf die herrlich türkisfarbigen Fliesen der Wände, auf die dunkelroten mit orangefarbigen Einsprengseln durchwirkten Teppiche, staunen über die Lichtfülle der hoch liegenden Fenster, stehen vor dem Mihrab und der Kanzeltreppe, die nirgendwo hinführt. "Sieht aus, wie eine Gangway für ein Privatflugzeug, die zur Seite gestellt ist", flüstert Alexander. Sie stellen fest, dass die Derwische nicht öffentlich zu bewundern sind und finden sich schließlich mit der äußeren Erscheinung des heiligen Ortes ab, der zwar noch nicht wie Lourdes aussieht, aber auf dem besten Weg ist, so einer zu werden.

Auf dem Rückweg zum Hotel halten sie an mehreren Kiosken, aus denen die wundervolle türkische Musik mit den fremd klingenden Instrumenten und so herrlich schleppenden, röhrenden Stimmen eines Frauenchores an ihre Ohren dringt. Die Musik klingt weder ganz alt noch ganz neu, aber sie hat von beiden das Beste vermischt. Sie blicken sich zustimmend in die Augen und kaufen verschiedene Aufnahmen für die weitere Reise, um eine authentische Erinnerung an diese Stadt mitzunehmen, die sie dann gegen Mittag in Richtung Kayseri verlassen mit dem Gefühl, noch nicht so ganz im Orient angekommen zu sein.

Die Landschaft nimmt sie in dem hellen klaren Licht der Hochebene auf, die durch eine leichte Wellenbewegung der Hügelketten einen abwechslungsreichen Charakter entfaltet, der hin und wieder das Gefühl einer endloser Einsamkeit unter dem Himmelsblau aufkommen lässt. Das Asphaltband mit den ausgefransten Rändern folgt der alten Wegführung der Karawanenroute, die wegen der Lasttiere die niedrigen Pässe zwischen den Höhenzügen und die weiten Flächen der Buschsteppe bevorzugte.

Eine alte Karawanserei an der Straße begeistert ihre Fantasie. Auf der Reise ist es das erste Seldschukische Bauwerk aus der Zeit der Karawanen, die von China über Indien, Afghanistan und Persien bis zum Mittelmeerraum zogen. Große Lasttierherden, bewacht von bewaffneten Treibern auf Pferden, fanden nachts Unterkunft in einem rechteckigen Hof, der, umgeben von den Ställen unter Tonnengewölben, Schutz vor Überfällen und nächtlicher Kälte bot. Das nicht mehr vorhandene Tor aus Holz hielt die Räuberbanden von den Schätzen der Handelskarawanen fern. Bewaffnete Wachen kontrollierten auf den Dachterrassen die Umgebung. Die Architektur ist noch so gut erhalten, dass in ihrer Vorstellung die Vergangenheit wieder aufersteht: sie hören Hufgetrappel, Rufe, riechen offenes Feuer bei den Arkaden, sehen die Strohlager der müden Begleiter, sogar das Schnarchen der beleibten Händler nehmen sie wahr, auch das Scheppern der Keramikgefäße mit dem kühles Wasser aus dem Brunnenbauwerk in der Mitte des Innenhofes hochgeholt wird sie hören die Gebetsrufe des Muezzin von der mit einer Kuppel überdachten Galerie auf dem Brunnenbauwerk, alles wird immer deutlicher, je länger sie in dem alten Gemäuer umherwandern und Details entdecken, wie z.B. Tröge und Befestigungsringe für die Tiere. So geht die Zeit mit Betasten und Vermessen dahin. Die Dämmerung senkt sich nieder.

Der VW-Bus bleibt in dieser Nacht auf dem Parkplatz neben dem alten Bauwerk im Schutze der Außenwand stehen. Die Küchenkiste erfreut sie mit den Überraschungen der Improvisation. Die Nacht, der Morgen und der Vormittag sind verregnet. Kälte zieht durch die Karosse. Der Motor wärmt sie beim Fahren nach Kayseri auf. Sie halten in Akserey, nehmen ein köstliches Döner Kebab zu sich, heizen mit Chai und Rum nach, passieren Goreme, übernachten in Urgüp, kaufen einen Teppich bei einer Familie, die sie in die Geheimnisse der Kinderarbeit einführt. Ab dem achten Lebensjahr sitzen die Mädchen zwölf Stunden vor einem Webrahmen, in der Schürze für den Hunger des Tages ein Pide und eine Zwiebel und arbeiten. Alle Mädchen! Edda und Alexander sind entsetzt und wollen es nicht wahrhaben.

Diese Region ist das Zentrum der türkischen Teppichproduktion. Die Familie zeigt ihnen locker geknüpfte Nomadenteppiche und die feinen, enggeknüpften Wollteppiche für Wohnzimmer mit den überlieferten, figürlich abstrahierten Tiersymbolen, auch mit geometrischen Ranken- und Blumenmustern und oft in der Mitte ein großes Medaillon. Die natürlichen Farben beschränken sich auf die Brauntöne, alle anderen Farben sind heute chemisch hergestellt, oft schreiend hässlich, aber durch einen künstlichen Alterungsprozes mittels Auslegen der Teppiche auf den Landstraßen für das westliche Auge verkäuflich gemacht.

Nach 7.500 gefahrenen Kilometern kommen sie am 6. Mai um 17 Uhr unter Hagelschauern und Zahnschmerzen im Kayseri an. Die Hagelschauer hören auf, die Zahnschmerzen nicht. Edda klagte schon seit Side hin und wieder über einen Backenzahn. Sie durchforsten die mittelgroße Industriestadt, einen Teppichumschlagplatz, nach einer Straße der Zahnklempner. Sie passieren Handwerkerstraßen der Töpfer, der Silberschmiede, der Schuster, der Schneider, der Bäcker. Endlich finden sie die Werbung von Backenzähnen, die als Schild, und auch plastisch, dreidimensional, bemalt und beleuchtet, die Künste der Zahnbehandlung an den Hausfassaden schmücken. Einzelne Handwerker haben in Schaukästen auch fertige Gebisse ausgestellt, die offensichtlich als gelungene Arbeit, so als <second teeth>, zum Kauf animieren sollen.

"Wo soll ich jetzt hineingehen?" Edda klagt, ihre Backe haltend.

"Hier steht ja ein Doktortitel vor dem Namen", beruhigt Alexander. Sie treten ein. Der Arzt macht einen ruhigen, vertrauenserweckenden Eindruck. Ein schöner alter Behandlungsstuhl mit Handbetrieb für die Lageveränderung des Patienten und Fußantrieb für die vielleicht erforderliche Feinarbeit lässt die ersten Zweifel über ihre Wahl aufkommen. Edda nimmt mutig Platz. Der Arzt beugt sich über sie. Sein Zwiebel- und Knoblauchgeruch hätten bereits eine gewisse schmerzdämpfende Wirkung gehabt, wie sie Alexander später gesteht. Nach eingehender Untersuchung und Abklopfen aller Zähne, entschließt sich der Praktiker den schmerzenden Zahn genau unter die Lupe zu nehmen. Er wackelt bedenklich mit dem Kopf, breitet die Arme aus, zuckt mit den Schultern, sagt etwas Bedauerliches in Türkisch und holt eine Zange, die Ähnlichkeit mit der üblichen Kneifzange in ihrer Werkzeugkiste hat. Wie von einer Tarantel gestochen, wenn mal diese abgegriffene Phrase erlaubt ist, springt Edda, "nein, nein!" schreiend aus dem Stuhl, rennt zur Tür und überlässt Alexander die Abrechnungsformalitäten. Entweder war der Zahn nicht wirklich geschädigt oder der Schreck hatte eine heilsame Wirkung ausgeübt, jedenfalls klingt der Schmerz ab und kehrt nicht ein einziges Mal zurück. Auch Ärzte sprechen manchmal von Spontanheilung.

Sie verlassen Kayseri am 7. Mai um 14 Uhr, ohne Hagel, dafür mit Regen. Tiefhängende Wolken verdunkeln die großartige Landschaft der Hochebene. Das Auf und Ab der Hügelketten erinnert an Fahrten auf einer übernatürlichen Achterbahn mit langen Gefällestrecken und starken Steigungen, die, auf dem Kamm angekommen, grandiose Überblick über große Weiten bietet und in

der Ferne sich verlierende Straßenverläufe erahnen lässt. Neben den Häusern aus weißen Kuben mit flachen Dächern, stehen in dieser Gegend hochgewachsene, schlanke Bäume mit hellgrünen, fiedrigen Blattwerk. Es könnten Pappeln sein. Der Abstand zwischen den Siedlungen wird größer. Riesige Getreideflächen, in kleine Felder unterteilt, wechseln ab mit karg bewachsenen Steinwüsten, auf denen große Ziegen- und Schafherden weiden.

Die Hirtenjungen halten sich in der Nähe der Landstraße auf. Sie winken jedem Fahrzeug von weitem zu, machen wieder diese Bewegung mit der Hand, als würden sie rauchen. Klar, dass die Zigaretten erbetteln wollen. Edda hatte schon einige Schachteln in weiser Voraussicht eingekauft. Überall, wo sie halten, wird der Wagen umringt und das Betteln beginnt. Alexander verschenkt Kugelschreiber, aber einmal damit begonnen, gibt es kein Halten. Wie aus dem Erdboden gewachsen, vermehrt sich die Jugend. Jedes Anhalten dezimiert die Reserven und die Geduld. Je weiter sie nach Osten kommen, desto ärmer sind die Menschen.

Die Kleidung der Hirten ist zerrissen und schmutzig. Sie winken von weitem mit der schon bekannten Bewegung. Alexander reduziert die Geschwindigkeit des Wagens, die Jungs laufen langsam zur Straße, fast auf gleicher Höhe gibt er Gas und der Bus schießt an den Wartenden vorbei, wobei die Gefällestrecken hilfreich sind. "Das ist ziemlich gemein, was du mit den Armen machst", Edda ist nicht einverstanden.

"Wenn ich bei jedem Hirten halte, kommen wir überhaupt nicht durch Kurdistan und in dieser Einsamkeit kannst du nicht wissen, ob hinter dem nächsten Felsen ´ne ganze Bande lauert", verteidigt er sich. Meistens endet die Flucht nach vorn mit enttäuschtem Schulterzucken oder mit erbosten Stockschwingen der Übertölpelten.

Wildes Kurdistan

Je weiter sie in das <wilde Kurdistan> hineinfahren, desto öfter muss Alexander das Gaspedal durchtreten, weil Steine nach dem Bus geworfen werden. Manchmal kommen von allen Seiten die Burschen angelaufen und haben schon Steine in der Hand. Zum Glück ist die Straße nach Erzurum gut ausgebaut und der Bus schießt mit 90-100 km/h, Staubwolken hinter sich her ziehend, an der Gefahr vorbei. Die Steine treffen die Reifen oder die hintere Stoßstange. "Sie haben nichts und sie haben auch nichts zu verlieren! Wir schon". Edda sagt nichts. Die beiden unsichtbaren Mitreisenden teilen ohne Kommentar die Meinung von Alexander.

Am 10. Mai treffen sie in der Provinzhauptstadt Erzurum ein. Der Kilometerzähler zeigt 8.000 gefahrene Kilometer an und das Höhenmesser 2.000 Meter ü M. Auf der Flucht vor Regen, Kälte, Steinwürfen und nächtlichen Störungen bezwangen sie die Entfernungen ohne Unterbrechungen. Sie fuhren nur und schliefen im Bus. Bücher lesen, Gespräche über das A und O der Welt verloren ihre Bedeutung vor dem Überlebenstraining, das die Unbill der Natur, die Einheimischen und die Straße aufdrängte.

"Konzentrationen auf das Wesentliche", bemerkt E. mit flüsternder Stimme, "bringt die Einsicht in das Notwendige. Es geht voran mit ihm".

R. scheint unzufrieden, "die Wahrnehmung ist unter diesen harten Existenzbedingungen ziemlich reduziert. Ich wünsche mir mehr Lebens- und Liebesfreuden für die beiden".

"Du kommst noch oft genug zum Zug", beruhigt E., "lass sie erstmal Erzurum erkunden und dann Kurdistan über die Grenze nach Persien verlassen".

Erzurum überrascht am Morgen mit regnerischen Frühlingswetter, niedrigen Temperaturen um 10°, mit Seldschukischer Sekundärarchitektur und durch die Menschen mit russisch, asiatischen Physiognomien. In der Überlagerung von armenischer und kurdischer Kultur entstand in der langen Herrschaft der Seldschuken zwischen dem 11.bis 15. Jahrhundert viel profane Architektur,

die über die Jahrhunderte als Bazare, Hamam (Bäder), Medresen (Koranschulen), Moscheen und Brunnen erhalten blieben. Einfache geometrische Formen, aus Halbkugeln, Kegeln, Zylinder und Würfeln, die außen mit Bögen und Lisenen verziert sind, erinnern an die europäische Romanik.

"Ich bin von der Ähnlichkeit mit der romanischen Architektur überrascht", vergleicht Alexander, "wenn man bedenkt, dass 8000 km dazwischen liegen. Wie der Handel schon immer kulturellen Austausch ermöglicht hat".

"Die Details sind wirklich ähnlich, nur die Baukörper sind in der Romanik imposanter. Es sieht hier so geduckt, niedergedrückt aus. Es fehlt mir das Spirituelle, das über den Menschen Hinausweisende", kritisiert Edda gefühlsbetont.

"Ja, die Architektur scheint mir die Stimmung zu beeinflussen. Es liegt etwas Bedrückendes, fast Bedrohliches über der Stadt. Die Menschen hinterlassen auch keinen freundlichen Eindruck, eher einen ablehnenden, nicht wahr?"

"Hast du bemerkt, wie viel Militär hier stationiert ist? Überall die Lkws und die Soldaten in den Straßen? Sie sehen ziemlich martialisch aus!", sie klingt verunsichert. Jahre später erfahren sie das Geheimnis der unerfreulichen Erfahrung in Erzurum. 1915 wurde die ganze armenische Bevölkerung der Stadt durch die Armee des türkischen Staates ermordet. Der Genozid hatte über eine Million Opfer gefordert. Seitdem wurde Erzurum bewacht, besetzt und der Freiheit beraubt.

"Wollen wir nicht bald wieder los?", fragt sie ihn mit einem unmissverständlichen Emporziehen der Augenbrauen. Er nickt zustimmend und im Gleichschritt eilen beide zum VW-Bus Ein Gedanke, ein Wort, eine Tat. Nur noch auftanken, die Karte studieren und den Motor starten, zum letzten Abschnitt der Strecke durch das <wilde Kurdistan>. Die Landschaft wird dem semantischen Ausdruck gerecht. Zerklüftete, tiefe Einschnitte, Wasserfälle, urwaldartiger Bewuchs, durch Sonnenlicht etwas aufgehellt, lenken die Blicke von der kurvenreichen Strecke in die Höhe zu ei-

nem alles überragenden Berggipfel. Der biblische Ararat mit seinen majestätischen 5000 Metern liegt auf armenischem Gebiet und verschwindet auf der Nordseite des Taleinschnittes, das sie zum nächsten Ort bringt, in der Hoffnung auf eine erholsame Unterbrechung.

Sie verbringen die Nacht im Auto im Schutz eines beleuchteten Hotels in einem dieser namenlosen, gesichtslosen und geschichtslosen Orte. Der nächste Morgen überrascht sie mit Sonne um 6 Uhr früh. Die 1000 Meter Höhenunterschied machen sich schon in der klaren Luft bemerkbar. Vergnügt nehmen Sie sich die letzte Etappe nach Agri vor, wo sie in mittäglicher Ruhe kampieren wollen.

Das erhoffte Ruhe wird mit dem Feststellen der Handbremse und dem Öffnen der Schiebetür enttäuscht. Sofort ist der Wagen von einer Horde Schaulustiger umringt, die interessiert auf die Ausstattung deuten und Kommentare von sich geben. Die beiden Reisenden versuchen mit unfreundlichen Mienen die Neugierigen auf Abstand zu halten. Ein vorbeigehender Uniformierter lässt die Menge für einen Moment irgendwie zusammenschnurren. Danach scheint sie über sich hinaus wachsen zu wollen, hinein in die Öffnung der Schiebetür. Hände greifen, wenn auch nur aus Neugierde, nach diesem oder jenem Utensil, stellen es nach ausführlicher Diskussion mit den Umstehenden auch wieder zurück. Die Kaffeemaschine wandert wie eine Trophäe über die Köpfe der Männer hin und her und findet auch wieder den Weg zurück. Es sind, wie sie jetzt erst bemerken, nur Männer, überwiegend junge Männer, die an diesem Montag keiner Arbeit nachgehen, weil es offensichtlich keine gibt.

So viele Männer mit dunklen Haaren und diesen dunklen, leeren Augen können auch einer in vielen Schwierigkeiten erprobten Frau unangenehm werden. "Lass uns auf den Hügel dort oben fahren", schlägt Edda vor, "mach einfach die Moskitoflucht mit offener Tür!".

MORGENLANDFAHRER

Der nächste Hügel in Richtung persischer Grenze liegt in genügenden Abstand zu den Neugierigen und mit guter Übersicht eines Feldherrnhügels über Straße und Ort. Tisch und Stühle mit Blickrichtung auf Störenfriede sind schnell aufgestellt. Die Sonne wärmt noch und aus der gut gefüllten Kühltruhe holt Edda ein paar Dosenwürstchen aus Wien oder Frankfurt, die auf dem Gaskocher im Nu warm gemacht sind. So geht der Tag, unter aufmerksamen Blicken zur Ortschaft, doch noch erholsam weiter, bis in die Dämmerung des Abends hinein und in eine ungestörte Nachtruhe bei geschlossener Schiebetür.

Sechs Stunden Halbtiefschlaf mit abwechselnder Nachfrage, "schläfst du schon?" oder "bist du noch wach?", erinnern sie an Ernie und Bert, machen aber trotzdem Freude über den neuen Tag, den sie ziemlich verschlafen, jedoch vergnügt und lebendig begrüßen, begleitet vom freudigen Hupen der vorbeifahrenden Lkw-Fahrer über das deutsche Kennzeichen.

Belästigungen bleiben während der Morgentoilette aus. Das Hupen lässt mit dem Verkehrsaufkommen nach. Frühstück gegen acht und los geht's. Zehn Stunden abwärts in Richtung Wärme und Sonne. Die Grenze wird um 18 Uhr erreicht und ohne Schwierigkeiten passiert. Der iranische Orient empfängt sie in seinem eigenen Zauber.

MORGENLANDFAHRER

Merand, der erste Ort im Iran

Merand klingt so weich und vielsagend wie ein köstliches Gebäck. Es duftet auch frühlingshaft verführerisch aus den Mimosen, die am Ortseingang wachsen. Sie fanden einen Platz zum Parken. Bäume umgaben ihren Wagen in der Nacht mit den gelben Blüten. Endlich hatten sie geruhsame Stunden mit farbigen Träumen gegen Morgen. Er träumte von paradiesischen Zuständen, von einladenden Gesten, von raffiniert gewürzten Gerichten, von orientalischen Düften aus Blütenbuketts und von moschusparfümierten Schönheiten, die ihm schon früher in luziden Momenten begegnet waren.

"Mach ihn doch nicht so an", bremst E. flüsternd, *"die Wirklichkeit ist nicht so"*.

"Ach, du Rationalist", schimpft R. rauschelnd, *"ich muss ihn doch motivieren, damit er den Iran gut durchsteht und seiner Liebsten wieder Aufmerksamkeit schenkt. Sie ist in letzter Zeit kümmerlich zu kurz gekommen. Schau, die Nacht war so entspannt, der Morgen unter Blütenblättern ruhig, da könnten sie doch auch mal Zeit füreinander haben. Du kennst doch meinen Spruch <Sex am Morgen, vertreibt alle Sorgen> oder so ähnlich"*.

"Du nervst mich schon wieder mit deinem Unsinn", mault E. und zieht sich zurück, als er wahrnimmt, wie sich die Fantasien zu eindeutigen Handlungen ausweiten und geräuschvoll einen Höhepunkt erreichen.

Tabriz, der 13. Mai

Es ist Mittag, als sie in der Stadt eintreffen. Sie parken auf der breiten Avenida unter den prächtigen Bäumen. Sie sind beeindruckt von den Wasserspielen auf den großen Plätzen und den zwanzig Meter hohen Schah Porträts auf den Zufahrtsstraßen. Schon sind sie von Neugierigen umringt. Die jungen Männer unterscheiden sich deutlich von denen, die ihnen in der Osttürkei begegnet waren. Sie sind gut angezogen, gut erzogen, gebildet, teilweise mit Büchern unter dem Arm und verhalten sich abwartend. Die Augen sind aufmerksam und wissend. Es ist ein wohltuender Kontrast zu den Augen der Menschen, die sie in den letzten Tagen erlebt haben.

"Wo kommen Sie her?", ein junger Mann spricht sie auf Deutsch an. Die Überraschung wird noch größer, als sich weitere Umstehende mit deutschen Kenntnissen in das Woher? Wohin? Wozu? einmischen. Viele waren schon in Deutschland oder haben Verwandte dort. Manche studieren auf Kosten der Eltern in Deutschland.

"Wir pflegen schon lange diese Kontakte", erklärt der Student, der sie als erster angesprochen hat. "Mein großer Bruder hat ein Geschäft in Karlsruhe von unserem Onkel übernommen, als der krank wurde". Alexander versteht noch nicht und fragt: "Was ist das für ein Geschäft?"

"Nun ja, wir produzieren die wertvollen Perserteppiche. Meine Familie besitzt mehrere Dörfer und dort werden die Teppiche geknüpft und von dort überallhin exportiert". Sein Deutsch ist wirklich perfekt.

"Und Sie studieren in Deutschland? Und welches Fach?".

"Ja, ich lebe schon ein paar Jahre in Karlsruhe und studiere BWL. Ich kehre nur in den Semesterferien zu meiner Familie hierher zurück. Kommen Sie doch mit mir. Ich stelle Sie meiner Familie vor und wenn Sie möchten, zeige ich Ihnen im Bazar unser Lager. Wollen Sie?".

Sie lassen sich für den Bazar überreden. "Können wir den Wagen ohne Aufsicht stehen lassen?"

"Selbstverständlich, hier ist doch nicht Kurdistan", gibt der junge Student spöttisch parierend zurück.

Interessiert schlendern sie durch die Altstadt, hinter sich eine Gruppe Neugieriger, die der Begleiter zu verscheuchen sucht. Die erfreuliche Gastfreundschaft ist im Iran auch mit einer gehörigen Portion Geschäftssinn verbunden, wie sie nun bald erfahren werden.

Der Bazar beeindruckt durch die hohen Gewölbe aus Lehmziegeln und dem von oben einfallenden Licht. Der Hauptweg wird auf beiden Seiten von überwölbten Arkaden begleitet. Überall sehen sie Handwerker in konzentrierter Tätigkeit: die Silber- und Goldschmiede, die Schuster, die Töpfer, dann bemerken sie Teppiche, Läufer und Gebetsbrücken, die von jungen Männern angepriesen werden. Sie sehen floral geometrische Muster, delikate Farbzusammenstellungen und sind begeistert von der qualifizierten Handwerkerkunst.

"Das hier sind Muster, die typisch für Aserbeidschan sind", erklärt der Student der BWL, als sie an einer Arkadenfolge halten. Die Gewölbe hinter der Fassade, die die Arkaden bilden, sind zu einer großen Halle zusammen genommen. Dort hängen wahre Kunstwerke, die einem Museum Besucherscharen bringen würden.

"Das ist zum Beispiel ein Teppich aus der Provinz Quom. Dort arbeiten unsere Leute mit Seide. Diese Arbeiten können bis zu 400.000 Knoten pro Quadratmeter haben. Dieses Stück hier ist natürlich das Schönste und auch das Teuerste, das wir produzieren. Fassen Sie die Ware einmal an", lädt er seine Gäste ein. Die Berührung des Teppichs löst ein Wonnegefühl bei Alexander aus, ähnlich dem Berühren der Innenseite des Oberschenkels seiner Liebsten. Edda steht versunken vor dem Medaillon, das goldgelb aus der schillernden Oberfläche leuchtet. "Unglaublich schön", ist alles, was sie vorbringt, nachdem sie nach Minuten aus ihren Träumen zurückgekehrt ist.

Die Wirklichkeit stellt sich durch Gläserklingen wieder ein. "Bitte, nehmen Sie einen Chai als Begrüßungstrunk", lädt der junge Mann zum Sitzen auf niedrigen Lederkissen ein. Ein zwölfjähriger Junge wartet mit einem Silbertablett, bis jeder eines dieser typischen, gebauchten Teegläser mit dem goldenen Rand aufnimmt. Die Zuckerwürfel liegen geschichtet daneben. Sie wissen schon, dass der Tee sehr heiß und süß in einem Zug geleert wird und, dass es niemals bei nur einem Glas bleibt.

"Ich zeige Ihnen noch schöne Läufer, die hier in der Nähe von Tabriz gefertigt werden". Der geschäftliche Ton überrascht sie ein wenig. "Schauen Sie bitte hier, eine Arbeit im Stil eines Nomaden Teppichs, aber für den Eingangsbereich eines Hauses gedacht. Die vielen geometrischen Formen stellen Kamele, Vögel und Haustiere dar. Im Islam gibt es keine exakte Wiedergabe der Natur. Alles wird in Symbolen, geometrischen Formen und Arabesken aufgelöst oder abstrahiert dargestellt".

"Sehr schön, sehr schön, aber wir suchen eigentlich eine Antiquität", versucht Alexander den Geschäftssinn zu bremsen.

"Ah, sehr schön, eine Antiquität, da muss ich sie in ein anderes Lager führen. Es ist nicht sehr weit".

"Nein danke", bremst Edda, die bisher schweigend zugehört hat, "heute nicht. Wir kommen wieder. Wir sind doch gerade erst angekommen. Wir können uns für morgen verabreden, da sind wir ausgeruht und aufnahmefähig", beendet sie diplomatisch. Alexander blickt sie überrascht an.

MORGENLANDFAHRER

Um weiteren Nachstellungen aus dem Weg zu gehen, entschließen sie sich für eine Übernachtung außerhalb von Tabriz. Sie fahren einige Kilometer nach Süden zu dem kleinen Ort Maraghe, in der Hoffnung auf eine ruhige und erholsame Nacht wie die vergangene. Leider wissen sie noch nichts von dem Lerneifer der jungen iranischen Mittelschicht. Überall, wo sie sich an verschiedenen Stellen zur Nacht hinstellen, umgeben rezitierende Schüler oder diskutierende Studenten den vorher ruhigen Platz. Hinaus in die Dunkelheit, in die Natur, wollen sie nicht wegen der noch fehlenden Kenntnis der Gefahrenlage. Also bleibt nur, das Gebrabbel der lerneifrigen Jugend hinzunehmen, das bis zum Erlöschen der Straßenbeleuchtung um Mitternacht anhält. Zum Glück steht ihr Bus in einer Seitenstraße. Der Hauptplatz wird die ganze Nacht unter Strom gehalten und die unermüdlichen Streber finden auch nach Mitternacht kein Ende. Im Laufe der Reise wird die Ursache für dieses Verhalten klar. Die jungen Leute haben keinen eigenen Raum und die meisten Häuser keinen Stromanschluss.

Die Nacht endet um 7 Uhr morgens mit dem Klopfen eines neugierigen Iraners, der ihnen unbedingt einen heißen Tee und ein schönen guten Morgen anbieten möchte. So schlürfen sie den Tee anstelle des Kaffees und gewöhnen sich langsam an Persiens Eigenarten.

"War doch nicht falsch", rauschelt samten R., "gestern früh mit den Liebesmorgen unter Mimosen. Sie sind ja Tag und Nacht von Neugierigen umgeben!"

"Aus deiner Sicht der Lustmaximierung betrachtet, sicher, aber es soll doch vorangehen. Sie haben ein umfangreiches Programm vor sich. Sie wollen nach Norden zum kaspischen Meer, Teheran besuchen, den Süden erkunden und dann weiter nach Osten fahren".

"Bleibt denn da überhaupt Zeit für die Liebe?", dringt R. in E.

"Es wird nicht einfach sein, entweder halten wissbegierige Menschen oder die große Hitze die beiden in Trab".

"Wirklich? Hoffentlich gibt es wenigstens ekstatische Augenblicke bei der Betrachtung des Außen".

"Da kannst du deine Fähigkeit ununterbrochen steigern, schau, es geht schon los!" endet flüsternd E.

"Was für grandiose Baumassen", Alexander steht staunend mit Edda vor der Blauen Moschee in Tabriz. "Einfach die Kraftlinien der Lehmziegel in der Kuppel so undekoriert sichtbar lassen. Und der Eingang ist ein Traum von Farbe".

"Schade, dass so viele Fliesen nicht mehr erhalten sind", bemerkt Edda auf die Schäden weisend.

"Ja, es wird restauriert", hören sie eine Stimme, "deshalb können wir leider den Innenraum nicht sehen. Alles ist mit Gerüsten vollgestellt". Enttäuscht dreht Alexander sich um und steht direkt dem Studenten der BWL gegenüber, der die Situation erklärt, "die Moschee ist durch ein Erdbeben zerstört worden und wird jetzt wieder aufgebaut".

Der junge Mann lässt nicht locker, "wollen Sie jetzt mit mir die Antiquitäten ansehen?"

"Eigentlich schon, aber wir wollten erst mal etwas essen und dann nach Aderbil. Wir sind dort mit Freunden verabredet", schwindelt Edda gekonnt.

"Sie können das Mittagsmahl gerne bei mir im Hause der Familie einnehmen. Gäste sind uns jederzeit willkommen".

"Vielen Dank", pariert nun Alexander, "wir haben heute Vormittag noch einiges vor und wollen ihre Gastfreundschaft nicht unter Zeitnot in Anspruch nehmen".

Er blickt Zustimmung suchend zu Edda, die nickend auf ihre Armbanduhr blickt und eine gute Idee vorbringt um den jungen Geschäftsmann zufriedenzustellen, "wir kommen bestimmt auf der Rückreise wieder nach Tabriz. Es führt ja kein anderer Weg nach Kurdistan", augenzwinkernd holt sie sich das Einverständnis von Alexander ein. "Wann wollen Sie ihre Studien in Deutschland wieder aufnehmen?"

"Ich habe mir ein Urlaubssemester genommen", ist seine Antwort, die irgendwie schon wie eine kleine Lüge klingt. Aber egal.

"Wir sind auf jeden Fall an einem alten Läufer von 3-4 Meter Länge und einen Meter Breite interessiert in dunkelblau, mit farbigen Tiersymbolen an den Rändern und den typischen armenischen Medaillons, die wir gestern bei den Gebetsteppichen gesehen haben".

"Eng geknüpft, in Wolle und kurz geschoren muss er sein", fügt Alexander bestimmend hinzu, dabei über die Improvisationskünste seiner Liebsten innerlich staunend. "Wir sehen uns also in ein paar Wochen. Hoffentlich haben sie dann unser Traumstück auf Lager!"

Sie winken dem Überraschten zum Abschied zu, der, in Gedanken verloren, seine Teppichkartei vor seinem inneren Auge abspulend, nach kurzer Zeit den beiden nachruft, "genau so ein Stück ist da! Also in ein paar Wochen! Wann genau?"

Die Frage hören Sie schon nicht mehr, weil sie lachend, sich in die Seiten stoßend, zum parkenden Fahrzeug laufen, in der Annahme einen Geschäftstrick durchkreuzt zu haben.

MORGENLANDFAHRER

Adarbil, am 17. Mai

Am frühen Nachmittag stehen sie in Adarbil vor dem Grabmal des Sheykl Safi.

"Unbeschreiblich diese Proportionen, so schlank, hochgereckt und mit dem Kuppelabschluss, ein Traum von blauen und grünen Fliesen, wie aus einer Fata Morgana und das mitten in dem Ort".

Alexander ist begeistert und macht Fotos. Er kann sich nicht trennen. Wie verzaubert steht er vor dieser differenzierten, perfekten Handwerkerkunst. Noch ganz unter diesem Eindruck schlendern sie durch den Bazar und entscheiden sich für einen locker geknüpften Nomadenteppich, den sie nun jedes Mal bei einer längeren Ruhepause vor die Schiebetür auslegen wollen.

"Damit wir einen Abstand zu den Neugierigen bekommen. Die werden doch nicht auf dem Teppich herumtrampeln, oder? Was meinst du?" Edda blickt ihn unsicher an. Er zuckt nachlässig mit den Schultern und trägt den Läufer auf der rechten Schulter zum Bus. Los geht es zum Kaspischen Meer.

Am Kaspischen Meer

Sein Traum endlich wieder zu baden und dabei die Haare zu waschen ist noch nicht augegeben. Der Ort Astara, den sie zuerst erreichen, liegt am Kaspischen Meer, lädt aber in keiner Weise zum Baden ein. Er ist wegen der nahe liegenden Grenze zur Sowjetunion (Aserbeidschan ist noch ein Teil der UdSSR) von Militär und Polizei gesichert. Im Schatten dieses Aufgebotes glauben sie, wenigstens eine ruhige Nacht im Bus verbringen zu können. Sie täuschen sich nicht. Der Ort ist hässlich, die Nacht dunkel, aber der Schlaf ruhig und der Morgen versöhnt sie mit dem ausgelegten Läufer vor der Tür, vor allem, weil der Duft des Kaffees und die Luft am Meer für ein Frühstück im Freien gut aufeinander abgestimmt sind. Niemand zeigt Neugierde.

Sie sind inzwischen 9500 Kilometer <far from home>, als sie die Straße nach Bandar Pahlawi an der Küste bezwingen. Es sind nur 40 km zu dem Badeort, aber offensichtlich kommt niemand von dort in diese verlassene Gegend, die ihnen Nachtruhe bot. Sie brauchen vier Stunden für die Fahrt auf der Wellblechpiste aus Schotter. Die Betonbrücken über Flussläufe sind die ersten großen Herausforderungen für den Bus.

"Die Fahrbahnwellen spürt man nicht, wenn man mit 60 km/h hinüber rast. Blöd ist nur die Betonkante an den Brücken. Ich kann doch die 10 cm nicht im Schwung nehmen. Hast du vorhin das Knallen der vorderen Stoßdämpfer gehört, Edda? Da bin ich von so einer Brücke mit 50 km/h runter gesprungen. So können wir nicht weiterfahren. Da gehen auch die Achsschenkel drauf. Und hier ist doch weit und breit keine Hilfe".

"Ich kann sowieso bei der Fahrweise hier hinten nicht ruhig liegen. Ich fliege ja gegen die Decke, wenn du solche Sprünge von der Brücke machst".

MORGENLANDFAHRER

Edda setzt sich daher neben ihn und beobachtet die Fahrbahn, die wie eine überdimensionierte Wellpappe vor ihnen liegt.

"Mehr als 40 km/h kann ich nicht fahren, sonst schlagen die Stoßdämpfer wieder an". So fahren sie in einer Staubfahne, die sie bei der Geschwindigkeit nie hinter sich lassen können, in einem nervigen Auf- und Abschaukeln.

Plötzlich schreit Edda, "zieh rüber, Alexander, der Idiot da vorn fährt auf unserer Seite!" Alexander stutzt, nutzt die Lichthupe. "Du musst ausweichen, der geht nicht rüber, mach schon! Uff, geschafft! Sag mal, warum hast du so lange gezögert?" Sie ist ungehalten.

"Ich konnte einfach nicht glauben, dass der so auf uns zuhält. Das war wirklich knapp. Der hatte auch ´ne schöne Geschwindigkeit drauf". Alexander schüttelt immer noch den Kopf, "ob die im Iran keine Fahrschulen haben?"

"Ich glaube, der war besoffen oder auf Droge. Im Iran wird doch bestimmt Cannabis angebaut", sucht sie nach beruhigenden Argumenten. Dann macht sie es sich im Beifahrersitz mit Kissen bequem und lässt sich wie im Bollerwagen dem Ziel entgegen schaukeln. Die Staubwolke des Verrückten verzieht sich, so dass sie nun nach vorne freie Sicht haben.

Banda Pahlawi ist keine Enttäuschung. Das Wasser ist warm. Die Haare werden sauber. Der Strand, kaum besucht, liegt vor einem Seebad, das nach dem Schah von Persien benannt ist und an den Hauptplätzen durch die riesigen Porträts seiner Herrlichkeit, zuweilen auch zusammen mit Kaiserin Soraya, dem deutschen Import, unnachahmlich geprägt ist.

Ein ausländisches Fahrzeug, noch dazu aus dem Herkunftsland der beliebten Kaiserin, zieht nach gewisser Zeitdie jungen Leute an, die ihre spärlichen Deutschkenntnisse (2. Fremdsprache) anwenden wollen. Nach einiger Zeit vergrößert sich die Gruppe der Umstehenden noch um weitere Neugierige zu einem Auflauf, sodass der ausgerollte Teppich nur mit Mühe die nach vorne Drängenden vom Betreten abhält. Das ist nun endgültig der Zeitpunkt ereicht, den Abstandshalter aufzurollen und die Flucht in den nächsten Ort mit Winken und Händeschütteln anzutreten.

Rasht liegt einige Kilometer vom Meer entfernt, ein Provinznest, in dem sie am Hauptplatz unter strahlender Beleuchtung mit zugezogenen Gardinen, von nicht allzu viel Lernenden umgeben und belauert, die Nacht in relativer Ruhe überstehen. Es hält sie nichts am Ort, nicht mal ein Frühstück. Das wollen sie lieber nach einer 100 km Fahrt am Strand von Ramsar mit Blick auf das Meer in Ruhe genießen.

Sie bleiben dort und kochen zu Mittag den Reis, dem sie unterwegs gekauft haben.

"Sag mal Edda, was riecht denn hier so penetrant?"

"Mach mal den Deckel des Topfes auf. Das ist der iranische Reis. Ich vermute, dass sie den Reis nicht waschen".

"Das riecht echt moderig, als käme er direkt von den Feldern. Hoffentlich schmeckt er nicht so", Alexander ist genervt. Schließlich müssen sie sich an den Geruch und den Geschmack des einheimischen Grundnahrungsmittels gewöhnen. Selbst ausgiebiges Waschen ändert nichts an demGeruch und auch das Essen im Restaurant behält die gewisse Geschmacksnote nach Moder bei. Nur mit Salz und scharfen Gewürzen ist das Nahrungsmittel überhaupt genießbar, finden sie.

Die ungewohnte Kost löst bis jetzt keine Stürme der Begeisterung für die Küche des Landes aus, sondern ungewohnt kräftige Winde im Darm. Unangenehme Geräuche und Schwellungen vertreiben sie vom Meer, an dem sie nun nicht wie erhofft die Zeit mit Sonnenbaden verbringen können. Die Belästigung des Körpers und die in den Nachmittagsstunden sich vermehrenden jungen Iraner vertreiben sie erneut zu einer Suche nach einem Ort, wo sie sich von den drückenden Beschwerden befreien können.

Auf der Straße nach Chalus halten sie an einer Felsgruppe, die Sichtschutz für die unaufhaltsame Erleichterung bietet. Zum Übernachten ist der Platz jedoch ungeeignet, sie fahren weiter und finden im Ort Chalus einen Standplatz auf der Hauptstraße. Es endet wie in den vergangenen Nächten mit Störungen durch dicht am Auto vorbei schleichenden, auch freundschaftlich an das Chassis klopfenden oder laut diskutierenden Jugendliche, sodass nach kurzem Tiefschlafphasen und langen Wachträumen um 6 Uhr früh die Nacht für beide vorbei ist.

Sie weichen zum Meer nach Noshar aus, wo sie dank Regenschauern und Militärschutz in der Nähe einer Kaserne einen wirklich ruhigen und erholsamen Tages- und Nachtaufenthalt genießen, der zwar durch die Erfordernisse der Reiskur beeinträchtigt, ist, aber immerhin äußerlich störungsfrei bleibt. Nach der Gebirgsfahrt zurück ins Landesinnere treffen am 21. Mai am Abend in Teheran ein.

"Puh, was für ein Stress", lässt sich R. vernehmen, "was wollen die beiden denn jetzt in dieser modernen Großstadt? Hätten sie doch in Berlin bleiben können".

"Nun werde mal nicht komisch", kontert E. "erstmal müssen sie in die Werkstatt wegen der Stoßdämpfer. Und außerdem bietet Teheran Alexander die Gelegenheit Autofahren zu lernen".

"Er fährt doch nicht schlecht", verteidigt R.

"Pass auf, du bist jetzt mit deinen Fähigkeiten gefordert, wahrnehmen und reagieren. Schau, es geht los, aber nicht wie auf der Piste ein Mal, sondern von morgens bis abends!"

MORGENLANDFAHRER

Teheran, 21.Mai

"Ist ja irre, wie die hier in Teheran fahren!" Alexander ist begeistert. Edda schaut ihn von der Seite zweifelnd an, "meinst du, wir können uns da einfädeln?"

"Aber klar, das ist doch wie früher auf dem Rummel bei den Autoscootern. Schau, das sieht nur so chaotisch aus. Die fahren total achtsam und sowieso nur 40-45 km/h".

Sie fädeln sich auf die große Ost-West-Madrigale ein und lassen sich bis zur nächsten Ampel mittreiben. Der Gegenverkehr braust vorbei und der Autostrom, in dem sie in Richtung Osten mitschwimmen, startet bei Grün 4-spurig, fächert sich auf und füllt 8-spurig die gesamte Straßenbreite aus.

"Eh, das ist ein starkes Stück", Alexander quietscht vor Vergnügen, "schau, da hinten kommt der Gegenverkehr und ich kann's nicht glauben, die fädeln sich wirklich ohne Stau wieder in vier Spuren ein. Das ist doch endlich mal ein Straßenverkehr der Freude macht".

Edda blickt zweifelnd auf die sich ständig in der Breite verändernden Fahrzeugkolonne, in der sie mittendrin irgendwie vorwärts kommen. "Ich kann das gar nicht mit ansehen. Wie lange willst du dieses grausame Spiel mitmachen, Alexander?" ruft sie innerlich bebend.

"Ich muss mindestens bis zu dem großen Platz dort mit dem Schah Porträt, das in den Himmel reicht. Dann kann ich im Kreisverkehr vermutlich in eine andere Straße abbiegen".

Gesagt, getan, die neue Straße ist nur 6-spurig, die Fahrweise der Teheraner, überwiegend Taxen, nicht grundlegend anders. Die Geschwindigkeit bleibt bei 40 km/h. Plötzlich bleiben alle Fahrzeuge abrupt stehen. Alexander tritt so auf die in der Werkstatt neu eingestellte Bremse, dass sie beide fast gegen die Windschutzscheibe prallen.

"Ah, jetzt verstehe ich, warum die heute Morgen die Bremse so eingestellt haben".

"Wieso, ich begreife nicht, was du meinst?"

"Na, sieh doch mal, die zwei Taxen vor uns. Die Taxe an der rechten Straßenseite blinkt nach links und alles hält. Ist ja toll! Die lassen die Taxe einfach in die entgegengesetzte Fahrtrichtung auf die andere Straßenseite wechseln. Wahnsinn! Hier macht das Fahren Spaß! Das ist nicht so ein schläfriger Verkehr wie in Deutschland, wo alles geregelt ist. Hier bin ich gefordert. <Be aware> ist die Parole und nicht <Emil>", lachte er seiner Liebsten zu, wobei er gar nicht genau weiß, ob sie das Buch von Erich Kästner kennt.

"Na also", E. ist zufrieden und fügt noch, *"gut gemacht"* hinzu.

"Ja, in solchen Situationen bilden wir schon eine exzellente Einheit", rauschelt R. behaglich samten. *"Jaja, aber Edda geht es gar nicht gut. Sie hat wieder mal einen nassen Lappen auf der Stirn liegen und verzieht sich nach hinten".*

"Vielleicht es ihr nur heiß? In der Stadt ist doch eine furchtbare Hitze. Ich glaube so um 35°".

"Hm, kann der Grund sein, dazu noch die stickige Luft der Autoabgase. Sie gefällt mir gar nicht", R. rauschelt unzufrieden.

Teheran ist durch die Ost-West-Madrigale geteilt. Im Norden am Berghang wachsen die Wohnviertel der Mittel- und Oberschicht immer weiter in die kühlen Höhen. Im Süden liegen die Arbeiterviertel um den alten, riesigen Bazar und die Slums, die sich in die Wüstenhitze erstrecken.

MORGENLANDFAHRER

Für die beiden ist die Entscheidung zwischen einem Campingplatz oder einer ruhigen Seitenstraße in den Villenvierteln der Oberschicht auch eine Wahl für oder gegen sanitäre Einrichtungen. Da sie bereits eine ausreichende Perfektion bei der Entsorgung, oder soll man sagen Verklappung, der anfallenden Exkremente entwickelt haben, entscheiden sie sich, die erste Nacht in einer ruhigen Seitenstraße unter einer Laterne zu verbringen. Edda kann ihre schmerzhafte Migräne auskurieren und ein Gully nimmt die überflüssigen Reste auf.

Der Morgen beginnt kühl unter einer diesigen Wolke, die sich mit steigendenr Sonne bald auflöst. Gegen 10 Uhr schieben sie die Tür auf, weil die Wärme im Auto 30° erreicht hat. Schulkinder sind schon mit Autos abgeholt worden. Einzelne, schwere Limousinen deutscher Fabrikate rauschen aus den Garagen mit automatisch schließenden Toren, die in hohe Mauern der Anwesen eingelassen sind. Die Straße besteht eigentlich nur aus den 3 m hohen Wänden, die keine weiteren Eingänge zeigen. Riesige Bäume mit großen Laubkronen überragen die Mauern und lassen ein wohnliches Ambiente dahinter vermuten.

"Guten Tag, kann ich Ihnen behilflich sein?" fragt ein vorbeigehender Herr in einem exzellenten Deutsch. Er ist im mittleren Alter, etwas korpulent und trägt einen gut geschnittenen Zweireiher mit Weste. "Sie sind doch Deutsche, nicht wahr? Aus Berlin, wie ich am Nummernschild sehe". Alexander nickt abwartend. Edda liegt noch mit einem Tuch über dem Kopf auf der Matratze. "Ihrer Frau geht es nicht gut?", besorgt klingt die Stimme des Herrn.

"Sie hat seit gestern Migräne. Der Verkehr, die Hitze, die Luft, verstehen Sie?"

5 Minuten später befinden sie sich in einem exotischen Garten jenseits der Mauern. Ein Wasserspiel sorgt für Frische, eine gepflegte Rasenfläche erinnert an Fotos amerikanischer Bungalows

in Florida. Die Dame des Hauses geleitet Edda, nach einer herzlichen Begrüßung, in einen Seitenflügel des Gebäudes, wo sie in einem abgedunkelten Raum den Tag unter liebevoller Anteilnahme der Töchter des Hauses verschläft, bis gegen Abend der stechende Schmerz nachlässt. Alexander wird vom Hausherrn im Salon mit eiskalten Getränken versorgt und mit der Geschichte der Familie: Schon seit Jahrhunderten eine unternehmerische Stütze der iranischen Gesellschaft mit vielen eigenen Dörfern, Leibeigenen, Werkstätten der Teppichfabrikation und vermutlich Beziehungen zu wichtigen Leuten am Hof, hat der Hausherr in Deutschland Jura studiert, dort jahrelang in Berlin gearbeitet und betreibt nun in Teheran ein Notariat, das ihm offensichtlich genug Zeit lässt, den ganzen Tag zu verplaudern. Ein paar Telefonate zwischendurch mit Terminverschiebungen, unterbrechen die Gedankenausführungen zwischen den Kulturen und den Generationen.

Im Laufe des Tages bereichern weitere Familienmitglieder die Diskussionen, darunter ein junger Neffe von 19 Jahren, der Alexander sofort in ein intensives politisches Gespräch verwickelt.

"Warum haben Sie in Deutschland nicht mehr den Hitler? Ich habe das Buch <Mein Kampf> gelesen".

Alexander gesteht, dass er das Buch nicht kennt, weil es in Deutschland verboten ist.

"Verboten? Warum? Hier liegt es in jeder Buchhandlungen zum Kauf. Viele Iraner in meinem Alter kennen das Buch und wir sind von dem Inhalt sehr angetan. Wir denken, dass wir auch so einen Hitler bräuchten, um unser Land zu modernisieren".

Alexander versucht die Gräueltaten des Regimes in die Diskussion zu bringen, aber die dämonische Ausstrahlung des Führers hat einen unerklärlichen, positiven Eindruck bei dem jungen Mann hinterlassen. "Wirklich, sehr schade für Deutschland, dass der große Führer nicht mehr lebt".

Am nächsten Morgen sitzen sie mit dem Hausherrn in dem großzügigen Wohnzimmer mit Blick auf die Bäume des Gartens bei einem gemeinsamen Frühstück. Edda ist genesen und das Weißbrot mit Butter schmeckt ihr wieder.

"Dieser Honig", sagt der Gastgeber in einem seidenen Morgenmantel gehüllt, "ist eine eigene Produktion aus unseren Dörfern. Eine Köstlichkeit von besonderer Güte, bereits mehrfach ausgezeichnet. Bitte unbedingt probieren!", dabei vermischt er den Honig auf einem Teller mit einem Klumpen Butter und streicht die Masse auf das Brot. Obwohl ihnen diese Art Brotaufstrich ungewohnt ist, lassen sie es sich schmecken.

Edda und Alexander danken für die herzliche Gastfreundschaft und werden überschwänglich verabschiedet, nachdem sie noch gutes Trinkwasser und einen Honigvorrat einpacken durften.

"Für die Fahrt durch die Wüste nach Shiraz alles Gute und melden sich wieder bei uns auf der Rückreise. Wir freuen uns, Sie wiederzusehen!"

Beim Wiedereinfädeln in das Fahrzeugchaos, begeistert sich Alexander, "das müsste uns öfter passieren, dann würden wir noch Geld mit nach Hause bringen".

"Wir haben doch genug", wendet Edda ein, "das reicht doch dicke. Das Benzin kostet im Iran fast nichts, umgerechnet nur 19 Pfennig der Liter. Das ist ein Drittel von dem Preis in Deutschland", belehrt sie ihn, während sie sich entspannt in den Sitz zurücklehnt und in die flirrende Luft der vor ihnen liegenden Wüste blinzelt.

Nach Quom

Während der Fahrt durch die grelle Helligkeit der unbewachsenen Steinformationen beiderseits der Straße, gehen Alexander nochmal die vielen Bemerkungen der iranischen Jugend durch den Kopf. "Warum wollen die jungen Leute uns ständig missionieren? Was meinst du Edda?"

"Ach, sie sind doch eigentlich nur freundlich und neugierig, natürlich versteckt sich manchmal dahinter eine gehörige Portion Geschäftstüchtigkeit. Aber das ist doch bei uns auch zu finden", stellt Edda fest.

"Hm", überlegt Alexander, "es gibt Ähnlichkeiten, aber auch klare Unterschiede zu uns. Nachdem wir eine so ganz fremde Kultur, wie die in der Osttürkei erlebt haben, sind die Unterschiede der iranischen zu der deutschen Gesellschaft schon deutlicher".

"Man erkennt doch das eigene Land immer besser mit dem Abstand von außen", gibt Edda zu.

"Die iranischen Jugendlichen sind zweifellos wissensdurstiger, aber ich finde in so einem Übereifer", fährt er fort, "und besonders dann, wenn sie die Fragen nach den Glauben stellen. Sie scheinen wie besessen von ihrem Glauben an den Islam zu sein".

"Ja", stimmt sie zu, " du meinst den jungen Iraner gestern im Bazar, der es nicht fassen konnte, dass du ohne Glauben leben kannst. Er war ziemlich aufdringlich. Was hat er doch zu dir gesagt?"

"Ich wäre ein Gottloser, also ein Verlorener. Er fühlte sich geradezu bedroht von mir. Sie verhalten sich wie die christlichen Missionare, früher war es das Christentum, heute ist es der schiitische Islam. Die reine Lehre lässt nichts neben sich gelten".

Das Zentrum des schiitischen Islam, Quom, reizt sie nicht für einen längeren Aufenthalt. Die Strömung einer orthodoxen Religion liegt wie ein Schleier ausgebreitet über der Stadt.

"Langsam verstehe ich", knüpft Alexander nochmal an die vorherigen Gedanken an, "warum gerade hier so wunderschöne, perfekte Seidenteppiche entstehen. Jede institutionalisierte Macht versucht Werke der Anbetung mittels perfekter Schönheit zu kreieren und die Gläubigen in raffinierter Verzauberung abhängig zu machen. Der Westen erreicht das bei den Konsumenten heute durch die Medien, die Werbung, und den Überfluss, nicht wahr!". Seine Stimme kingt gereizt. Edda antwortet nicht.

Unterwegs am Straßenrand, an einer Brücke über einen Bach, versöhnt sie der Einkauf von gekühlten Melonen mit der Hitze und den unnötig kreisenden Gedanken. "Wie herrlich kühl die Frucht ist!" begeistert sich Edda, nachdem sie einige Stücke verzehrt haben.

Bevor sie weiter fahren, kaufen sie in einem Ladenkiosk Milch in eingeschweißten Kunststofftüten, die sich schon nach Stunden im Kühlbehälter in Dickmilch verwandelt hat.

"Schmeckt fast wie Joghurt, wenn nicht dieser Bittergeschmack wäre". Alexander hat schon den zweiten Beutel aufgemacht. "Je länger wir die aufheben, desto bitterer wird der Geschmack. Ohne Kühlschrank können wir bei der Hitze nichts aufbewahren".

Auf der Fahrt nach Esfahan beträgt die Temperatur nun 40° im Auto. Die geöffneten Fenster lindern die Hitze durch den Fahrtwind, aber der Zugwind löst bei ihm eine Erkältung aus

MORGENLANDFAHRER

Esafahan

Sie erreichen die Stadt um 20 Uhr und parken am Hauptplatz mit den schönsten Safawidischen Architekturen, die sie bisher gesehen haben. Einen Traum von Orient. Die Temperatur ist in der Nacht auf der Hochebene angenehm gesunken. Als am nächsten Morgen die Sonne über die farbigen Kuppeln streicht, ist Alexander verzaubert von dem Anblick.

"Was für eine farbintensive Pracht, dieser Reichtum an Arabesken, überhaupt die Formen der Kuppeln mit dieser leichten Auswölbung, durch die die Muster wunderbar betont werden. Es ist ein architektonischer Traum". Alexander schwelgt weiter, "die Größe des Platzes, die Proportionen des Stadtraumes und die Betonung jeder Seite durch ein wichtiges Bauwerk in der Mitte, einfach großartig, überwältigend".

"Willst du denn heute gar kein Frühstück?" Edda holt ihn zurück.

R. *für sich sich, "jetzt hat wieder der Architekt gesprochen".*

"Ja ja, er lässt sich doch glatt von jeder artistischen Machtdemonstration übertölpeln", stimmt E. *flüsternd zu, "gestern beim Kauf der Melone war er einfach nur glücklich. Heute, hier im Angesicht der Ästhetik verliert er sich in Architekturträume".*

"Hör mal Edda, hier schreiben sie in dem Führer, dass Esfahan die Hauptstadt der Safawiden von 1598-1722 war und aus dieser Zeit diese großartige Architektur stammt. Die afghanischen Eroberer haben glücklicherweise nichts zerstört. Sie hatten Shiraz und Mashad zu Zentren ausgebaut, dadurch ist Esfahan verschont geblieben".

"Ja, ist gut, komm jetzt Kaffee trinken! Wir wollen doch sowieso heute alles noch ansehen". Edda ist genervt.

Auf Dauer sind perfekte Schönheiten anstrengend. Zwei Tage in den höchsten Tönen zu schwärmen über Friese, Alabaster, Stalaktiten, die die Unterseiten der Kuppeln schmücken, über Fayencen in Blau und Grün, die mit allergrößter Sorgfalt von den Handwerkern vor Ort restauriert und ersetzt werden, bringt Edda oft zum Gähnen und letztendlich auch Alexander in einen Zustand übersättigter Erschlaffung.

Shiraz

Sie sehen der Fahrt nach Shiraz mit gemischten Gefühlen entgegen. Es sind 500 km durch eine Steinwüste mit fünf kleineren Orten, die sie passieren werden. Sie sind vor der zunehmenden Hitze gewarnt worden und auch vor dem Treiben dort im Süden des Landes. Das Nomadenvolk erlaubt den Frauen das Haar offen zu tragen, ohne Chadar und die Kleidernormen sollen auch nicht sehr streng sein. So eine Art Zigeunerleben würde sie dort empfangen.

Voraussagen halten fast nie, was sie versprechen, denkt Edda. In der Abenddämmerung des 27. Mai parken sie nach 11.400 gefahrenen Kilometern auf dem Campingplatz von Shiraz. Es ist der südlichste Ort auf der Reise, einer der heißesten, aber nicht der heißeste. Der Tag mit 45° im Schatten erfreut sie mit einem auf dem Gelände liegenden Pool, der bereits über 30° Wassertemperatur hat, obwohl eine Pergola mit Strohmatten das Wasser vor Sonneneinstrahlung schützt. Es bleibt den beiden nur übrig, zu warten, bis die Hitze des Tages nachlässt. In der Sonne ist es nicht auszuhalten. Der Schweiß auf der Haut ist selbst im Wasser des Pools nicht zu ertränken. Der Trinkwasserbehälter aus Kunststoff, an der Schiebetür aufgehängt, wird von ihm in einem totalen Blackout beim Zuschieben der Tür zerstört.

"Ich habe beim Schließen der Tür den Gummikörper einfach vom Hals abgeschnitten", muss er ihr verdattert gestehen.

"Die Hitze ist nicht mehr auszzuhalten", er wirft sich wieder in das warme Poolwasser. Endlich gegen fünf Uhr nachmittags, als die Sonne hinter Bäumen und Gebäuden verschwindet, kühlt es um einige Grade ab. Sie machen sich auf in die Stadt der Dichter.

Saadi und Hafiz, die im 13. und 14. Jahrhundert lebten, hinterließen der Nachwelt große Werke der Dichtkunst. Hafiz beeindruckte die europäische Kultur dank Goethes <westöstlichen Diwan> mit seinen Liebesgedichten:

Komm ich ihr nachgegangen, so wird sie schelten eben;
und legt sich mein Verlangen, wird sich ihr Zorn erheben.
Und wenn ich voll Verlangen einmal auf ihrem Weg,
wie Staub zu Fuß ihr falle, wird sie wie Wind entschweben.

Sie lassen den Wagen in der Hauptallee am Bazar stehen. Das grandiose Eingangsportal mit blaugrünen Fayencen zieht die Besucher hinein in eine 800 Meter lange von Bögen und Kuppeln überwölbte Hauptgasse der Kaufleute und Handwerker. Seit 1000 Jahren nutzen Reisende bereits die Bäder und eine Karawanserei.

Die Frauen tragen ihre dunklen Haare offen und sie tragen farbige Röcke und Oberteile. Sie nicken ihnen mit fröhlichem Lächeln zu. Fast könnte man den Begriff Emanzipation benutzen, wenn man nicht wüsste, dass diese Offenheit und Unbekümmertheit auch nur ein Ritus der Nomadenkultur ist.

Beim Verlassen des Bazars werden sie von interessierten, jungen Leuten nach dem Woher? Wohin? und dem Grund der Reise befragt. Und wieder ist Enttäuschung in die Augen der Iraner abzulesen, als diese hören, dass der Zweck der Reise nicht das Studium der Islamischen Religion sei. Richtig ungehalten werden sie, als

Alexander erwähnt, keiner Glaubensrichtung anzugehören, weil er keiner Kirche vertrauen kann.

"Dann sind sie ein Ungläubiger!" empören sie sich. Ungläubige seien aus ganzem Herzen zu bemitleiden. Sie wenden sich kopfschüttelnd ab.

"Warum müssen Gläubige so intolerant sein?" fragen sich beide auf dem Rückweg.

Der Campingplatz bietet, nachdem sie sich schließlich an die Hitze gewöhnt haben, noch für zwei Tage Aufenthalt, in denen sie im Bazar die Gaschgai-Teppiche bewundern und die wundervollen Parkanlagen einer vergangenen Kultur genießen. In den späten Nachmittagsstunden streifen sie durch den 13 ha großen Alif-Abad-Garten, bepflanzt mit alten Zypressen, Kiefern, Weiden und Orangenbäumen, die ihnen als Blütenduft in Erinnerung bleiben.

Persepolis

Die alte Metropole der Achämiden liegt auf dem Weg nach Yazd. Ausgrabungsstätten sind für Alexander immer eine Herausforderung. Edda gähnt schon, wenn sie daran denkt, wie sie in der Hitze durch das alte Gerümpel marschieren.

"Bleib doch unter dieser Pinie hier, setz dich auf den Stein, ich komme bald wieder". Alexander zieht los, mit Unterlagen, einem Zollstock und dem Fotoapparat.

"Das dauert doch wieder endlos", E. explodiert flüsternd, "es ist hirnlos, da herum zu laufen. Ist in Büchern alles dokumentiert".

"Aber", R. bremst rauschelnd, "er muss seine visuelle Vorstellungskraft trainieren. Wenn er so durch die hohen Ruinentore in *dem ägyptischen Stil geht und die riesigen, über 19 Meter hohen Säulen der ehemaligen großen Versammlungshalle passiert, dann fühlt er die Räume und glaubt sie zu erleben".*

Müde und durchgeschwitzt, durstig und ermattet, sinkt Alexander nach 2 Stunden zur Edda unter dem Baum.

"Einfach unglaublich, was die Perser vor 2600 Jahren für eine hohe Baukultur hatten und diese Bildhauerarbeiten, toll!"

"Wann ist denn das alles zerstört worden?" fragt Edda um etwas zu fragen.

"Im Buch steht, dass Alexander der Große auf dem Weg nach Indien das Reich der Achämiden im Jahr 330 v. Chr. eroberte".

"Wie gut, dass das Reich schon von einem anderen Alexander erobert wurde, so können wir ja unseren Weg ohne Mord und Totschlag fortsetzen. Du willst doch auch nach Indien, nicht wahr, Alexander?" lacht sie ihn etwas spöttisch an.

Die Wüste umgibt sie wieder. 500 Kilometer gerade Piste. Hellbraune Hügelketten, in der Sonnenglut gelbrot verbrannt, begleiten in unterschiedlichen Entfernungen ihre Fahrt, mal weich, mal scharfkantig den Horizont gegen den grellen Himmel begrenzend. Eine Staubfahne hinter sich, die von Wind nach Südwest getrieben wird, schuckelt die Karosse nach Nordost durch die steinige Landschaft ohne Bäume, ohne Menschen, ohne sichtbares Leben, unter dem gnadenlos grellen Licht.

Oasen liegen am Weg. Palmenwedel zeigen die Windrichtung an. Kinder winken. Nur keinen Halt in der Hitze. Der Fahrtwind ist so heiß, wie in einer Sauna ohne Aufguss. In den Nachmittagsstunden verändert sich die Landschaft. Hügel werden zu Bergketten, die in der fantastischen Beleuchtung eines Sonnenuntergangs von rostrot über caput mortuum bis zu braunschwarz schimmern. Nur Silhouetten greifen noch in den tiefblauen Himmel.

Ihre Gaumen sind trocken und die Lippen werden rissig. Die Augen, von Sandkörnern entzündet, tränen. Endlich ein Campingplatz mit Duschen vor der Stadt Yazd. Kalte Getränke kommen aus dem Kühlschrank des Platzwirtes: Erfrischung pur!

Die Türme des Schweigens

Am nächsten Vormittag liegen die Türme des Schweigens vor ihnen. Die Geier kreisen am Himmel über die von Mauern eingefassten Bergkuppen. Schmale, unbefestigte Wege führen nach oben. Träger schaffen den in weißen Tüchern verhüllten Toten auf ihren Schultern den Bergpfad hinauf. Sie kehren ohne Last zurück und treten zu den Wartenden am Fuße des Friedhofes. Die Trauergemeinde wartet nun auf die großen Vögel und auf den Beginn des Festmahles.

Edda und Alexander halten sich abseits und versuchen die Situation zu begreifen.

In den Backöfen, die in Form von Kugeln im Lehmboden eingelassen wurden, wurde die Glut schon vor Stunden angefacht. Sie beobachten, wie mit einem Stock die fertig gebackenen Fladen herausgepickt werden, bevor sie verbrennen oder gar in die Glut fallen. Seitlich der Öfen liegen schon große Mengen gestapelter Fladenbrote. Weiße Tücher sind unter einem Tonnengewölbe aus Lehmziegeln am Straßenrand ausgebreitet, auf denen die Trauernden Platz nehmen, um in einem Ritual von dem Verstorbenen Abschied zu nehmen.

"Die kegelförmigen Hügel mit den darüber kreisenden Geiern kommen mir wie aus einem Horrorfilm vor", verscheucht Edda den Eindruck, "es ist schrecklich sich vorzustellen, dass die Vögel nun die Leiche in Stücke reißen".

"Mir geht auch ein Schauer über den Rücken", er schüttelt sich, "vorhin habe ich gelesen, dass dieser Kult schon vor 3800 Jahren in Persien durch Zarathustra begründet worden sei. Feuer- und Erdbestattungen waren den Anhängern dieser Religion verboten, weil Tote die reinen Elemente nicht verunreinigen durften".

"Ich finde es trotzdem grausam. Das müsste in heutiger Zeit nicht mehr gestattet sein", sie klingt erregt.

"Beruhige dich, wir sind fast die Letzten, die dieses Schauspiel erleben können".

"Warum sagst du das?".

"In diesem Jahr hat der Shah ein Verbot erlassen. Die Toten werden nun in Betonsärgen beerdigt, um den Kontakt mit der Erde zu vermeiden".

"Gibt es denn noch viele Anhänger?".

"Weltweit bis 150.000. Die meisten leben als Parsen in Indien. Hier im Iran leben seit der Vertreibung im sechsten Jahrhundert v. Chr nur noch Reste der Zaroaster".

"Stimmt es wirklich, dass Himmel und Hölle als Vorstellung vor der Zeit dieser Religion nicht existierten?"

"Es wird so etwas angenommen, weil in der altjüdischen Religion diese Begriffe auch nicht vorkamen. Die Existenz von Engeln und Teufeln soll in dem Monotheismus des Zarathustra zum ersten Mal angerufen worden sein".

Yazd und die Wüstenarchitektur

Sie fahren zurück in die Oasenstadt Yazd, um im Bazar die Gedanken in eine andere Richtung zu lenken. Die Teppichmuster aus der Region Kerman mit frei geformten Mittelteilen, die geometrischen Fliesenmuster der Freitagsmoschee und die grafischen Linien der Stalaktiten an den Zwickeln der Viertel-, Halb- und Ganzkuppeln begeistern sie erneut. Wieder muss er Edda sein angelesenes Wissen präsentieren.

"3000 Jahre vor unserer Zeitrechnung lebten in dieser Oase schon Menschen, kreative Menschen. In dem tödlichen Wüstenklima überlebten sie nur, weil sie durch Beobachten der Naturgesetze, diese für sich einsetzten. Alle Gebäude wurden durch eine natürliche Klimaanlage gekühlt. Große Schächte, wie überdimensionierte Schornsteine ragten aus den Bauwerken. Die aufsteigende Hitze zog die Wärme nach oben, ein Sog entstand und frische Luft strich von schattigen Böden und den Wasserbecken der Innenhöfe abgekühlt durch die Bauten. Selbst die Brunnen an den Landstraßen waren durch die Klimaschächte gekühlt".

"So, jetzt ist es aber genug Architektur, Wissen und Geschichte abgespult", E. ist ungehalten,

"Ich finde es gar nicht so langweilig", verkündet R. samten, "ist doch toll, was eine gute Wahrnehmung der physikalischen Gesetze zu Stande bringt und schon vor Tausenden von Jahren".

"Meinetwegen, jetzt aber weiter! Afghanistan wartet!" drängt E. flüsternd explosiv, "wir sind noch nicht mal zur Hälfte durch den Iran gekommen und haben noch einige Ruhetage am kaspischen Meer vor uns".

"Ruhetage am kaspischen Meer! Das finde ich toll", freut sich R., "da ist auch wieder Zeit für die Liebe. Hoffentlich treffen sie nicht wieder auf viele Neugierige", endet er träumerisch.

Vor Teheran

100 km vor Teheran will Edda am Steuer des Busses einen LKW mit Hänger überholen. Es dämmert bereits. Die Sonne neigt sich

auf der linken Seite dem Horizont zu. Die Scheinwerfer sind eingeschaltet. Die Asphaltstraße ist für den Überlandverkehr ausgebaut. Sie fährt mit 110 km/h an den Sattelzug heran, blinkt, benutzt die Hupe und sieht, wie der Fahrer im Seitenspiegel das Überholmanöver registriert. Der VW-Bus ist fast auf Höhe der Zugmaschine. Der Fahrer blickt wieder in den Spiegel und zieht auf die linke Spur hinüber. Edda hupt, benutzt die Lichthupe. Der Fahrer lacht und zieht den Sattelschlepper noch weiter nach links. Weit und breit kein anderes Fahrzeug. Bei der Geschwindigkeit bleibt ihr nur die Bremse und die Flucht in die Wüste, weg von der Asphaltpiste, die der Lkw nun bis an den linken Rand ausfährt. Er winkt hämisch zum Abschied und ist vorüber. Die Staubfahne, die der Bus beim Bremsen auf der steinigen Sandfläche aufgewirbelt hat, verzieht sich langsam.

"Mein Herz stand still", ist alles was Edda sagen kann. Sie weint und fällt ihm in die Arme.

"Er wollte nicht von einer Frau überholt werden", sagt Alexander in die Stille der Wüste, "als er erkannte, dass eine Frau am Steuer saß, ist er rübergezogen". Es sind alles nur Vermutungen, um eine Erklärung für Unerklärliches zu finden. Das Auto, die Reifen und die Insassen sind noch einmal davon gekommen.

Wieder In Teheran

Alexander fühlt sich beim Fahren in der Stadt wieder in die Rummelplatzerinnerungen versetzt. Mit ihren Gedanken sind sie schon mehr und mehr nach Osten orientiert, daher streifen sie in den nächsten zwei Tagen ziemlich ziellos durch Teheran. Die Hitze nimmt von Tag zu Tag zu. Da bleiben nur klimatisierte Museen, Studentenlokale und Kinos im Nordteil der Stadt übrig, um ein Leben ohne Schweiß zu überstehen. In dem modernen Teil fühlen sie sich zeitweise wie in London. Die jungen Frauen in ihren Minis, sexy im Gang, sind verführerisch geschminkt, begeistern mit den schönen Gesichtszügen, den wohlgeformten Nasen, den dunklen, gepflegten Haaren und an ihrer Seite sehen sie die jungen Männer, ebenso gut gekleidet, fröhlich, eine heitere Atmosphäre verbreitend. So stehen die Paare vor den Kinos nach Karten für einen James Bond Film an, sitzen in den Cafés oder promenieren in den Parks. Die riesigen Shah Abbildungen auf den Plätzen sind die einzigen Zeugnisse der anderen Welt.

Im Süden der Stadt, jenseits der Ost-West-Madrigale, die achtspurig die Stadt in reich und arm, in westlich gebildet und östlich religiös teilt, ziehen die gleichen Mädchen aus einer Tasche einen Chadar hervor und werfen ihn über den Kopf, um die Minis und Jeans vor den Blicken der Imane im Bazar-Viertel zu verdecken. Im Gegenlicht sieht man die hübschen, schlanken Figuren durchschimmern, wie sie sich ungezwungen bewegen. Ohne Chadar würde die einzelne Frau sofort von einer Männerhorde umringt sein, würde als Hure tituliert und falls kein Beschützer an ihrer Seite wäre, an Ort und Stelle vergewaltigt werden.

Im Basar zieht Edda ohne Kopfbedeckung, jedoch mit bedeckten Schultern und langen Hosen, schon die Blicke der Männer auf sich. Aus Erfahrung trägt sie diesmal vorsichtshalber das Moniereisen für den Reifenwechsel sichtbar in ihrer rechten Hand. Dieses 50 cm lange Metallstück blitzt verheißungsvoll die Männer an, die ihr mit aufdringlichen Blicken begegnen und ihre Hände zurückhalten müssen, wobei sie uns verstehend zunicken und grinsen. Vermutlich sind sie mit Schlägen von klein auf vertraut. Die Methode ist als Abschreckung wirkungsvoll. Edda wird als Ausländerin akzeptiert und bleibt an Alexanders Seite unberührt.

Schließlich haben die beiden genug von den Gegensätzen, von dem Stadtlärm, genug von Gestank und der Hitze, genug von den Nächten auf dem Campingplatz mit Leuten, die schon überall waren und kein Ende finden mit Ratschlägen und dann doch schließlich nur um Stoff betteln oder um einen Ersatzreifen für ihre Fahrt ins Nirgendwo. Hier begegnen sie zum ersten Mal Franzosen, die mit einem 2CV von Paris nach Kabul an einer Wettfahrt teilnehmen.

"Il est temps de partir, vite, vite Louis. Bon voyage!", und weg waren sie.

"Denen werden wir bestimmt auf der Rückreise begegnen", meint Alexander, "die sind doch verrückt, mit einem 2 CV nach Kabul zu fahren!"

"Wieso?", bemerkt Edda, "es sind doch nur insgesamt 6000 km. Jetzt müssen sie nur noch 1400 km fahren".

"Ach, und wieviele Kilometer sind wir bereits unterwegs?".

"Unser Kilometerstand zeigt heute 12.825 an".

"Was? Und wir sind erst in Teheran und könnten nach den Kilometern theoretisch schon wieder in Berlin sein, das ist verückt!"

Kaspisches Meer

Der nächste Morgen bringt sie über das Gebirge zum Kaspischen Meer. Die Auffahrt ist kurvenreich und von kühler Frische begleitet. Kaum sind sie über den Kamm, setzt eine tropische Feuchtigkeit ein, sodass ihnen die Luft wegbleibt. "Jetzt haben wir auch noch Saunahitze mit Aufguss", stellt er gestresst fest, "dieses feuchte Klima macht mich total aggressiv!"

"Fahr du mal weiter, Edda, sonst bau ich noch einen Unfall".

Je näher sie dem Meer kommen, desto feuchter wird die Luft. Sie fahren durch Urwälder und Reisplantagen, durch eine grüne Hölle.

"Wenn es nicht so feucht wäre, wäre es traumhaft schön!"

"Ja, ich finde es auch unglaublich extrem im Verhältnis zu den trockenen Wüstenregionen", antwortet er.

Am Nachmittag schwimmen sie endlich wieder im warmen Wasser des Kaspischen Meeres. Danach machen sie eine Teepause und essen Fladenbrot aus der Region, das hier nach dem Backen zum Abkühlen wie eine Gardine auf Schnüren aufgehängt wird. Die Leute im Ort tragen das Fladenbrot wegen der Größe wie ein Handtuch über den Arm gelegt nach Hause.

"Es sieht doch wie eine Gardine aus mit den vielen Durchblicken", witzelt er, "aber es schmeckt wie normales Fladenbrot".

Der Reis stinkt immer noch und die Verdauung ist auch schneller, als sie sein sollte. Anyway, was soll's, es geht weiter nach Babolsar, zu einem richtigen Seebad, in dem sie am Abend einen Platz vor dem Spielcasino mit Blick auf das Meer einnehmen.

Babolsar

Die Stadt am Kaspischen Meer sieht fast wie ein englisches Seebad aus, da eine der Straßen von einer <terrace-row> begleitet wird. Direkt zum Meer gibt es im Ort keine Zufahrt. Aber sie finden schließlich einen Platz zum Übernachten in einer Strasse am Spiel Casino neben einen öffentlichen Park. Die Wege durch den Park führen zum Meer, das sie in einiger Entfernung liegen sehen. Alexander beschließt Erkundigungen zu unternehmen, während Edda aus der Küchenkiste ein Abendbrot zaubern will. Er schlendert in der Dämmerung gemächlich durch eine saubere, gepflegte Anlage mit Rasenflächen zwischen alten Laub- und Nadelbäumen. Die Wege führen zum Strand und auch in großen Bögen durch den Park. Mit Zunahme der Dämmerung empfindet er ein Unbehagen, er hat das Gefühl, nicht mehr allein zu sein. Nur wenig Licht reflektiert der Himmel und die Straßenlaternen stehen weit auseinander, sodass dunkle Zonen die Umgebung verschlucken. Von irgendwoher dringen Schritte an sein Ohr, er beschleunigt den Schritt. Jetzt sieht er von rechts, unter einer Laterne, einen Mann schnell auf ihn zukommen. Alexander weicht aus und lässt die Einmündung des Weges rechts von sich im Dunkeln zurück. Die Schritte aus den verschiedenen Richtungen vereinigen sich hinter ihm. Er dreht sich nicht um. Eine innere Stimme warnt, zeige keine Hast, fange nicht an zu laufen. So schreitet er im ausholenden Gang, würdig eines Gehers in einem Wettkampf, voran. Zum Glück endet der Weg vor ihm an einer Treppe, die auf die Straße führt, auf der der VW-Bus geparkt ist. Die Geräusche bleiben zurück, unterdrücktes Wortgemisch ist noch zu hören. Er fühlt sich atemlos und sein Herz schlägt schnell. Er meint, dass es Edda hören müsste, als er sie endlich erreicht. Im Stillen dankt er seinem Instinkt oder wie soll er diesen Teil seiner Person benennen? Später im Bett an ihrer Seite grübelt er dann noch, ob die Verfolger ihm vielleicht nur Drogen verkaufen wollten?

Außerhalb des Ortes finden sie am nächsten Morgen einen Platz für das Auto in der Nähe des Strandes. Endlich können sie unbelästigt baden, sonnen und entspannen. Aber die Unbekümmertheit, die sie in den Wochen in Side erlebt haben, will sich nicht einstellen. Der Iran hat ihre Lebensfreude merklich beeinträchtigt.

Das Stöbern in der Reiselektüre bringt eine erhoffte Besinnung. "Hör mal Edda, was der <olle> Nietzsche den Suchenden auf den Weg gibt: Ich bin ein Geländer am Strom, fasse mich, wer mich fassen kann! Eure Krücke aber, bin ich nicht! Alexander hatte das

Buch <Also sprach Zarathustra> mitgenommen, weil er sich davon Informationen über diese Religion versprochen hatte. Nun bringt ihn eine ganz andere Äußerung des Philosophen zum Kern seiner Suche.

"Wie hast du das denn angestellt R., "fragt E. flüsternd, "ihn auf diese Stelle zu stoßen?"

"Ich habe nichts dazu beigetragen. Gestern Abend war er auch ohne meine Hinweise aus der Situation raus gekommen. Er lernt die Wahrnehmung wieder als einen Teil von sich anzunehmen".

"Du meinst", versucht E. nochmals, "dass diese Reise in die Endlosigkeit, so ohne klare Zielvorgabe, einen Sinn hat? Ich finde, er sollte sich nicht so verzetteln und klare Prioritäten entwickeln".

"Sei nicht so ungeduldig! Schau, in dem Buch von Nietzsche steht noch etwas, was sein Herz beruhigt und deine Ungeduld zähmt: Keine größere Macht gibt es auf Erden, als die Werke der Liebenden! Diese schufen Gut und Böse".

"Hör auf mit den aus dem Zusammenhang gerissenen Zitaten. Dass der Liebe die größte Kraft der Veränderung innewohnt, ist doch klar. Mir wäre es nur lieber, wenn Alexander mehr Entschlusskraft entwickeln würde".

"Liebe und Entschlusskraft, schließen sich die nicht aus?" rauschelt fragend R.

"Naja, warte mal", flüstert E. nach kurzer Pause, "wenn ich so auf der Zeitlinie in die Zukunft schaue, dann sehe ich leider, dass du Recht hast. Die Entschlusskraft braucht tatsächlich noch viele Erfahrungen zur Reife". Schweigen breitet sich aus. Einige tiefe Seufzer der Diskussionsmüden verklingen im Raum.

Noch einen Ruhetag am Strand gönnen sie sich. Sie genießen den Luxus der Zeitverschwendung mit Baden und Lesen, bis Edda auf die Schwierigkeiten der nächsten Etappe zu sprechen kommt.

"Die Straße nach Mashad soll nicht asphaltiert sein".

"Aber das kennen wir doch zur Genüge aus der Türkei", entgegnet Alexander. "Die hinteren Stoßdämpfer sind in Teheran erneuert worden. Was soll uns schon passieren?", wimmelt er ihre Sorgen ab. "Die Reifen haben genug Profil und Schläuche brauchten wir bisher auch noch nicht einzuziehen".

"Wie weit willst du denn fahren?" forscht Edda nachdrücklich.

"Ich denke, wir fahren jetzt erstmal die 500-600 km bis Mashad und sehen dann, wie wir uns fühlen. Wenn ein 2CV diese Straße schafft, dürfte das für den Bus kein Problem werden".

"Ich denke eher an mich. Ich bin schon ziemlich geschafft! Immer nur von einer Sehenswürdigkeit zur anderen, ist nicht so mein Traum. Ich würde viel lieber Menschen kennen lernen".

"Ja ja, ich verstehe. Bisher war die Reise im Iran wirklich von Teppichhändlern, orthodoxen Schiiten und neugierigen Touristenjägern bestimmt. Aber ich denke, der Osten des Landes ist ursprünglicher. Dort kommen weniger Reisende hin, bis auf die Paris-Kabul-Fahrer, die sowieso nur zum Tanken halten".

"Na gut", stimmt sie zu, "dann auf zur Schuckelpartie morgen".

3 Tage Staubstraße

Die Straße nach Mashad, zur größten Stadt im östlichen Iran ist kaum befahren. Die Piste wid nur für Warentransporte und Busse benutzt, die mit riesigen Gepäckballen auf den Dächern schaukelnd an ihnen vorbeibrummen, eine kilometerlange Staubfahne hinter sich herziehend. Der Wind treibt die Staubschwaden glücklicherweise schnell von ihnen weg. Sie fahren vorsichtig, langsamer als die schweren Fahrzeuge mit den stabilen Achsen. 30 km/h ist ihre Durchschnittsgeschwindigkeit.

"Bei diesem Tempo brauchen wir drei Tage bis Mashad".

"Schau doch mal Edda, wie sich die Landschaft verändert hat. Jetzt sieht es hier aus, wie bei uns das Mittelgebirge im Sommer. Das Klima ist durch die Vegetation viel besser zu ertragen, findest du nicht auch?" Sie schweigt und schließt die Augen vor den vielen Schlaglöchern in der Straße.

In dem kleinen Ort, der sich zum Übernachten anbietet, lernen sie eine Familie kennen, die die beiden in ihr Heim einlädt. Die Gastgeber sprechen Englisch. Er ist Ingenieur für Landwirtschaft, sie ist Lehrerin. Jetzt ist Edda endlich in ihrem Element. Die Frauen tauschen höflich Freundlichkeiten aus. Die Männer sprechen von den Berufen und von den unterschiedlichen Lebenshaltungskosten und den Einkünfte, die sie vergleichen.

"Als Ingenieur verdiene ich umgerechnet circa 700 DM, meine Frau bekommt als Lehrerin 500 DM. Die Vierzimmerwohnung kostet 150 DM im Monat. Das ist in Ordnung. Aber ein neues Auto kostet 6000 DM und das Kennzeichen dazu 700 DM. Und für einen Pass müssen wir auch 700 DM hinlegen!" Ob da schon die Bestechungsgelder enthalten sind, will Alexander noch wissen.

Der Gastgeber schüttelt den Kopf. "Nur die wirklich Reichen können ins Ausland reisen", traurig blicken seine dunklen Augen, "aber was soll's, uns geht es trotz allem gut. Unser Freund verdient für seine Familie mit zwei Kindern nur 400 DM im Monat".

Sie trinken den heißen Tee aus den kleinen Gläsern und verabschieden sich danach.

Der nächste Tag liegt als endlose Staubstraße vor ihnen. Die Vegetation bleibt europäisch. Als sie unterwegs am Rande eines Ortes für eine Teepause halten, versammeln sich die männlichen Bewohner nach und nach um ihre offene Schiebetür. Große, staunende Augen blicken in den Wagen. Sie drängen sich langsam, friedlich näher, bleiben stumm und still. Wie eine Horde Kühe am Gatter stehen sie am Auto. Alexander benutzt nochmal den Trick mit dem Moniereisen. Er steigt aus und schwingt das Metall um sich. Sie verstehen die Geste und ziehen sich auf einen passablen Abstand zurück. So können sie ihren Tee trinken, betrachtet von stummen Zeugen.

Der Tag endet in einer kleinen Siedlung. An dem deutschen Kennzeichen erkannt, werden sie freundlich auf Deutsch begrüßt und eingeladen, den Abend, die Nacht und den nächsten Morgen im Hause einer Arztfamilie zu verbringen. Die Gastgeberin ist aus Deutschland, hat ihren Mann beim Studium in Heidelberg kennen gelernt und lebt seit einigen Jahren in dieser scheinbar verlassenen Gegend. Edda und Alexander werden liebevoll umsorgt, ein gediegenes Abendessen, ein ruhiges, komfortables Gästezimmer und ein opulentes Frühstücks überraschen beide von einem guten Lebensstandard der iranischen Mittelschicht.

Die Lebensverhältnisse der einfachen Menschen in dieser Gegend sehen dagegen nicht gut aus. Die Gespräche über das Leben im Osten des Iran und die sozialen Verhältnisse schrecken sie aus ihrem Reisetraum auf: Es gibt 90% Säuglingssterblichkeit, 85% Analphabeten, die normale Lebenszeit endet statistisch mit 39 Jahren.

"Ein Arbeiter verdient am Tag fünf Mark für seine Familie, in der oft von 10 Geburten nur zwei Kinder am Leben bleiben", erklärt der Gastgeber und seine Frau fährt fort, "die Frauen bekommen trotzdem lieber jedes Jahr ein Kind, als den ganzen Tag auf dem Feld zu schuften".

Nachdem sie sich von den Gastgebern am nächsten Morgen herzlich verabschiedet haben, geht die Fahrt weiter. Die Landschaft wechselt zwischen Wildwiesen und bearbeitetem Ackerland. Schafherden in unübersichtlicher Größe tangieren die Piste. Hirten grüßen, Hunde werden zurückgepfiffen. Sie fahren mit 30 km/h bis zum nächsten Halt in einer mittelgroßen Stadt.

Shavir

Der Tag endet unter Straßenlaternen in Shavir, 200 km vor Mashad. Außerhalb zu übernachten scheint ihnen gefährlich. Sie bleiben vor der Beleuchtung eines Hotels nahe dem Eingang stehen und bereiten sich für die Nacht vor. Das Essen fällt aus. Der Magen rumort sowieso schon wieder. Sodbrennen zeigt Alexander die Grenze seiner Belastbarkeit an. Der Parkplatz vor dem Hotel war leider eine Wahl, die zu Manipulationen an den Türschlössern einlädt. Mitten im Schlaf schreckt Alexander hoch. Kratzende Geräusche an der Heckklappe lassen ihn halb im Schlaf mit dem Fuß gegen die Klappe treten. Rennende Schritte verlieren sich in der Nacht. "Bloß gut, dass wir nicht im Hotel ein Zimmer genommen haben", knurrt er schlaftrunken vor sich hin: "Wer weiß, was von unseren Dingen dann übrig geblieben wäre".

"Jaja", brummt Edda, "hätte das Ende der Reise sein können". Sie drehen sich wieder um, jeder auf seine Seite. Offensichtlich hat sich der lebendige Inhalt des ausländischen Fahrzeugs unter den Professionellen herumgesprochen, denn nun schlafen sie ungestört bis in den Morgen, der mit Sonnenschein beginnt, mit Autohupen und den wechselnden Besuchen der Cafébar und der Toiletten als einladende Räumlichkeiten. Beim Verlassen der Stadt sind sie wieder überrascht, wie abrupt die Zivilisation aufhört. Mit dem letzten Haus enden Asphaltstraßen, gepflasterte Wege und die Straßenbeleuchtung. Die Piste zieht weiter durch das Land.

MORGENLANDFAHRER

Mashad

Um 14 Uhr fahren sie in die zweitgrößte Stadt des Iran ein. Der erste Eindruck, den sie haben, ist enttäuschend grau, aber andererseits sind die riesigen Shah-Vergötterungen, die in Teheran überall präsent waren, nicht zu sehen.

Aber, warum? stellen sie sich die Frage, warum leben hier so viele Menschen? Die Schafzucht und die Landwirtschaft bilden die traditionellen Erwerbsquellen. Auch Teppiche waren schon immer ein begehrtes Handelsgut. Sie entdecken Buchara-Teppiche mit kaukasischen Mustern in dem alten Bazar, der bereits seit Jahrhunderten als wichtigste Karawanserei an der alten Seidenstraße existierte. Mashad war ein wichtiger Umschlagplatz, ein Handels- und Machtzentrum für viele Völker: für Perser, Inder, Afghanen und Seldschuken. Vor allem war Meshad ein wichtiger Ort für die Anhänger des Islam gewesen. Diese Stadt war und ist ein religiöses Zentrum und Pilgerort. Das Grabmal des Imam Reza, einziger der 12 schiitischen Imame, der in Iran begraben wurde, zieht jährlich über 100.000 Pilger an. Alles klar, oder?

Aber was machen sie nun hier in dieser Stadt? Ein Autoservice ist fällig. Die Tanks müssen gefüllt werden. Kerosin muss gekauft werden, um das schlechte Benzin in Afghanistan von 85 Oktan zu verbessern. Die Straßen- und Grenzübergangsverhältnisse sind zu klären.

Im Bazar essen sie eine Kleinigkeit mit dem stinkenden Reis. Danach bewundern sie noch die Freitagsmoschee und verbringen Zeit mit den Teppichhändlern, trinken Tee mit ihnen, tun so, als möchten sie Teppiche kaufen. Sie lassen den Nachmittag vergehen und suchen anschließend einen Übernachtungsplatz. Am Flugplatz außerhalb der Stadt finden sie eine passable Stelle. Nachts starten keine Flugzeuge.

Im Niemandsland

Am 12. Juni streifen sie ihre alten Sehgewohnheiten ab und starten zuversichtlich um 7 Uhr früh beim Kilometerstand 14.000 den zuverlässigen Bus um sich auf den Weg nach Afghanistan zu machen. "Afghanistan, wir kommen!"

"Ist doch blöd, dass auf der Straße schon wieder ein paar 2CV´s vor uns Staubfahnen hinter sich herziehen", Alexander lacht über sich selbst. Edda fragt ihn etwas zweifelnd, "Straße? Das nennst du Straße, das ist doch keine Straße mehr. Wie viele Kilometer sind es denn bis zur Grenze?"

"150, vielleicht 200. Es gibt keine genauen Angaben. Aber wir können uns nicht verfahren, es gibt nur diese eine Trasse". Die Route wird zur Rüttelpiste. Die Rüttelpiste verliert sich in Fahrspuren, die kaum erkennbar eine unbewohnte Gegend durchziehen. Die Landschaft wirkt wie ein Niemandsland. Dazwischen liegen kleine Ortschaften in abgeschlossenen Bastionen. Menschen stehen regungslos am Straßenrand und blicken ohne Anteilnahme hinter ihnen her. Die Hochebene wechselt von kargen Plateaus zu zerklüfteten Tälern mit dichtem Buschwerk.

Sie fahren. Eine Pause wollen sie erst an der Grenze machen, an der sie sowieso wegen der Einreiseformalitäten warten müssen. So gegen 3 Uhr nachmittags hoffen sie dort einzutreffen. Die Fahrspur verliert sich auf dem felsigen Boden, wird wieder sichtbar, trifft auf einem Fluss mit flacher Furt.

"Willst du hier wirklich durchfahren?", Edda ist entsetzt.

"Es ist nicht tief", stellt Alexander klar, "die 2CVs sind auch durchgefahren, sonst wären sie uns entgegen gekommen, nicht wahr?" Edda zuckt die Schultern, "wenn du meinst".

MORGENLANDFAHRER

Das Wasser spritzt auf. Es reicht bis zu den Radkappen, mal mehr, mal weniger. Mit Schwung greifen die Räder wieder den festen Felsboden auf der anderen Seite. Weiter geht es durch menschenleere Einöde, bis nach geraumer Zeit eine Betonpiste wie in einer Fata Morgana vor ihnen liegt. Sie finden kein Schild! keine Schranke! Nichts, nur eine nagelneue Betonpiste, vier Meter breit.

"Das muss Afghanistan sein! Wir haben die Straße gefunden!"

MORGENLANDFAHRER

Die Grenze zu Afghanistan

Nach Stunden auf der Betonpiste erkennen sie in der Ferne Gebäude und Fahrzeuge. Sie nähern sich einer Ansammlung von VW Bussen, 2CV`s und alten Bedfords mit Nummernschildern, die sie noch nie gesehen haben. Mit Hallo in verschiedenen Idiomen werden sie begrüßt und informiert, "dauert mindestens acht Stunden! Manche warten schon seit zwei Tagen hier".

Die Wartenden, überwiegend männlich, haben sich mit einem Lagerfeuer eingerichtet. Das Leben ist doch überall schön. Die Pfeifen werden herumgereicht, Tee eingeschenkt. Gitarren lehnen an den Fahrzeugen. Die Rucksäcke der Hitchhiker bilden einen Schutzwall gegen die Blicke der Afghanen. Die stehen in kleinen Gruppen vor dem eingeschossigen Gebäude mit dem Schild <Toll> über einer ramponierten Tür. Die Uniformen bestehen aus den unterschiedlichsten Jacken, die die weißen Unterkleider verschieden lang bedecken. Manche Männer tragen Mützen, die meisten um den Kopf gewickelte Tücher, die wie Turbane aussehen.

Inzwischen ist es 6 Uhr nachmittags. Edda geht mutig voran, Alexander folgt nach der Absicherung der Autotüren. Sie klopft an die Tür des Gebäudes, nichts geschieht. Einer der draußen Stehenden geht zur Tür, öffnet sie einen Spalt, fragt etwas hinein, bekommt eine Antwort, die Tür öffnet sich ganz. Sie treten ein und werden eingeladen auf alten Stühlen Platz zu nehmen. Zwei Männer in unterschiedlichen Uniformjacken unterhalten sich Tee trinkend in der fremden Sprache. Sie nehmen sich Zeit. Davon gibt es offensichtlich genug. Alexander und Edda schauen sich an und warten. Endlich wendet sich der Ältere der Afghanen höflich in Englisch ihnen zu, "what do you want? Have you got a Visa for Afghanistan? Show me your passport".

Sie reichen ihm die Dokumente und ein Kuvert mit fünf Dollarscheinen. Die beiden Afghanen versinken wieder in ein Zwiegespräch von mehreren Minuten. Dann, wie aus einem Traum aufwachend, winkt der ältere Afghane ihnen zu, "o.k., you can pass", stempelt die Pässe und fällt wieder zurück in das unterbrochene Gespräch.

"Na, habt ihr sie ordentlich geschmiert?" werden sie angemacht, als sie den Wagen wieder in Bewegung setzen und unter dem hochgezogenen Schlagbaum hindurchfahren. Die Dämmerung der Nacht liegt vor ihnen, hinter ihnen geht die Sonne unter. Die Formalitäten haben nur zwei Stunden in Anspruch genommen. Ein wahrer Glücksfall, wie ihnen später von allen Seiten versichert wird. Nach Herat müssten es vielleicht noch 100 km sein. Sie wollen dort übernachten.

Die Straße ist bequem zu befahren. Sie führt in einen Hohlweg, beiderseits von Abhängen begrenzt, die die Sicht auf die Landschaft unmöglich machen. Die aufkommene Dunkelheit wird von dem Scheinwerferlicht partiell durchbrochen. Plötzlich sehen sie vor sich über die Straße quer einen Baumstamm mit Astresten liegen, wie von einem Sturm gefällt.

Sie halten. In dem Augenblick springen von beiden Seiten mit Maschinenpistolen bewaffnete Männerr in diesen komischen Uniformjacken von den Hängen und rufen, "Toll! Toll!".

Alexander steht sofort der Schweiß auf der Stirn und seine Hände zittern. Edda schluckt ihre Angstschreie hinunter. Der Mann, der auf der Fahrerseite steht, deutet mit deutlicher Handbewegung nach oben auf die Kuppe des Hanges und fordert zum Aussteigen auf, dabei immer, "Toll! Toll!" rufend. Endlich versteht Alexander, dass das kein Überfall ist, sondern die afghanische Art Straßengebühren zu kassieren.

Er klettert hinter dem Afghanen den Hang hoch, wird in ein Zelt geführt, in dem er gerade noch stehen kann. Eine Petroleumlampe beleuchtet das Gesicht eines Beamten in gediegener Kleidung, vor einer Kasse mit einem Quittungsblock und einem Stempel mit Stempelkissen. Für die Benutzung der Straße nach Herat muss Alexander zwei Dollar bezahlen. Afghanisches Geld hat er noch nicht. Wäre vielleicht auch nicht angenommen worden. Auf jeden Fall erhält er eine Quittung über die Zahlung mit einem Stempel versehen. Die Bedeutung der Schriftzüge bleibt ein Geheimnis. Die 2 in der arabischen Schreibweise kann er entziffern. Hat also alles seine Ordnung.

Erleichtert erzählt er Edda die Begegnung mit der afghanischen Bürokratie, nachdem der Wagen wieder zur Weiterfahrt freigegeben wurde. Dazu wird der Baumstamm zur Seite geschoben und nach ihrer Passage wieder zur Straßensperre, wie sie im Rückspiegel sehen.

Nach einer Stunde Fahrt in der Dunkelheit erkennen sie Lichter, die zwar nicht nach einer Stadt, sondern eher nach einem Dorf aussehen. Vereinzelte Lampen sind es, verstreut wie an einem Sternenhimmel. Im Scheinwerferlicht sehen sie beiderseits der Straße Nadelbäume in den Himmel ragen und dann ein Schild mit der Aufschrift <Parkhotel>.

Wie schön, dass solche Bezeichnungen international identisch sind, geht es Alexander noch durch den Kopf, als er den Motor vor dem Gebäude abstellt. Licht fällt durch eine angelehnte Tür, als würden sie erwartet. Ein Zimmer ist gemacht. Der Mann hinter dem Tresen versichert, dass Herat sicher sei, "Your car is here safe" und wünscht, "good night".

Die erste Nacht im <Morgenland ihrer Träume> umfängt die Erschöpften mit tiefem Schlaf.

MORGENLANDFAHRER

Herat

Fliegen über Fliegen brummen im Zimmer und wecken die beiden mit den ersten Sonnenstrahlen. Das Fenster war wegen der angenehmen Nachtluft von ihnen nicht geschlossen worden. Da muss wohl der Duft ihrer ungewaschenen Körper die Brut angezogen haben. Jetzt hilft erstmal Wasser und Seife. Die erfrischende Dusche und der starke, süße Kaffeetrunk vollbringen Wunder. Der Morgen kommt ihnen wie neu vor und sie sind bereit die Stadt zu erobern.

"So gefällt er mir", zufrieden positioniert sich E., *"endlich hat er sich der Wirklichkeit gestellt".*

"Ja", rauschelt R. zustimmend, *"die Zollstation hätte auch eine Idee von mir sein können. Ich glaube, deshalb hat er auch so schnell die Kurve bekommen. Auch Edda hat sich toll gehalten. Da haben wir ja keinen direkten Einfluss, nicht wahr E.?"*

"Nur indirekt", E. überlegt, *"nur als Reaktion auf sein Verhalten, wie gestern an der Grenze, als er sich brav zurückgehalten hat".*

Edda und Alexander gehen beschwingt Hand in Hand auf der Hauptstraße mit den hohen Nadelbäumen, die wie deutsche Lärchen aussehen, in Richtung auf die Minarette. Das Brummen der Fliegen nimmt ab, wenn sie aus dem Schatten eines Baumes treten und wird zu einem Brausen unter dem nächsten. Die Fliegen begleiten sie nun wie Maskottchen. Die Baumallee führt sie zu einer Kreuzung, an er Marktstände parallel zur Straße aufgebaut sind. Es ist kaum Verkehr, wenige Autos fahren, nur Eselskarren und Fahrräder sind unterwegs, alte Fahrräder ohne alles, nur Räder, Rahmen, Lenker und Klingel. Die Klingeln werden ausgiebig benutzt. Die Auslagen der Stände sehen von weitem interessant dunkel bedeckt aus.

"Was könnte das bloß sein, was die Händler verkaufen?" Edda ist neugierig. Die Verkäufer bewegen wedelnd ihre Hände, als sie die Näherkommenden bemerken.

"Iii, das sind alles Fliegen", schreit sie entsetzt.

"Ja stimmt, darunter liegt das Obst. Schau, das sind Kirschen und hier irgendwelche Beeren"

"Aber, das können wir doch nicht zu uns nehmen!"

"Warum nicht? Die Kirschen können wir abkochen und den Saft trinken".

"Und du glaubst, die Keime gehen kaputt?"

"Vermutlich bleibt uns keine andere Wahl, wenn wir hier nicht nur aus Büchsen leben wollen".

"Schlimmer kann mein Durchfall sowieso nicht mehr werden. Gib mir nachher nochmal die Kohletabletten. Die helfen schon etwas", ergibt sie sich ihrem Schicksal.

Zunächst gehen sie weiter in den Ort auf der Suche nach dem Zentrum. Die drittgrößte Stadt des Landes erstreckt sich in der Horizontalen. Die Gebäude sind zwei- bis dreigeschossig. Die alten, niedrigen Häuserzeilen mit den offenen Werkstätten sind aus Lehmziegeln errichtet. Davor liegen die Gehwege aus Lehmschlag, manchmal mit Steinplatten belegt, wenn es sich die Besitzer leisten konnten. Die Fahrstraßen aus Erde, Schotter oder Lehm werden von Abwasserrinnen auf beiden Seiten begleitet. Kantsteine begrenzen die Gehwege zu den Rinnen. Kinder spielen im Wasser der Rinnen. Leute waschen ihre Kleider oder ihre Hände darin. Vermutlich ist das Wasser nicht sehr verschmutzt. Es stinkt auch nicht nach Fäkalien.

MORGENLANDFAHRER

In einiger Entfernung sehen Sie die Minarette der Freitagsmoschee und auch andere sehr hohe, isoliert in den Himmel ragende Minarette aus früheren Kulturepochen. Herat war durch die Lage an der Seidenstraße ein begehrter Zankapfel zwischen Persern, Paschtunen und Seldschuken. Dschinghis Khan und Alexander der Große, alle waren hier und haben es erobert, zerstört, etwas gebaut und wieder verlassen. Im letzten Jahrhundert waren die Briten und die Russen engagiert. Sie einigten sich auf einen <Pufferstaat Afghanistan> zwischen den Großmächten. Und so ist es heute noch! 1970! Wie vor 50 Jahren!

Alexander begeistert sich vor den Portalfronten des Bazars und der Moschee, "die Formen sind schön proportioniert und der Schmuck wirkt durch die dekorativ vermauerten Ziegel sehr dezent, nicht so bombastisch. Es ist alles auf das Wesentliche beschränkt, das mag ich", beendet er seinen Kommentar.

"Sieh mal, da drüben die Frau an der Straßenkreuzung", ruft Edda gegen das Rattern der Leiterwagen an. "Was macht die mit den Deckeln vor sich? Sie stapelt sie von unten nach oben, immer wieder. Da, jetzt kauft ein Mann so eine Platte. Sie nimmt wieder eine von unten weg. Nun schau´ dir das an, der Mann bricht eine Ecke ab und schiebt sie sich in den Mund!"

"Ich glaube, das sind Fladenbrote. Die Frau stapelt die Brote vermutlich wegen des Staubes um. Sieh mal die Staubfahne dort von dem Kleinbus und die Fahrräder fahren auch dicht an ihr vorüber. Jetzt schnüffelt sogar ein Hund daran, hoffentlich hebt er nicht sein Bein. Nein, sie hat ihn verscheucht!", endlos kommentiert Alexander, was er sieht.

"Ich möchte nicht bei der Alten Brot kaufen", Edda klingt missmutig, "aber wir brauchen noch welches. Bisher war das ja noch immer gut zu vertragen".

"Ja klar, Edda, wir halten die Augen offen. Wir finden bestimmt noch eine Bäckerei".

Aber erst gegen Abend sehen sie in einer der vielen, ähnlich aussehenden Straßen eine offene Bäckerei liegen.

"Sie fangen gerade erst an zu backen, deshalb konnten wir auch keine finden", Edda ist erleichtert von ihrer Entdeckung.

Sie setzen sich auf die Kantsteine gegenüber. So können sie alles beobachten und anschließend das frische Brot kaufen. Der Backraum liegt erhöht über dem Gehweg, wie eine Werkstatt mit zwei geöffneten Flügeltüren. In der Mitte der Bäckerei ist der Lehmofen in dem Boden kugelförmig eingelassen. Der Feuerschein leuchtet bereits aus der Öffnung und bestrahlt ein Gesicht. Ein Gesicht von griechischer Schönheit mit einem wundervollen, harmonischen Ausdruck der Zufriedenheit. Im Profil des Meisters wirkt seine Nase antik, wie ein Überbleibsel des großen Eroberers Alexander. Die ganze Haltung hat etwas Fürstliches.

"So eine Ausstrahlung von innerer Bewusstheit und meisterlichem Können habe ich noch nie gesehen", Edda ist verzaubert von der selbstverständlichen Haltung des Sitzenden. "Was macht er nur? Er sitzt neben einer Staffelei und wartet".

"Das ist keine Staffelei, da sind Leisten drauf genagelt. Da werden vermutlich die Brote hingestellt, wenn sie fertig sind. Brote als Kunstwerke dargeboten, das ist unglaublich!"

Sie beobachten, wie ein Gehilfe den vorbereiteten Teig knetet. Jetzt nimmt er den Klumpen auf, hebt ihn mit beiden Händen über den Kopf und knallt den Teig auf den Gehweg in den Staub. Alexander und Edda blicken sich an. Der Gehilfe klaubt den Teig auf und wiederholt den Vorgang. Dazwischen laufen Kinder und Hunde. Die Alten stehen im Kreis um die Arbeit zu begutachten. Als nächstes nimmt der Gehilfe ein Tuch, geht zur Wasserrinne, taucht den Lappen ein und wringt ihn über dem Teigklumpen aus. Dann wird der wieder geknetet, hoch gehoben und zu Boden geschmettert. Irgendwie fühlen sich die beiden auch zu Boden geschmettert.

"Unglaublich! Jetzt verstehe ich auch, warum ich heute Morgen beim Frühstück Sand zwischen den Zähnen spürte", Alexander ist verwirrt. Edda fehlen die Worte. Trotzdem schauen sie weiter zu. Sie sehen, wie Fladen geformt, in den Ofen an die Wand geworfen, mit Holzstangen herausgeholt und appetitlich auf der Staffelei ausgestellt werden. Der Meister im Schneidersitz überreicht mit Stolz und Bedacht die Brote an die, seiner Miene nach zu urteilen, nicht immer würdigen Käufer. Kleingeld fällt in eine Schale.

Hoffentlich gibt es irgendwo einen Supermarkt, denken beide, ohne es laut zu sagen. Versunken wandern sie durch die Stadt um sich abzulenken.

"Schön sehen die Menschen hier aus", weist Edda auf eine Gruppe, "diese klaren Augen, diese aufrechten Haltungen und die Ruhe, die ihre Bewegungen ausstrahlen. Solche Menschen habe ich auf der ganzen Reise bisher nicht gesehen. Als wären sie Nachfahren eines alten Fürstengeschlechts".

Sie stromern noch den Abend durch Herat, nachdem sie beschlossen haben, die Nacht wieder im Parkhotel zu verbringen, diesmal mit geschlossenen Fenstern, ohne Fliegen und Gebrumm. Das Frühstück mit Sand im Brot schenken sie sich. Sie greifen deshalb nach ihren Reserven: Zwieback mit Leberwurst aus der Dose. Wie sich herausstellt, war es keine gute Idee. Das Frühstück im Hotel wäre fliegenfrei gewesen. Im Auto bei offener Tür müssen sie jedes Mal, bevor sie abbeißen, den Zwieback hin und her wedeln. "Eine Minute stillhalten und die Leberwurst ist bedeckt von Brummern, ist das nicht verrückt?", sie schüttelt ihren Kopf.

"Der schönste Ort ist doch immer vom Schatten der Wirklichkeit verdunkelt", spottet Alexander, als Herat hinter ihnen liegt und sie sich weiter ins Unbekannte wagen.

Durch die Steinwüste

Die gut ausgebaute Betonpiste hat sie wieder. Glatte 500 km müsse sie durch die Steinwüste fahren. Nur entfernt und sehr selten tauchen Oasen auf. Die menschenleere Weite, unterbrochen von Windhosen, die staubsaugend durch die Landschaft ziehen, ist beeindruckend. Plötzlich erscheint am Horizont, wie in einem Traum, ein Farbfleck. Beim Näherkommen erkennen sie die Front eines LKWs, über und über bemalt und geschmückt mit Girlanden, farbigen Glühlampen und kleinen Spiegeln, die in der Sonne blitzen. Zuerst halten sie das Fahrzeug für die Idee eines Verrückten. Aber als es nur noch wenige Meter entfernt ist, erkennen sie die seitlichen Anbauten der Führerkabine aus Holz-, Glas- und Spiegelflächen. So können mindestens vier Personen zusätzlich mitgenommen werden. Dicht gedrängt winken die Afghanen fröhlich im Vorbeifahren. Die Seitenflächen des hoch beladenen, alten Bedfords sind mit Tieren bemalt: Tiger, Löwen, Elefanten sind farbenprächtig ausgestaltet und noch die kleinste Fläche zeigt Vögel und Schlangen.

"Ich dachte zuerst an eine Fata Morgana", gesteht Alexander, "so etws irres! Schade, dass sie schon vorbei sind. Ich hätte mir das gerne genauer angesehen".

Die Gelegenheit werden sie noch oft haben. In Afghanistan gibt es keine Kraftfahrzeuge ohne fantasievolle Bemalung.

"Übriges Edda, ich habe dir noch gar nichts von den Verkehrsgesetzen dieses Landes erzählt. Vor unserer Reise habe ich gelesen, dass der Verursacher eines Unfalles ohne Gerichtsverhandlung ins Gefängnis kommt, also natürlich nur, wenn er überlebt. Auch Zusammenstöße mit Tieren, z.B. mit einem Esel werden bestraft. Die Gefängnisse in Afghanistan sollen übrigens ohne festes Dach sein. Der Verurteilte verbüßt also die Strafe angekettet im Freien". Er blickt erwartungsvoll seine Frau an.

"Das erzählst du mir jetzt erst, Alexander? Du bist blöd! Niemals wäre ich mit dir in das Land gefahren, wenn ich das gewusst hätte", sie ist wirklich sauer.

"Aber Edda, hör doch mal, es gibt doch gar keinen Verkehr. Wie viele Autos haben wir bisher gesehen?"

"Einen bunten LKW! Trotzdem, ich fahre hier jedenfalls nicht, da kannst du Gift drauf nehmen! Das ist mir zu gefährlich. Da fühle ich mich total verunsichert".

"O.k., ich verstehe dich", versichert er und fragt sich im Stillen, wo er diese Information eigentlich aufgepickt hatte.

Apropos aufpicken! Auf halber Strecke, nach vier Stunden Fahrt in 40° Wüstenklima mit offenen Fenstern und einer Kirschsafterfrischung, die Edda während der Fahrt abgekocht hat, sehen sie einen BMW an der Straße mit 4 winkenden Personen stehen.

"Sollen wir anhalten? Die wollen Hilfe. Es sind drei Frauen und ein Mann", Alexander zweifelt, ob er halten soll.

"Wir haben vorhin im Fahren gekocht, weil wir in der Hitze nicht halten wollten. Und du willst jetzt anhalten?" erregt sie sich.

"Die scheinen aber ziemlich verzweifelt. Wer weiß, was passiert ist. Hier kommt doch nur jeden Tag ein Fahrzeug vorbei".

Alexander bremst und der Mann kommt gestikulierend näher.

MORGENLANDFAHRER

"Could you please help us? The engine was running out of water", spricht er in einem pakistanisch gefärbten Englisch. Sie erfahren, dass die Pakistani von Kandahar kommen und das Kühlwasser verkocht ist. Der Mann berichtet von seiner Angst, in der Wüste warten zu müssen, bis ein Service eintrifft. Lieber lasse er das teure, deutsche Modell hier stehen und rette sich vor der Dunkelheit und den Räuberbanden, die er fürchtet, in den deutschen VW-Bus.

Also gut. Platz ist hinten auf der Matratze genug. Drei Frauen, chic gestylt und geschminkt, in Saris und Tüchern gehüllt und der Ehemann im europäischen Anzug, mit Krawatte und teuren Lederschuhen verteilen sich im Wagen. Sie könnten doch einmal die Retter spielen.

Der Pakistani erzählt alles Mögliche, von Geschäften, von Terminen und so weiter und, dass die drei Frauen seine Weiber wären, das Kostbarste, was er hätte und allein deshalb würden die afghanischen Horden schon den Weg zum Auto finden. Von einem Freund hätte er Schreckliches gehört über die afghanischen Nomaden. Es sei so ein Pech mit dem Auto und er sei wirklich äußerst dankbar für die Hilfe. Als die Mitreisenden in Kandahar unter vielmaligen Dankbezeugungen das Auto verlassen, bleiben dann doch noch einige kleinere Gäste zurück.

"Was sind das für Tiere!" schreit Edda, "hier schau, hat mich schon eines gebissen oder gestochen. Ich wusste es doch! Du mit deiner Hilfsbereitschaft! Jetzt müssen wir das gesamte Auto ausräumen und desinfizieren".

Sie beginnen alles auszuräumen und mit Desinfektionsmittel einzusprühen. Ob es Wanzen oder Flöhe sind, wissen sie nicht. So genau kennen sie sich mit Ungeziefer nicht aus. Aber Ungeziefer ist es sicher. Das Jucken der Stellen, an denen sie gestochen wurden, ist eindeutig und unangenehm.

"Daran werden wir noch ein paar Tage Freude haben", versucht er seine Edda zu unterhalten, die ihm einen giftigen Blick zuwirft.

"Durch die Hitze sind die Stiche noch unangenehmer", mault sie, "außerdem habe ich einen riesigen Durst auf ein Bier".

"Da drüben am Eingang des Camping Platzes ist ein Laden", geht er auf sie ein. "Wenn wir schon mal den Camper machen, können wir auch gleich ein Dosenbier zur Feier des Desinfektionstages aufreißen".

So kaufen sie zum ersten Mal auf dieser Reise zwei Dosen eiskaltes, dänisches Bier, für sage und schreibe 10 DM. Ein wahrer Luxus, der die beiden Reisenden mit der zweitgrößten Stadt des Landes etwas versöhnt, die sich ihnen großflächig, unfreundlich, ungastlich, irgendwie pakistanisch präsentiert.

Die Nacht ist kalt, sie frieren nach der Hitze des Tages. Das heiße Wasser aus der Dusche am Morgen wärmt sie auf, auch der heiße Tee und dann kommt ja noch die Sonne hervor, die bald in voller Wucht auf sie niederbrennen wird. Kandahar hält sie nur noch, um den Wagen vollzutanken. Das Benzin mit 85 Oktan wird durch den Kerosinzusatz nicht wirklich verbessert. Der Motor klopft mehr als vorher, während sie auf der Straße nach Kabul fahren, begleitet von grünen Terrassenfeldern.

Kabul

Sie sind 15.500 km gefahren, als sie am 15. Juni um 2 Uhr p.a. siegestrunken in Kabul ankommen.

"Wir sind offensichtlich nicht die ersten hier", witzelt er, als sie auf dem inoffiziellen Campingplatz an einem See die Übernachtungssituation eruieren. VW Busse aus vielen Ländern, in einem gehörigen Abstand zueinander, bilden eine lose, freie Beziehungsreihe. Aus einem älteren Käfer klettern gerade zwei verschlafene Frauen mit zerzausten Haaren und beklagen die Hitze des Tages, die Kürze der Nacht und die Qualität des genossenen Alkohols. Ein Hunderudel begrüßt die Frauen kläffend, die nun auf Deutsch die Liebesbezeugungen erwidern. Der wilde Hundehaufen wartet brav auf die Leckerbissen, die aus Büchsen verteilt werden. "Wir müssen heute mal zum Supermarkt, Marie. Hundefutter kaufen".

Alexander glaubt am falschen Ort zu sein. Edda zuckt mal wieder mit den Schultern. Sie brechen nach den ersten Eindrücken zu einer Rundfahrt ins Zentrum der Stadt auf. Das liegt im Tal, umgeben von vielen Hügeln, die mit Kuben und Wegenetzen übersät sind. Es sieht aus, als wäre eine Spielzeugkiste über die Hügel ausgeschüttet worden. Klötzchen in allen Größen und Farben bedecken ohne Struktur die Hänge. Dagegen wirkt das Zentrum mit den breiten Straßen und Plätzen geplant, vielleicht eine Erbschaft aus der britischen Kolonialzeit?

"Schöne Enttäuschung", versetzt R. "da siehst du E., was du mit deiner Hetze und dem Willen, Ziele zu erreichen, anrichtest. Soll ich sie mal heranzoomen? Willst du hören, wie verzweifelt sie nach einem Hauch von Orient suchen? Ich bin jetzt ganz dicht dran. Hör nur, wie entsetzt Alexander klingt".

"Das habe ich mir so nicht vorgestellt. Dieser Schmutz, dieser Gestank und diese erbärmlichen Lehmhütten. Pass auf, Edda, tritt hier nicht in den Graben. Da fließt die Scheiße den Hügel unter, verdünnt mit Waschwasser".

Edda hält sich die Nase zu. "Musst du hier unbedingt Filmaufnahmen machen?"

"Ich weiß, dass die Menschen sich der Armut schämen. Deswegen filme ich schon aus der Tasche heraus. Das sieht niemand".

Edda dreht sich um, "lass uns wieder in das Zentrum zurückgehen. Ich kann die kranken Kinder und diesen Schmutz nicht mehr ertragen".

Am Fuße des Hügels an der breiten Betonstraße stehen neue Apartmenthäuser mit Glasfronten und Balkonen, frisch vom Zeichentisch eines westlichen Architekturbüros. Alexander weist auf die Hauszeilen, die 100 Meter lang sind, "in dem Khyber-Restaurant erzählte der deutschen Entwicklungshelfer von diesen Neubauten. Viele der internationalen Helfersfamilien würden gerne diese Wohnungen mieten, wenn die einen Anschluss an Wasser und Abwasser hätten".

"Was heißt das denn?" sie versteht nicht.

"Naja, alles ist fertig installiert, nur das Wasser fehlt. Das muss in Eimern aus dem Fluss oder von öffentlichen Wasserstellen in die Wohnung geschleppt werden".

"Dann steht also ein Eimer neben dem WC?"

"Klar, die Duschen funktionieren auch nicht. Deswegen stehen so viele Wohnungen leer. Mit dem Trinkwasser werden wir auch noch Probleme bekommen. Es soll nur auf dem amerikanischen Botschaftsgelände einen unverseuchten Tiefbrunnen geben".

"Können wir da gleich mal hinfahren?" fragt Edda vorsichtig, "wir brauchen nämlich frisches Wasser oder wollen wir da drüben in dem Supermarkt Wasser kaufen?"

"Ich glaube, wir sollten unsere Ernährung auf holländische Haferflocken in Büchsen umstellen. Ich muss schon wieder zur Toilette. Es drängt. Siehst du irgendwo ein Restaurant, wo ich mich erleichtern kann?"

"Ach du Armer! Selber schuld! Musst du unbedingt aus einer schon geöffneten Wasserflasche trinken? Du hast mir selber vorgelesen: die Flaschen dürfen nur vor dem Gast geöffnet werden".

Alexander schüttelt seinen Kopf, "nein, das Wasser war es nicht, aber die Cola mit Eis! Sieh mal, da drüben, da geht ein Mann mit einem Eisblock auf seiner Schulter zum Kühlen von Getränken. Was siehst du?"

Edda reagiert verunsichert, "meinst du, die gelbe Schicht in der unteren Hälfte des Blocks wird auch zum Kühlen genommen?"

"Klar, und nicht nur für die Kühlung von außen, da bin ich sicher. Wo sollen sie das Wasser denn hernehmen?"

Sie ziehen weiter auf der Suche nach einer öffentlichen Toilette durch den modernen Stadtteil mit Läden und Auslagen, die überall von Fliegen bedeckt sind. Sie kommen zum Kabul River und beugen sich über das Brückengeländer.

"Da unten könnte ich mich befreien", sagt Alexander, "da sitzen schon einige".

"Du spinnst", Edda hält ihn zurück, "da baden doch Kinder im Fluss und dort drüben putzt sich die Alte die Zähne mit dem Flusswasser".

"Es ist wirklich schrecklich für die Menschen ohne Wasser. Wie gut ist dagegen der Übernachtungsplatz am See ", erinnert er laut. "Ja", stimmt sie zu, "wir Privilegierten".

"Was willst Du denn noch hören E.?" R. rauschelt erregt, "willst Du auch an der Enttäuschung im Bazartheater teilnehmen? Ich zoome es dir gleich ran".

"Nein nein, lass nur", E. flüstert kleinlaut, gar nicht explosiv.

MORGENLANDFAHRER

Die Nacht ist angenehm kühl, erholsam, sodass Edda in ihr Reisetagebuch schreiben kann: es war geruhsam, entspannend und lustbetont befriedigend. Die Schiebetür wird unter Hundegebell aufgeschoben und die Meute steht schon erwartungsvoll vor dem VW-Bus. Was habt ihr uns mitgebracht? scheinen die Hundeaugen zu fragen.

"Gib ihnen die Reste von der Leberwurst. Die ist schon verdorben und hier das Brot mit Sand aus Herat".

Es sind sechs Hunde unterschiedlicher Größe und Rasse, wie sie sich überall in der Welt zu einer Bande zusammenfinden mit einem Anführer und einem Kleinen, der weggebissen wird. Sie sehen nicht wirklich angriffslustig aus. Alexander kennt sich mit Hunderudeln nicht aus. Er hat eigentlich noch nie engen Kontakt mit Hunden gehabt. Begeistert ist er dann jedoch von dem großen Rudelanführer, nachdem der ihm nach der Leberwurstgabe liebevoll die Hand leckt.

"Edda, schau mal, der Hund hat meine ganze Hand in seinem Maul stecken und wedelt mit dem Schwanz".

"Jetzt müssen wir auch noch im Supermarkt Hundefutter kaufen, damit du dein Glücksgefühl ausleben kannst". Die Hunde wenden sich bereits der nächsten geöffneten Autotür zu.

Der Morgen nimmt seinen Lauf und sie überlegen, wie sie die nächsten Tage in Kabul und die restlichen drei Wochen in Afghanistan verbringen wollen.

"Wollen wir denn wirklich über den Khyberpass in Richtung Indien?" ihre Stimme ist besorgt.

"Wir müssen erst die Verkehrsverhältnisse, die Klimabedingungen und unser Vermögen klären", weicht er zweideutig einer Antwort aus.

"Und?" insistiert rauschelnd R. "was hast du dir überlegt E.?"

"Also, Indien ist einfach zu weit, außerdem zu heiß im Sommer. Dort sterben jedes Jahr Tausende an Hitzschlag".

"Wissen das die beiden?"

"Noch nicht, aber ich sorge noch für eine Informationsquelle heute. Sie treffen später in dem deutschen Restaurant die alleinreisende Rucksacktouristin aus Australien, die über den Khyberpass getrampt ist".

"Was?" R. ist perplex, "in einem deutschen Restaurant? Haha, was dir so alles einfällt. Also Indien nicht, wohin dann? Noch zwei Wochen in dieser Stadt, kannst du ihnen nicht zumuten!"

"Ich plane einen Abstecher nach Mazar i Sharif, da ist es auch schön heiß, danach als Bonbon einen Ausflug nach Band a Mir".

"Band a Mir, liegt das im Hindukusch? Die Seengruppe?".

"Ja, Alexander braucht noch einen Trip in die Höhenerfahrung als Ausgleich für den Stoff. Das kickt ihn in das Hier und Jetzt"

"Bleiben wir noch zwei Tage in Kabul", schlägt Alexander vor, "ein Museum mit der Kunst aus Nuristan ist vor kurzem von Deutschen Kulturinstitut eröffnet worden. Das möchte ich mir gerne ansehen und unser Wagen braucht auch eine Inspektion".

"Gehen wir einfach nochmal auf Informationssuche ins Khyber-Restaurant", versucht Edda ihn zu animieren.

"Ach, ich weiß nicht, ich habe da von einem deutschen Restaurant gehört. Da sollen wegen der guten Küche viele Hitchhiker zu finden sein, von denen wir bestimmt wichtige Infos bekommen".

Sie gönnen sich Wiener Schnitzel mit Deutschen Kartoffelsalat.

MORGENLANDFAHRER

Nach dem Essen parken sie den VW-Bus unter einer schattenspendenen Baumgruppe. "Das Schnitzel war nicht übel und die Information über Indien macht dir sicher Freude, nicht wahr, Edda?"

"Ja, ich bin froh, nicht noch weiter zu müssen. Ich kann jetzt schon nicht mehr alles aufnehmen. Und dann noch die Rückreise!"

"Unser Aufenthaltsvisum ist noch drei Wochen gültig, Edda. Das wollen wir doch nutzen, oder? Ich würde gerne einige Tage nach Norden an die russische Grenze fahren, da soll eine interessante Stadt liegen. Auf der Rückfahrt könnten wir einen Abstecher zum Banyamtal mit der riesigen Buddha-Statue machen. Und von dort an einer Seengruppe in 3000 m Höhe ein paar Tage bleiben."

Nachdem Edda nach reiflicher Überlegung endlich zugestimmt hat, werden sie plötzlich von einem gut gekleideten Afghanen im fließenden Deutsch begrüßt, "Sie sind aus Berlin, wie ich sehe?"

Beide sind sehr überrascht.

"Nein, nein, keine Angst", fährt der Afghane fort, "ich will Ihnen keine Teppiche verkaufen. Ich möchte nur mal wieder in Ihrer schönen Sprache reden". Und er erzählt von der deutschen Schule in Kabul, "seit 1924 gibt es die deutsche Oberrealschule, auch mehrere Gewerbeschulen und ein Goethe-Institut in Kabul. Was der deutsche Staat hier alles finanziert", schwärmt der Herr in den Fünfzigern, "zurzeit wird ein neues Schulgebäude für die 200 Schüler der Oberrealschule von der BRD errichtet. Schauen Sie, dahinten liegen die Gebäude. Jaja, auch ich habe mein Deutsch auf der Schule gelernt. Viele in der Verwaltung, bei der Polizei und in den Banken sprechen fließend Deutsch, dank der Schulausbildung".

Alexander und Edda brauchen nichts zu fragen. Der Herr ist froh, sie über die Verhältnisse zu unterrichten.

"Auch die Polizei wird von Deutschland seit Jahren ausgebildet. Die Post und das Telefonwesen wurden mit Hilfe ihres Landes aufgebaut und modernisiert. Ich bin wirklich sehr glücklich, dass ich mich bei Ihnen als Vertreter dieser großzügigen Nation bedanken darf".

Da blicken die beiden ein bisschen peinlich berührt zu Boden.

"Nicht doch, nichts für ungut", fährt der Herr fort, der sich als Staatsdiener bezeichnet, "andere interessierte Staaten helfen unserem Volk auch aus der Misere. Die USA haben den südlichen Teil der Hauptstraße, die Russen den nördlichen Teil gebaut. Und beide Länder kümmern sich um die studentische Ausbildung. Gerade sind ihre Universitäten fertig gestellt worden. Die Russische Uni ist mit einer großen Moschee für die Gläubigen besonders attraktiv. Dafür haben die Amerikaner in ihrer Universität mehr wissenschaftliche Forschung eingerichtet. Das neueste ist ein Bewässerungsprojekt. Jaja, so haben alle ihre Interessen an uns aufgeteilt. Sogar Frankreich ist mit einem Rundfunk engagiert und sorgt sich mit vielen Ärzten in einem eigenen Hospital um unsere Gesundheit". Seine Stimme klingt am Ende schon ein wenig ironisch. Nach einer kleinen Pause verabschiedet er sich mit Handschlag und Verbeugungen, dabei rückwärtsgehend.

Edda und Alexander fühlen sich von den vielen Informationen, überschwemmt. "Was wollte er uns eigentlich mitteilen?" fragt Alexander laut, "wollte er sich beklagen oder wollte er sich bedanken? Ich verstehe es nicht".

Edda erklärt es so, "was er über Deutschland sagte, schien mir echt, aber die Hilfe der anderen waren ihm wohl nicht recht. Verstehen kann ich das. Wenn Du mal überlegst, wie viele Entwicklungshelfer hier im Lande sind. Das muss doch auch ein riesiges Geschäft sein. Denk nur an die Neubauten, den Straßenbau und die Werbung im Rundfunk. Von den Restaurants und den Supermärkten haben die Afghanis überhaupt nichts. Oder wie siehst du das?"

Er zuckt mit den Schultern, "das ist der Kapitalismus, der seine Märkte überall braucht. Da fallen eben Späne, wo gehobelt wird".

"Du, mit deinen Tischlersprüchen".

Irgendwie ist die Nachmittagsstimmung gestört und sie wissen nicht genau warum. Da erinnern sie sich eines Satzes, die sie in solchen Situation zur Harmonieausgleich benutzen, "frag nicht warum, sag ja!".

Für den Besuch des Museums war es zu spät geworden.

Am nächsten Vormittag gehen sie zu Fuß zum Museum durch eine Straße, in der hinter hohen Zäunen komfortable Villen liegen. "Hier siehst du die extremsten Ergebnisse unserer Entwicklungshilfe, hier ist das Geld privatisiert und gesichert durch Zäune. Das hilft dem Volk!" Sarkastisch macht sich Alexander Luft.

Das Museum, klein aber fein, stimmt sie wieder milde. Große übermannshohe Holzpferde stehen im Raum. Er würde sie am liebsten besteigen, doch die Bedeutung hält ihn davon ab. Auf einem Foto sehen sie den ursprünglichen Sinn. Es sind Gedenkstätten für Verstorbene. Aus dickem Holz, sehr fein detailliert geschnitzt, stehen diese Grabzeichen in einem abgelegenen Tal des Hindukusch.

Das Volk der Nuristani lebt seit Jahrhunderten abgesondert in einem Tal mit eigenen Riten in Blockhäusern. Einige Möbelstücke aus Holz und viele Fotos sind ausgestellt. Auf den Fotos sehen sie hochgewachsene, schöne, blonde Menschen, die sie an Skandinavier erinnern. Aus Hintergrundinformationen erfahren sie, dass der Zugang zu dem Tal gesperrt ist, weil das Bergvolk unabhängig bleiben will und im Streit mit der Zentralregierung liegt.

"Hier steht auch", liest Alexander vor, " dass die Bewohner des Tales vermutlich dem Heer Alexander des Großen angehörten und das Land nicht wieder verließen".

"Skandinavier in Afghanistan! Und schon seit über 2000 Jahre!" Sie schüttelt ungläubig den Kopf.

Der nächste Morgen gehört noch einmal dem Hunderudel, von denen sie für einige Tage Abschied nehmen, bevor sie nach Mazar i Sharif aufbrechen.

Acht Stunden Fahrt für 450 km Kilometer ist in Anbetracht russischer Straßenbaukunst schon optimal. Es sind Steigungen zu überwinden, ein langer Tunnel und noch nicht fertig asphaltierte Streckenabschnitte. Besser gelungen ist dagegen das russische Kommissbrot, das sie schon in Kabul probierten. Ohne ein Körnchen Sand, nur mit Sägemehl verfeinert. Aber das schmeckten sie nicht.

Mazar i Sharif

Auf jeden Fall ist Mazar i Sharif ein Schock, ein klimatischer! Der Wüstenwind von Norden aus der russischen Steppe weht krachend heiß über das Land. Schutz gegen die Sonne bieten die Bäume am Hauptplatz, aber nicht gegen den Wind!

"Ich möchte mal dort an der Pumpe das Laken nass machen", sie ist schon auf dem Weg. Aus verschiedenen Richtungen tauchen gestikulierend Männer auf. Sie schimpfen. Alexander denkt, weil sie ohne Chadar in der heiligen Stadt unterwegs ist. Aber nein, die Männer weisen auf den Wasserhahn und schütteln energisch die Köpfe. Sie kommt verärgert mit einem halb nassen Tuch zurück.

"Ich dachte, sie würden mich schlagen, so sind sie auf mich losgegangen", richtig erbost ist sie.

"Vielleicht ist es Trinkwasser? Du weißt doch, wie knapp es hier ist. Wir fragen nachher nach. Sicher gibt es hier auch Menschen, die deutsch sprechen".

"Hier bleiben wir aber nicht!", Edda klingt sehr bestimmt, "so lass ich mich nicht behandeln!"

"Ja, Liebste, ist schon gut, wir müssen die Dollar-Reiseschecks einlösen und tanken. Einem Blick auf die berühmte Blaue Moschee möchte ich auch noch werfen, wenn du noch so lange bleiben kannst". Edda ist sauer und brummt in sich hinein.

Die Moschee ist schnell umwandert. Eine der schönsten Schatztruhen der islamischen Architektur aus dem 15. Jahrhundert. Ringsum mit blauen Fliesen bekleidet, steht sie auf einer glänzenden, schillernden Fliesenplatte. Ist es das Grabmal von Ali, dem Schwiegersohn Mohameds? Oder sogar von Zarathustra, der in dieser Region vor 3300 Jahren gewirkt hatte? Nobody knows, just the beauty is left!

Aber all diese atemberaubende Schönheit hilft nicht über den Zustand der gegenwärtigen, örtlichen Bankinstitute hinweg. Ein Chaos von Schreibtischen, Aktenbergen, Umherlaufenden und dazwischen die beiden mit ihrem Scheckheft auf zwei Stühlen an der Wand eines riesigen, hohen Raumes. Ventilatoren verwirbeln die heiße Luft. Unterhaltungen fliegen hin und her. Es kommt jemand, nimmt das Scheckheft in die Hand, gibt es zurück und geht wieder. Ein anderer Angestellter kommt, der es nicht nur betrachtet, sondern es auch mitnimmt und wiederbringt. Dann, nach einer Stunde erhalten sie für 30 Dollar 2430 Afghani.

"Jetzt wissen wir, dass die Summe 120 DM wert ist und das ist so viel, wie ein Techniker im Monat verdient", erinnert sich Edda und fragt, "wie viel müssen die Männer für eine Ehefrau zahlen?"

Alexander denkt nach, "ich glaube 50-100.000 Afghanis, hat der Techniker erwähnt. Warte mal, das wären 2500-5000 DM. Da müssten sie das Gehalt von zwei Jahren nehmen, mindestens".

"Und was kostet eine Prostituierte?" will Edda wissen.

"Eine Nacht kostet wohl ein Viertel des Gehalts, also 25 DM".

"Objektiv betrachtet nicht viel", meint sie.

"Willst Du mir jetzt auch für jede Nacht 25 DM in Rechnung stellen?" lächelt er sie begütigend an.

"Nur wenn du mir Scherereien machst und wieder mit Tantra-Positionen herumexperimentierst", lacht sie spitzbübisch.

Die Übernachtung auf dem großen Platz in der Hitze der Nacht bringt einiges Ungemach. Der ständige Wärmestrom aus dem Norden bläst wie ein Föhn und dazu die hinein langenden Hände am hinteren Fensterflügel, der wegen der Hitze offen blieb. Sie werden von Alexander durch schnelles Zuklappen schmerzerzeugend vertrieben. Danach herrscht wieder Ruhe. In absoluter Dunkelheit der Nacht benetzen sie an der Pumpe vorsichtig die Laken, die sie als nasse Decken auf den Körper legen, eine Erfrischung nur von kurzer Dauer.

Der Morgen erstrahlt erneut in der Hitzeglut. Alexander erinnert sich an die gestrigen Auseinandersetzungen mit Edda, "wir fahren zurück ins Gebirge, dann können wir dort im Fluss baden und an einer schönen Stelle bleiben und vielleicht auch etwas kochen".

Sie finden einen Platz an den Ausläufern des Hindukusch an der Straße nach Banyam. Ein kühler Bach führt sauberes Wasser. Edda planscht und kreischt, "kalt ist es, aber schön!". Alexander sucht Brennholz für ein Feuer. Die Nacht ist kalt im Gebirge. Viel Holz findet er nicht und das Feuer ist bald niedergebrannt. Vielleicht ist das auch gut so. Denn so ist das Fahrzeug im Dunkel des Tales nicht sichtbar, falls ein LKW über die Trasse kommt.

Es ist eine ruhige Nacht, trotzdem schlafen sie nicht tief. Sie wachen abwechselnd auf, horchen auf ungewohnte Geräusche. Am Morgen bescheint die Sonne die weiß leuchtenden Spitzen der 5000er. Sie wollen weiter, es ist kein Platz zum Bleiben. Sie kommen in das weitläufige Tal des Banyanflusses. Der Ort ist bekannt für die riesige aus dem Fels gehauene Buddha-Statue.

Die Geröllpiste erlaubt 25 km/h. Die Schönheit der Gegend hätte ein Durcheilen auch ausgeschlossen. Weite, fruchtbare Felder erfreuen mit ungewohnter Farbenpracht in 2500 m Höhe. Ein springender Bergfluss tangiert die Piste, entfernt sich, nähert sich wieder der Straße. Bei der nächsten Begegnung halten sie an. Edda steigt ins Wasser. Alexander folgt. "Kalt! Huh ist das kalt!" Drei Minuten halten sie durch.

"Herrlich, das klare Wasser, wie es über den Steinen glitzert. Ich fühle mich wie nach einem Jungbrunnen", Edda schüttelt sich. Die Tropfen fliegen nach allen Seiten wie ihre Brust.

"Du hast wirklich keine Verjüngungskur nötig. Zieh dir was über! Hier sind immerhin Felder und dahinten unter den Pappeln Lehmhütten". Hundegebell hören sie von weitem und auch Kuhglocken läuten nicht weit entfernt.

Banyamtal

Der erste Eindruck erinnert sie an die Schweiz. Doch dieser Eindruck verschwindet schon nach der nächsten Biegung. Eine große Felswand mit Löchern wie ein Schweizer Käse steht majestätisch vor ihnen und darin die riesige Statue, die in der Mittagssonne aus dem Schatten des Hintergrundes hervortritt. Das Gesicht des Buddhas ist abgeschlagen. Die Ausstrahlung der Statue ist trotzdem unvergleichlich schön.

"Wie er dort steht und uns ohne Gesicht zulächelt, allein durch seine Haltung".

"Und die vielen Löcher um ihn herum? Dort drinnen lebten die Mönche?".

"Ja, so war es, wenn die Überlieferung stimmt".

In der Hauptstraße des Ortes, die parallel zur Felswand verläuft, finden sie in einem der Lehmbauten eine kleine Pension. Und in der Pension eine alleinreisende Amerikanerin, eine Lehrerin, dann einen Tramper aus Kanada und einen Dänen ohne große Ausrüstung, die alle zu der Seengruppe in Band a Mir wollen. Sie warten auf eine Mitfahrgelegenheit. Nur wenige Autos finden den Weg hierher. Und noch weniger haben Platz für Hitchhiker.

Sie tauschen ihre Informationen über die Streckenführung aus. "Es gibt keine wirkliche Straße, nur Fahrspuren im Sand und auf dem Fels. Keine Schilder, natürlich nicht, aber nach exakt 28 km musst du dich rechts halten, sonst endet die Fahrt in der Wüste".

"Der Kanadier scheint sehr gut informiert", findet Alexander.

"Ja, er ist sympathisch, aber ich mag den Dänen auch".

"O.k., also nehmen wir beide mit".

MORGENLANDFAHRER

Es sind tatsächlich nur Fahrspuren, die sich durch die weißgelblichen Sanddünen ziehen, als sie früh am Morgen zu viert den Ort verlassen. Mal werden aus den zwei Spuren vier, die sich verzweigen und dann wieder zusammenlaufen. Langsam steigt die Strecke hinauf in die Berge. Der Sand ist mehr Sandstein, manche Hügel bestehen aus felsigen Untergrund. Die Spuren sind nur an den zerfahrenen, kleinen Steinen zu erkennen, die seitlich der Fahrspur liegen. Einmal ist die rechte Auffahrt so steil, dass Alexander sich entschließt, auf die linke Fahrspur auszuweichen, in der Hoffnung, wieder auf die rechte zu treffen. Sie sind erst 5 km vom Ort entfernt. Die Hänge werden steiler, zeitweise muss er im ersten Gang fahren. Die Luft ist so klar, als existiere sie nicht. Die in der Ferne liegenden Gebirge schillern in graubraunen Tönen mit Schneekuppen, die in der Sonne bläulich auf den Schattenseiten leuchten. Auf der linken Seite in Richtung Süden liegt eine endlose Steinwüste mit Windhosen, die in der unvergleichlichen, sienafarbenen Leere dahinziehen.

Nach zwei Stunden Fahrt auf den sich teilenden und wiederkehrenden Spuren zweifeln sie, ob sie noch vor der großen Hitze am Ziel eintreffen können.

"Wir haben noch 2 km vor uns, bis zum Abzweig, wenn er denn kommt", stellt Alexander nüchtern fest.

"How many kilometers after the turning? Do you know it?"

"Exactly no, I have heard, one hour more".

Der Hang wird noch steiler. Der Wagen schafft die Steigung nur im ersten Gang. Es ist 10 Uhr vormittags, im Auto ist es durch den Fahrtwind angenehm kühl, aber auf seinem nackten Ellenbogen spürt Alexander die Sonne brennen. Jetzt liegt ein Hochplateau vor ihnen und die Spuren laufen deutlich auseinander.

"Wirklich fast exakt 28 km", stellt er fest, "wie schön, dass Autos einen Kilometerzähler haben". Im Stillen denkt er, man wäre ja schön blöd abwärts in die Wüste zu fahren, wenn man auf 3000 Meter Höhe will. Eine schwache Steigung führt sie empor. Rechter Hand begleitet sie eine hohe Felswand, die immer niedriger wird und als spitzes Dreieck ausläuft. Dann sehen sie eine Wasserfläche rechts liegen. Saphirblau erstreckt sich ein See, dahinter die Sieben- bis Achttausender. Die Spur führt weiter zu einer Kehre, sie halten und sehen fünf weitere Seen in den unterschiedlichsten Blautönen von kobaltblau bis türkisgrün. Wasserfälle sind das einzige Geräusch in der Mittagssonne, als sie den Motor abstellen.

"Der schönste Platz auf der guten Erde", bringt Edda hervor.

Dann nur noch Schweigen. "A beautiful place for meditation". Das ist die Stimme des Kanadiers.

Band a Mir

In einiger Entfernung, etwas unterhalb stehen ein VW-Bus und einige Zelte am Rand des Sees, der in seiner unvorstellbaren Tiefe preußischblau schimmert. Langsam fahren sie näher, begrüßen die Anwesenden und verabschieden die Mitgenommen. "See you later", gilt dem Kanadier und "wir können uns hier ja nicht verlieren", dem schweigsamen Dänen, der Deutsch versteht.

Alexander richtet den Wagen in die Horizontale, baut das Vorzelt auf, während Edda in sich versunken kein Wort sagt, nur immer schaut. Plötzlich ruft sie: "Da sind große Fische im See! Ob wir die angeln können?"

"Wenn du sie mit der Hand fängst. Wie ist das Wasser?"

"Es ist kalt, aber wunderbar klar. Da können wir mit den Fischen um die Wette schwimmen".

"Jaja", dämpft er ihre Begeisterung, "probier mal, ob es Trinkwasser ist". Von mehreren Seiten wird nachdrücklich genickt.

Ein Österreicher mit "Servus" näherkommend, stellt sich als Kenner der Lage vor. "Wunderbares, reines Trinkwasser! Ist von den Gletschern! Überhaupt ein Paradies hier. Ich hoffe, ihr hört nicht zu laut Musik. Wäre schade um die Atmosphäre".

Alexander stimmt mit ihm überein, "so eine Ruhe und Unberührtheit soll man nicht verderben, bin ganz deiner Meinung. Kommst du von Ost oder von West?" fragt er den Kenner.

"Bin über den Khyber-Pass mit dem Bus gekommen. Furchtbare Hitze in Indien und Pakistan. Hier ist es gut auszuhalten. Ich bin schon sechs Tage hier. Da hinten am Ende des Sees beim Wasserfall habe ich mein Zelt. Dort backen die Afghanis auch Brot. Ich brauche weiter nichts, Zwiebeln habe ich noch im Rucksack".

"Wie lange bist du schon unterwegs?"

"Es werden an die 11 Monate sein", und ergänzt, "ich habe etwas geerbt".

Alexander will wissen, ob das Kommen und Gehen auszuhalten ist. "Ich hätte es nämlich gerne mal ein paar Tage ruhig".

"Mal kommt eine, mal geht einer, der Bus aus Holland steht seit drei Tagen hier, es sind Kiffer, du hörst und siehst nichts von denen. Das einzig Unangenehme sind die Amis"

"Amis?" hakt Alexander nach.

"Ja, alle paar Tage kommt ein Hubschrauber eingeflogen mit Touristen. Irgendetwas Organisiertes. Die bauen Zelte auf. Ernähren sich aus mitgebrachten Konserven. Haben sogar Diener dabei, die alles herrichten. Schauderhaft! Weißt du, so reiche Amis, die ihren Weibern die Welt zeigen. Heute hier, morgen dort! Und wie die Weiber angezogen sind! Kreischen, wenn sie aussteigen: How beautiful, marvellous, isn´t it? Nach einer Nacht sind die dann wieder weg, lassen einen Haufen Müll zurück. Hab mich anfangs furchtbar aufgeregt, geh hab ich gesagt! Aber nach 3 Stunden war der Platz zu meiner Überraschung wieder sauber, der ganze Müll verschwunden. Die Afghanis verwerten alles, was sie finden, die können jede Büchse brauchen. Arme Menschen! Was die wohl von uns Touris denken, wenn sie überhaupt denken, frag ich mich manchmal. Die kommen hier angebraust, lagern in dem Paradies, machen in der Öffentlichkeit mit ihren Frauen rum, tun keinen Schlag und hauen wieder ab. Nur so zum Vergnügen!"

Der Kenner schüttelt seinen Kopf und zieht langsam davon.

Na, hat er endlich mal seine Seele gelüftet, denkt Alexander, kann ich schon verstehen. War nur ein bisschen viel auf einmal. Also Bäckerei dahinten, Hubschrauberlandeplatz da oben, Amis mit ihren Zicken und dann noch die Kiffer. Na, ob wir hier ein Paradies für uns gefunden haben?

R. samten rauschelnd: "Sind sie nun endlich am Ziel?"

"Ja, was die Höhenlage angeht schon. Höher geht`s auf der Reise nicht", versichert flüsternd E.

"Bin total ergriffen", schiebt R. dazwischen, "das ist wirklich etwas für die beiden. Hier können sie die taktilen Sensoren der erogenen Zonen wieder ein wenig aktivieren".

"Ja schon, aber Sex ist doch nicht alles! Gesetzte Ziele und der Wille, sie zu erreichen, können auch Glücksgefühle wecken", E. ist in seinem Element, "eine Erfahrung für Alexander habe ich mir noch für Kabul aufgespart. Er könnte sein politisches Bewusstsein

dort schärfen. Die Reise hat doch schon einiges gebracht. Fühle mich ihm wieder näher, bin mehr in Resonanz mit ihm. Du brauchst in Kabul nur für die exakte Wahrnehmung zu sorgen, also die richtige Einstellung, du verstehst schon, nicht wahr?"

"Wenn ich irgendetwas für sein Glück tun kann, an mir wird es nicht scheitern. Aber jetzt Spiel, Spaß, Sex, Lachen, Jauchzen und Seligkeit in die Augen gezaubert. Überlass mir in den nächsten Tagen das Terrain. Halt dich einfach mal zurück E.".

"Alexander", ruft Edda, "der Abendschein auf den Spitzen des gegenüberliegenden Gebirges ist sehenswert. Komm doch mal her, lass die Bücher! So ein rosakühlgrau hast du noch nie gesehen. Die Spitzen sehen wie eine Zahnreihe eines Riesen aus. Schau, jetzt werden sie orangerot und beginnen zu glühen. Das ist ein Bergorgasmus!"

Alexander brummt in sich hinein und ruft aus dem Wagen, "das letzte Wort ohne Vorsilbe verstehe ich. Damit kann ich heute Nacht etwas anfangen, aber jetzt schaue ich erst nochmal die Tantra Positionen an. Ich wollte noch 25 DM in mein Weib investieren".

"Hör auf, du Sexungeheuer", lacht sie zurück.

"Ich habe hier noch eine einfache Position entdeckt, die bei uns in Charlottenburg Hundestellung genannt wird. Würdest du die für `n halben Preis machen? Hallo Edda? Hast du mich nicht gehört?"

Die morgendliche Stille ist ohne Vergleich. Kein Vogelgezwitscher, keine menschliche Stimme, kein Geräusch, nur das Plätschern der Wasserfälle, die schwallend auf die nächste Wasserfläche treffen. Von ganz weit entfernt hören sie plötzlich ein Brummen, das sich zum leisen Knattern entwickelt, zunimmt und dann zum Sausen eines Ventilatorflügels anschwillt. Jetzt erkennen sie einen Hubschrauber, der über dem See eine Schleife fliegt, um dann auf einer Ebene über der Seengruppe zu verschwinden. Die Stille kehrt zurück. Die Amis sind gelandet, wahrscheinlich auf dem schönsten Aussichtsplatz weit und breit. 20 Minuten später wird der Lärm erneut hörbar und verliert sich als gelber Punkt endgültig für diesen Tag in dem klaren Himmel.

Die danach sich ausbreitende Ruhe, die sich über das Kräuseln der sanften Wellen legt, animiert sie zu einem Spaziergang über die Ebene in Richtung eines breiten Tales mit Bewirtschaftung.

"Wollen wir mal zu der Bäckerei gehen?" Edda ist schon angezogen und unternehmungslustig. Alexander nimmt das Geld und verschließt den Wagen. Sie bewegen sich wie in Trance in dieser großartigen Landschaft, mehr schreitend als gehend in Richtung auf die nächste Wasserkaskade, in deren Nähe die Bäckerei liegen soll. Überrascht bleiben sie stehen. In der Erde unter einer großen Steinplatte sehen sie durch eine Öffnung von circa 60 x 60 Zentimetern zwei Personen um eine große Steinplatte in der Mitte des Raumes sitzen. Auf einem dicken Stein, liegt eine kleinere, runde Steinplatte, die von Hand um einen mittigen Holzpflock kreisend bewegt wird. An den Rändern tritt das gemahlene Mehl aus, das im Laufe von Stunden die Menge für einige Fladenbrote ergeben wird, die später in einem Erdkugelofen gebacken werden.

Staunend und ehrfürchtig schweigend nicken die beiden den Afghanen zu und beschließen bei den holländischen Haferflocken zu bleiben. Mit dem guten Wasser aus dem See können sie sich einen bekömmlichen Porridge zubereiten.

Das Tal erstreckt sich ins Unendliche. Die klare Luft flimmert am Horizont. Vor ihnen liegen Felder mit spärlichem Grün, Pappeln greifen in den Himmel und vereinzelte Hausgruppen in gelber Lehmfarbe sind zu erkennen.

"Was für eine selbstverständliche Gelassenheit über dem einfachen Land liegt", Edda sinnt nach, "hast du vorhin die Kinder an der Mühle gesehen, Alexander? Diese klaren Augen und auch die Ruhe, die aus den mongolischen Gesichtern strahlte!"

"Sie sind eins mit der Natur. Ich glaube nicht, dass sie etwas vermissen. Die Existenz sorgt irgendwie für sie. Vielleicht sollten wir uns das Bewerten abgewöhnen, dies ist richtig, dies ist falsch, dies gut, dies böse!"

"Hier scheint nur das Sein wichtig, der Augenblick, das Hier und Jetzt!" Edda spricht langsam, "das ist wie mit der Liebe, sie erscheint uns zuweilen gut, großartig und zuweilen böse, deprimierend, weil wir immer bewerten. Ohne Bewertung wäre sie wie das Meer mit Ebbe und Flut, einfach nur da".

"Edda, du bist ja weise", sagt er mit einem liebevoll ironischenm Unterton.

Bei der Rückkehr zum Auto sehen sie, dass sich der Lagerplatz verändert hat. Die alleinreisende Lehrerin aus den USA ist offenbar mit dem Hubschrauber mitgenommen worden.

"Ja, ich hatte Glück", sie spricht ein gebrochenes Deutch, "die beiden Ehepaare wollten einen Abstecher zu der Buddha Statue machen und da war noch ein Platz für mich und mein Rucksack im Hubschrauber, als sie herflogen". Sie baut in einiger Entfernung direkt am See ein kleines Zelt auf und legt den Schlafsack hinein. "Die Nächte finde ich hier oben ziemlich kalt".

Alexander nickt ihr zu, "zum Schlafen sind sie wundervoll nach den heißen Wüstennächten".

Am Abend sitzen sie zu dritt um ein Feuer. Die Lehrerin erzählt von ihrer Arbeit in einem Friedenscorp, das sie gerade an der Uni in Kabul beendet hat. Sie berichtet, wie sie sich im Unterricht für afghanische Mädchen engagiert hat, die 6 Jahre zur Schule gehen sollen, aber große Schwierigkeiten mit dem laufenden Schulbesuch haben. "Viele Kinder sind sehr krank. Verseuchtes Wasser, unzureichende Ernährung hindern sie am regelmäßigen Schulbesuch. 80% leiden an Tuberkulose, auch Lepra kommt oft vor".

Als sie in der Nacht im Wagen liegen, gehen ihm noch verschiedene Gedanken durch den Kopf, die er Edda mitteilt, "was du heute Mittag über die Liebe sagtest, gilt wohl für das ganze Leben. Wie oft liegen Gut und Böse beieinander. Sie bedingen sich wie Tag und Nacht. Ich glaube, es sind keine unversöhnlichen Gegensätze, sondern die zwei Seiten einer Münze.

Die nächtlichen Ausschweifungen sind auf Dauer kräftezehrend und erzeugen selbst nach morgendlichem Ruheschlaf mit der Zeit Überdruss. Die Haferflockenernährung kompensiert nicht wirklich.

"Wieso Pferde von zu viel Hafer wild werden, verstehe ich nicht", entschuldigt sich Alexander am fünften Morgen.

"Mach dir keine Sorgen, es ist alles in Ordnung", beruhigt sie ihn: "Ich bin doch dein Trafo und Energieleiter. Jetzt ist deine Energie halt wieder auf Niederspannung".

"Ich brauche aber Wechselspannung", fordert er sie heraus.

"Heißt das, du brauchst schon wieder einen Wechsel?", kontert sie. "Ich könnte hier Wochen verbringen", sie klingt enttäuscht.

"Naja, wir müssen bald die Haferflockenrationen aufstocken", argumentiert er, "und ob wir einen Tag früher oder später fahren, was macht das schon? Das Visum läuft am 10. Juli ab. Wenn wir bald fahren, bleibt noch genug Zeit für eine Reportage in Kabul".

"Was hast du vor? Eine Reportage?" Edda ist verstimmt.

"Seit wann geht dir denn diese Idee durch den Kopf? Und worüber, wenn ich fragen darf?" Sie ist echt erregt. "Was du immer willst!"

"Es ist mir vor Tagen eingefallen, als wir über die Probleme des Landes mit der Entwicklungshilfe sprachen. Die Institutsgebäude gäben einen guten Filmhintergrund für die Interviews zu den Gesundheitszuständen der Bevölkerung ab. Ich will die Aufnahmen der neuen Architektur in Beziehung setzen zu der Situation der kranken Kinder. Dazu brauche ich Informationen der Verantwortlichen, der Ärzte, der Dekane und so".

Edda blickt ihn zweifelnd an, schüttelt den Kopf und beginnt zu packen. Sich dagegen zu stellen hat keinen Sinn, sie kennt Alexander gut genug.

Kabul

Auf der Rückfahrt in Richtung Banyam begegnet ihnen in einer Lichtung ein sehr alter Schäfer. Auf einen Stock gestützt winkt er ihnen zu und deutet auf die Brille von Alexander. Den Gesten entnehmen sie, dass er kaum sehen kann und sich von der Brille, auf die er weist, neue Sehkraft erhofft. Wie soll man ihm erklären, dass schlechtes Sehen nicht durch x-beliebige Gläser beseitigt werden kann. Der Alte rührt sie und ihre Hilflosigkeit macht sie traurig. Sie schenken dem Alten ein Stück Brot, das er nicht beachtet. Er deutet nur auf die Brille.

In Kabul werden sie auf dem Platz am See sofort von dem Hunderudel freudig begrüßt. Die Pappeln rauschen noch immer und spenden Schatten wie in der Woche davor und die 2 Frauen mit dem Käfer stehen auch noch an derselben Stelle. Andere Fahrzeuge bilden für sich eine Gruppe. Ein 2CV ist nicht dabei. Die Wettfahrt scheint vorbei zu sein.

Die nächsten Tage verbringen sie mit Nachforschungen in der Stadt. Alexander informiert sich im russischen Polytechnikum über die Ausbildung der Ingenieure. Er sieht Zeichnungen von Brücken und Häusern. Die Studenten sind beflissen und zufrieden mit der Ausbildung. Die amerikanische Universität, eine Campusanlage, wird gerade fertiggestellt. Es bleiben noch die Universitätsklinik, die schon einige Jahre das Land mit Ärzten versorgt und das von Frankreich initiierte Hospital. Dort erlebt er zu seiner Überraschung eine revolutionäre Stimmung. Die Ärzte, überwiegend im Ausland ausgebildete Afghanis, haben sich zu einer Aktionsgemeinschaft zusammengeschlossen. Sie wollen politischen Einfluss nehmen. "Es gibt zu viele Kranke in unserem Land und wir kommen nicht dagegen an. Das Trinkwasser ist verseucht und die hygienischen Zustände sind katastrophal". Sie weisen durch die Fenster des Besprechungsraumes auf einen Kinderspielplatz vor dem Krankenhaus. "Dort endet das Abwasserrohr des Hospitals. Alle Reste das Krankenhauses verseuchen dort den Boden".

Die jungen Ärzte sind offenbar die einzigen, die sich gegen die Apathie wenden. "Wir sehen jeden Tag die Auswirkungen der Politik. Für eine neue Moschee hat der Staat das Geld, aber nicht für eine Kanalisation". Alexander ist von ihrer Offenheit und dem Engagement beeindruckt. Sie bedanken sich für sein Interesse, entschuldigen sich mit, "die tägliche Sisyphusarbeit muss getan werden", und sind schon verschwunden.

Die Straßen von Kabul haben ihre Tücken. Nicht nur wegen der großen Löcher, der tiefen Abwasserrinnen und der vielen Fußgänger, die über die Straßen laufen, ohne nach rechts oder links zu blicken. Nein, es liegen einfach zu viele Nägel auf den Fahrbahnen. Nägel, die hingeworfen werden, wenn ausländische Fahrzeuge in Sicht kommen. Bei Einheimischen würden es die Jungs nicht wagen. Da gäbe es Prügel. Aber mit dem VW-Bus können sie es schon probieren. Vor allem, weil sie auch gleich auf die Lösung des

Problems hinweisen. 50 Meter entfernt sitzen Männer am Straßenrand, die die Reifen für ein paar Münzen reparieren.

Die Reifen des Busses sind nach und nach Opfer dieser Arbeitsbeschaffungsmethode geworden. Alle helfen den Wagen aufzubocken, den Reifen zu demontieren und mit viel Palaver wird dann das Loch im fließenden Wasser der Rinne gesucht, gefunden, bejubelt, dann mit einem abgeschnittenen Reifenflicken zugestopft und zusätzlich mit Spucke verklebt. Diese ist, wie der Luftdruck, der per Handpumpe den Flicken festhalten soll, im Preis enthalten. Ebenso die Endmontage mitten auf der Fahrbahn. Die Kosten sind wirklich gering. Sie gönnen den kleinen Unternehmern den finanziellen Erfolg, aber jeden Tag dasselbe Spiel? Also ändern sie ihre Fahrroute durch die Stadt, umfahren die Stellen und lassen in einer Werkstatt Schläuche in die Karkassen einziehen.

Ein letztes Mal wollen sie im Khyber-Restaurant eine Cola trinken, aber ohne Eis, ein letztes Mal auf dem amerikanischen Gelände Trinkwasser aus dem Tiefbrunnen pumpen, ein letztes Mal vor einem bemalten LKW die Fantasie der Künstler bewundern und dem Rudelführer ein letztes Mal die Hand ins Maul legen. Der Tank ist gefüllt. Sie verlassen Kabul am 7. Juli bei Kilometerstand 17.400, ohne ein einziges Mal Haschisch konsumiert zu haben, jedoch mit einer anhaltenden Kabulitis, die sie des Öfteren zum Halten zwingt.

"Das man immer etwas ganz anderes erhält, als man erhofft".

Die Rückreise

Das Licht ist grell über dem Morgennebel. Sie schweben mühelos mit in der Geschwindigkeit des unter ihnen fahrenden VW-Busses. Die Nebelschwaden lösen sich in der aufsteigenden Sonne auf. "Schau, da fahren sie wieder", das Flüstern von E. ist im Flug kaum wahrnehmbar.

"Jaja, jetzt geht`s zurück", rauschelt samten R., "Ist immer eine Herausforderung dieselbe Strecke zurück zu fahren. Bleibt ihnen in Afghanistan und im Iran mit nur einer Piste keine andere Wahl".

"Das ist doch eine feine Prüfung für Alexander", E. flüstert explosiv. "Prüfung? Was für eine Prüfung?", R. rauschelt ungehalten.

"Prüfung mehr im übertragenen Sinn. Die Hinfahrt war eine Willensübung und die Rückfahrt wird eine Geduldsübung. In den ersten 14 Wochen sollte er doch die Kräfte bündeln um wieder zielorientiert zu werden und in den kommenden 9 Wochen muss er die Informationen und Erlebnisse verarbeiten. Das geht nur mit Geduld und Konzentration".

"Und wir, was haben wir damit zu tun?" forscht E.

"Wir machen so weiter. Wir haben doch schon viel erreicht. Ich fühle mich ihm wie in alten Zeiten wieder zugehörig".

"Schau, sie halten. Die erste Etappe haben sie schon gut überstanden! Zoom doch mal ran, damit wir verstehen können, was sie sagen".

"Bin ich froh, dass wir heute im Hotel in Kandahar übernachten können", Alexander setzt seine Tasche ab, "der Raum ist zwar karg, aber anscheinend frei von Hausgenossen. Erinnerst du dich noch an der Hinfahrt, Edda? Die Geschichte mit den Pakistanis?"

"Ja, erinnere mich lieber nicht daran. Ich habe immer noch solche Pusteln von den Bissen. Das waren sicher Wanzen", sie schüttelt sich so, dass ihre Haare hin und her wehen, "ob wir uns heute auch eine kühles Bier leisten?"

"Ich bin nicht so erpicht darauf, aber ich hole dir gerne eines".

"Das würdest du tun?" fragt sie schelmisch.

"Klar! Meine Liebe zu dir ist ohne Tadel. Außerdem hoffe ich, dass du die Vorbehalte gegen Tantra mit dem Alkohol aufgibst".

Die nächsten 500 Kilometer von Kandahar nach Herat fahren sie in 8 Stunden und 30 Minuten ohne Halt. Unterwegs am Straßenrand passieren sie einen Land Rover mit Reifenpanne. Das Winken der jungen, ausreichend starken Mannschaft interpretieren sie als freundliches Zuwinken. Sie könnten mit Ersatzreifen nicht auhelfen. Während der Fahrt bei 50° kocht Edda dreimal Fruchtsaft zur Erfrischung auf, den sie beim Fahren trinken.

In Herat treffen sie abends ein. Die Übernachtung im Parkhotel gelingt sogar diesmal ohne Störungen durch brummende Fliegen. Die Schönheit der Menschen und das Umstapeln des Fladenbrotes neben der Fahrbahn fasziniert sie noch einmal am letzten Tag im Land der krassen Gegensätze.

"Schau R. die Geduldsübung Nr.1. Da sitzt er nun am Straßenrand gegenüber der Frau mit den Fladenbroten und beobachtet sie seit 3 Stunden und zählt, wie oft sie das oberste Brot nach unten gelegt hat".

"Ich habe mitgezählt E., 258 Mal, bis jetzt. Da bin ich genau. Es kommt bei der Konzentration auf die Kontinuität an. Vielleicht gelingt ihm die 500. Das wäre doch ein Erfolg im <flow> des Nichtstuns. Zeit im Dahinfließen bewusst genießen, ist für ihn noch eine seltene Erfahrung".

Die Fliegenschwärme und die Nadelbäume bleiben zurück, während sie Herat verlassen. Zollsperren aus Bäumen verlegen offenbar nur Einreisenden den Weg. Sie passieren die Straße ohne eine Blockade zu bemerken. War es nur ein Traum? Oder arbeiten die Wegelagerer nur im Dunklen? Die Grenze erreichen sie noch am Vormittag. 3 Stunden später sind die Formalitäten dank eines kleinen Kuverts überwunden. Die Gruppe Einreisewilliger auf der iranischen Seite scheint nie zum Ziel zu kommen. Sie winken ihnen zu, ohne zu wissen, ob es noch dieselben Wartenden sind.

Durch den Iran

Alles kommt ihnen vertraut vor. "Endlich wieder unberührte Natur", witzelt Alexander, als sie die stabile Betonpiste verlassen und er im Kontakt mit der nackten Erde die hinteren Stoßdämpfer ächzen hört. Sie sind allein auf der Piste, es sind keine 2CV unterwegs. Wahrscheinlich hat es sich herumgesprochen, dass sich Kabul nicht lohnt, vermutet er. Er weiß nicht, dass diese Wettfahrten nur einmal im Jahr kurze Zeit ausgetragen werden.

In Meshad finden sie am Flugplatz ihre Übernachtungsstelle für ungestörten Schlaf. Was will man mehr, wenn die Stadt auch beim 2. Mal kein Interesse auslöst. Sie bleiben im Liebesnest liegen, hören von weitem den Muezzin zum Gebet rufen und probieren die Gebetshaltung in eine Tantra Position zu übertragen.

Ab 8 Uhr morgens sind sie wieder auf der Strecke.

"Ich sehe nur Steine, Staub und Löcher", stellt er lapidar fest, "die Piste wird immer schlechter. Auf der Herfahrt bin ich hier noch mit 30 km/h gefahren, jetzt zeigt der Tacho nur 25 km/h.".

"Hauptsache, wir kommen voran. Du musst auf die geflickten Reifen Rücksicht nehmen".

Stunden verstreichen. Der Wagen schaukelt von Loch zu Loch. Staub umhüllt das Fahrzeug. Der Ostwind treibt den Staub in Fahrtrichtung. Nach vier Stunden Rütteln und Schlagen ändern sich die Fahrgeräusche und die Bewegung des Auf und Ab. Sie haben eine Reifepanne hinten rechts. Sie müssen Küchenkiste und Kleiderkisten heraus räumen, um an den Ersatzreifen unter dem Bett zu kommen, dann den Wagen hochbocken, die Radschrauben lösen, das Rad wechseln, den Wagen herunterlassen, die Schrauben anziehen, das Rad verstauen, Kleiderkisten einhängen, Küchenkiste befestigen und den restlichen Kram verteilen.

Heute lerne ich Geduld üben, denkt er bei sich und laut sagt er zu Edda, "als wir die Strecke in Richtung Kabul fuhren, war ich erfüllt von Neugierde und die Zeit flog dahin. Jetzt auf dieser Fahrt zurück ins Bekannte vergehen die Stunden nicht. Sie scheinen wie Honig an mir zu kleben und jedes Loch wird zum Hindernis".

"Zeit kann wirklich wie Klebstoff die Energie binden", flüstert E., "mach´ weiter so mit diesem intensiven Zustand. Da muss er durch. Die Langeweile in Aktivität zu überführen gehört zur Schulung des Willens".

Die Piste hört nicht auf. Mal geht es nach rechts, mal nach links, mal hoch, mal runter. Mit 30 Kilometer pro Stunde erreichen sie am Abend den Ort Gonbad und werden von der Arztfamilie wieder freundlich aufgenommen. Der Staub löst sich in einer erfrischenden Dusche ab und die Müdigkeit bei einem unterhaltsamen Nachtessen auf. Sie sitzen erschöpft im Wohnzimmer und fühlen sich wie ein Rentnerehepaar im wohlverdienten Ruhestand.

Der folgende Tag bringt sie zum Kaspischen Meer. In dem Seebad Babolsar, in dem Alexander im Park verfolgt wurde, finden sie für die Nacht einen guten Platz am Strand. Sie genießen das warme Wasser im Meer und säubern den Wagen vom Staub der letzten Tage. Dabei fällt Edda die Pistole in die Hand, "Schau, Alexander, wir haben dein Spielzeug nicht gebraucht!"

Hm, vielleicht hätte ich sie damals im Park auch nicht benutzt, denkt er und laut sagt er zu ihr, "leg sie vorne in das Handschuhfach, dann werfen wir sie mal weg"

Sie verlassen das subtropische Reisklima über die Passstraße nach Teheran, vereinbaren einen Termin in der VW-Werkstatt um Zündkerzen und Stoßdämpfer auszutauschen und die Bremsen auf Teheraner Verkehr einstellen zu lassen.

In Tabriz werden sie von dem Studenten der Betriebswirtschaftslehre erwartet, der ihnen den Läufer ihrer Wünsche vorlegt. Ein wirklich schöner Teppich, sodass sie nicht widerstehen können, die Galerie als Erinnerungsstück mitzunehmen. Jetzt haben sie schon zwei Vorleger um beim Frühstück Neugierige in Abstand zu halten. Sie werden die Abstandshalter nicht mehr nötig haben, denn ihre Fahrt nach der Grenze bringt sie in die Nordostecke der Türkei, in das Land der Armenier. Eine Volksgruppe, die als christlich orthodoxe Minderheit nicht nur in der Türkei unterdrückt wird, sondern auch in Südrußland, in Aserbeidschan und im Iran offiziell gar nicht existiert.

Durch die Türkei

"Ich bin wirklich froh, Edda, dass wir den Iran wieder verlassen. Ich habe mich dort nie richtig wohlgefühlt. Es ist irgendetwas Falsches in dem Verhalten der Menschen. Jedenfalls an denen, die wir getroffen haben, bis auf die beiden Ausnahmen, die Familie des Notars in Teheran, die dich so liebevoll umsorgt hat und die Arztfamilie auf dem Weg nach Meshad".

"Ja, das ist wahr, ich habe es auch so empfunden. Vermutlich ist die Religion eine der Ursache, die unterschwellig als Bewertungsinstanz bei den Einheimischen präsent ist".

Er nickt, "so könnte man es ausdrücken. Hier, im armenischen Teil der Türkei, fühle ich spontan eine andere Schwingung. Es Ist doch eigenartig, dass so etwas in der Luft liegt, nicht wahr?"

Sie fahren durch eine karge, hügelige Landschaft, die sich nach Osten zu einem Gebirgszug auffaltet. Die Straße, wie mit einem Lineal gezogen, liegt in der Steppe vor ihnen. Ziegen und Schafe stehen wie Spielzeugtiere in der Weite der Landschaft, beim Vorbeifahren heben sie die Köpfe. Menschen sind keine zu sehen, bis sie an eine Anhäufung von Steinbergen kommen, die seitlich von ihnen auf einem Hang verteilt liegen. Beim Näherkommen sehen sie Lebewesen unterschiedlicher Größe aus den Steinbergen herausquellen, auf sie zu rennen und winken.

"Das sind Kinder", ruft Alexander überrascht, "sie sind in Schaffelle verpackt und die Köpfe sind auch mit Fellen vermummt. Es muss hier ziemlich kalt sein".

"Wo kommen die plötzlich alle her?", Edda kann es nicht fassen, "kommen die wirklich aus diesen Steinhaufen? Halte doch mal an. Ich glaube, die sind friedlich. Es sind doch nur Kinder".

Immer mehr kommen herbeigelaufen. Sie verschenken ihre iranischen Münzen, die sie nicht mehr brauchen. Freuderufe breiten sich aus. Jetzt erkennen sie, dass die Steinhaufen die Zugänge zu Erdhöhlen bilden. Alexander ist entsetzt, "die Menschen leben in Erdhöhlen!"

"Hast du mir nicht auf der Herreise vorgelesen, dass die Armenier von den Türken aus Erzurum vertrieben wurden?"

"Ja, viele wurden damals bei der Vertreibung ermordet! Du meinst, sie haben sich hier versteckt und leben seit über 50 Jahren in diesen unmenschlichen Zuständen?"

"Wir werden es nie erfahren! Aber schau nur! Die Kinder mit ihren neugierigen, offenen Augen, wie sie sich freuen und lachen! Für uns scheint es schrecklich, für sie ist es normal, so zu leben".

2 Pakete Zwieback aus dem Reserveproviant verteilt sie noch, dann startet er den Wagen. Die Vermummten bleiben ihnen lange in lebendiger Erinnerung, wie winkend hinter dem Bus herliefen.

Alles das, was sie an diesem Tage noch beim Besuch der alten Festungsstadt Kars sehen, sei es die Zitadelle oder die Architektur der <Belle Epoque>, erscheint ihnen bedeutungslos im Verhältnis zu dem Erlebnis mit den Höhlenkindern. Auch die Weiterfahrt zum Schwarzen Meer über eine staubige Schotterpiste mit zwei Reifenpannen bringt sie nicht aus der Balance. Die Störungen der Nacht nehmen sie ebenso gelassen hin, wie das feuchtheiße Klima der Küstenregion, das sie im Iran so aggressiv machte. Sie freuen sich über die Rückkehr in die Zivilisation, über die gut ausgebauten Straßen, über die hübsch angelegten Parks der türkischen Seebäder Trabson und Samson. Und sie freuen sich natürlich über das mühelose Aufnehmen von Trinkwasser, über die türkische Küche, über den Regen, über das warme Meer und über einen Camping-Platz am Meer, auf dem sie eine Woche bleiben.

"Ein Schock war das mit den Höhlenkindern, nicht wahr?" R. rauschelt samten, *"manchmal ist der Zufall doch ein großer Lehrmeister, stimmt`s E.?*

"Hm, große Dinge passieren einfach", stimmt E. zu, *"die Kunst des Lebens liegt halt im Geschehen lassen, im Zulassen, in dem Fluss des Seins aufzugehen. Das ist die höchste Stufe in der Bildung von Geduld".*

MORGENLANDFAHRER

"Was hat er eigentlich mit den Filmaufnahmen von Kabul vor?"

"Er denkt an ein Konzept, das Positives und Negatives der Entwicklungshilfe aufzeigt. Du weißt doch, dass ihn schon seit Jahren philosophische Probleme interessieren. Bei Nitsche las er doch den Absatz über die Liebe, die nur erfahrbar ist, wenn Gut und Böse untrennbar erlebt wird".

"Ich erinnere mich. Jaja, wie die Zeit vergeht", R. rauschelt wehmütig. "und nach der Erholung hier am Schwarzen Meer?".

"Ankara, Bursa, Istanbul, eine Kunstgeschichtsreise zu den Wurzeln der Osmanischen Architektur".

"Muss das sein, E.? Diese Hüllen der Vergangenheit. Die arme Edda! Das ist doch alles nur kalte Pracht!"

"Das musst du gerade kritisieren R.! Du bist doch der Ästhet!"

Am 28. Juli abends erreichen sie Ankara. Es ist eine moderne Stadt, eine Stadt, die von deutschen Stadtplanern in den 20er Jahren geplant wurde. Die Gastfreundschaft, die ihnen in der ganzen Türkei begegnete, beruht auf der alten Völkerfreundschaft zwischen Deutschland und der Türkei aus der Zeit des 1. Weltkrieges. Damals stand die Türkei auf deutscher Seite und deutsche Offiziere halfen bei der Vertreibung des armenischen Volkes. Unter Atatürk, dem Begründer der modernen Türkei, wuchsen die Beziehungen weiter zusammen. Moderne Wohnviertel im Bauhausstil entstanden und prachtvolle Straßenzüge als ein Ausdruck des neuen Nationalismus.

Nach einem Parkplatz für die Nacht suchend, verscheucht sie die Polizei mehrfach unfreundlich. Die sympathische Geste der Gastfreundschaft, beide Daumen der eigenen Hände aneinander zu reiben und dabei dem Fremden freundlich zu zunicken, die sie im Land oft empfing, gilt offenbar nicht im Machtzentrum. Sie weichen in das Wohnviertel der amerikanischen Kolonie aus. Die Begeisterung für moderne Architektur ist gedämpft.

Auch Istanbul, das sie in den folgenden Tagen besuchen, begeistert sie nur partiell. Die Proportionen der Moscheen des großen Architekten Sinan überzeugen sie wegen der einmaligen Lichtführung aus raffiniert hoch angelegten Öffnungen. Das Licht aus den Kuppeln streift die blaugrünen Fliesenwände und das flach einfallende Licht aus den tiefliegenden Fenstern lässt die roten Farbstufen der Teppiche aufleuchten. Aber die Volumen der Baukörper aus dem 16. Jahrhundert lösen bei ihnen nur ein bedrückendes Gefühl einer Machtrepräsentation aus.

"Wie viel Leid und Unterdrückung diese kalte Pracht möglich gemacht hat? Was wir an Schönheit der überkommenen Baukunst bewundern, ist doch meistens unter viel Unglück und Schmerz entstanden. Da behält der <olle> Nietzsche wieder mal recht: Das Gute und das Böse bilden eine Einheit".

"Es gibt aber auch andere Architektur", widerspricht Edda "in der sich das Leid nicht so äußert, wie in dieser strengen Ästhetik. Denk mal an die Hamam Bäder, die wir in Bursa besucht haben".

"Ja, richtig, die Baderäume, die die menschlichen Bedürfnisse und Maßstäbe widerspiegelten, hatten mir beim Besuch auch gefallen. Ich hatte im Dampfbad gar keine negativen Assoziationen".

"Naja, Bursa war in der Blütezeit des osmanischen Reiches auch nicht mehr die Hauptstadt", erinnert sie, "diese einfachen monolithischen Volumen der Bäder und Moscheen wurden im 14. Jahrhundert errichtet, als das Reich noch nicht so mächtig war".

"Wie gut, dass wir dieses Buch über osmanische Bauten bei uns haben", beendet er den Ausflug in die Geschichte der Baukunst.

In den nächsten 3 Tagen, während der Bus fahrtüchtig gemacht wird, unternehmen sie weitläufige Spaziergänge durch die Altstadt von Istanbul. Sie bewundern an vielen alten Gebäuden die typischen Holzerker mit den Gittern vor den Fenstern der Frauenräume und besichtigen des Topkapi Seray und der Hagia Sofia.

"Was für eine Kuppel", staunt Edda, "diese riesige Dimension, diese Höhe! Und das war das Vorbild für die Moschee Baukunst?".

"Ja, die Kuppelkirche war das Zentrum des Byzantinischen Reiches. Das Bauwerk wurde im 5. Jahrhundert errichtet. Damals hieß die Stadt Konstantinopel und erst nach der Eroberung im Jahr 1453 durch die Osmanen wurde sie zu Istanbul". Sie staunen über die Kraft des Glaubens, die solche Wunder vollbringt.

"Die Paläste und Wohnhäuser aus der Mitte des 18. Jahrhunderts sind mir eigentlich sympathischer", stellt er fest, "die Räume sind zwar ziemlich hoch, aber die Lichtfülle aus den hochliegenden Öffnungen erzeugt mit der Sitzkissenreihe vor dem unteren Fensterband eine angenehmere, eine festlich einladende Stimmung".

"Und die Höhe der Räume war bestimmt von Vorteil, wenn die oberen Fenster zur Kühlung benutzt wurden".

"Klar, so als natürliche Klimaanlage, wie in der Wüstenarchitektur von Yazd".

Abends genießen sie die gute türkische Küche mit köstlichen Fischgerichten und die zauberhafte Atmosphäre am Bosporus. Leider sind die Übernachtungen mit weiten Wegen in die neuen Vororte verbunden. Denn nur dort finden sie auf den Stellplätzen vor den Wohnhäusern der neuen Mittelschicht ihre Nachtruhe.

Der letzte Tag führt sie zur berühmten Blauen Moschee, eine wahre Touristenattraktion. Alexander kann sich mit Kritik nicht zurückhalten, "Schlecht proportionierte, riesige Porzellanschatulle, aber immerhin mit viel Luft und kühler Innentemperatur, was ja auch nicht zu verachten ist".

Am 5. August setzen sie mit der Fähre nach Uskedar zur europäischen Seite Istanbuls über. Dort vertrödeln sie den Tag mit Besichtigungen einer Moschee und einer Medrese des berühmten Architekten Sinan ohne weitere Komentare. In einem Bazarbesuch mit Einkäufen von Dingen, die sie nicht wirklich brauchen, verlieren sie ihre Zeit, die sie beim Verzehr eines köstlichen Döner Kebab, den sie dort essen, als Höhepunkt des Nachmittags wieder finden. Das Mahl regt ihre Lebensgeister ebenso an, wie eine anschließende Lesepause auf einem Platz über dem Marmara Meer, wo sie zufrieden die Nacht in Ruhe verbringen.

Grenzerfahrungen

Am 7. Juli treffen sie nach 24.000 km mittags auf die Grenze zu Griechenland. Sie sehen erstaunt die Schlagbäume und die Uniformierten. Die schon ungewohnte Szenerie wirkt auf die beiden wie eine Konzentration der Kontrolle. Wie war es doch so gemütlich an den weiter östlich liegenden Grenzkontrollen zugegangen.

"Haben Sie etwas zu verzollen?" Die übliche Frage sogar auf Deutsch. Sie verneinen, schütteln den Kopf. Was sollen wir denn schon verzollen? Wo nach können die denn suchen? fragen sie sich stumm in die Augen des Partners blickend.

"Irgendwelche Drogen, Opium, Haschisch?"

"Nein, aber nein!"

"Kunstgegenstände? Archäologische Fundstücke?"

"Nein, auch nicht!"

MORGENLANDFAHRER

"Zeigen Sie bitte Ihre Pässe!".

Sie reichen die Dokumente. Der Beamte blättert und stellt fest, "Sie waren in Afghanistan?"

"Ja, für vier Wochen".

"Was haben Sie dort gemacht?"

Alexander fällt eine Antwort ein, "Verwandte besucht, die dort als Entwicklungshelfer arbeiten".

Der Uniformierte ist unschlüssig, "keine Drogen?"

"Sehen wir so aus?", fragt Edda schon innnerlich erregt.

Er reicht die Dokumente zurück, "Sie können passieren", wobei er noch einmal mit Argusaugen um das Auto herumgeht, bevor er den Schlagbaum hebt. Alexander startet, fährt ein paar Meter.

"Halt mal da vorn", ruft Edda, "da hängt eine Eisfahne. Ich habe solche Lust auf ein Eis!" und schon springt sie hinaus, kaum dass der Wagen hält, das Geld in der Hand. Alexander wartet. Plötzlich hört er Geschrei. Eddas Stimme tönt erzürnt aus dem Laden. Die Tür wird aufgerissen, sie stürmt heraus, hat das Eis noch in der Hand und wirft es auf den Boden. Sie will zurück in den Laden, da hält sie der Uniformierte, der uns passieren ließ, an einem Arm fest.

Sie wehrt sich schreiend, "Unverschämtheit! So ein Eis zu verkaufen!. Ich will mein Geld zurück!"

Ach, Edda, denkt er, muss das sein? Es war ein so schöner Tag!

Sie schreit immer noch erbärmlich.

"Kommen Sie mal mit mir", der Beamte hält sie fest im Griff. "So, jetzt gehen wir mal zum Auto und nun schauen wir uns mal an, was sie so alles versteckt haben".

Sie ist sprachlos und blickt den Zollbeamten entgeistert an. "Wieso?" ist das einzige, was sie herausbringt.

"Wer sich so auffällig verhält, macht sich immer verdächtig", ist zweifellos eine einsehbare Erklärung.

Auf Anweisung steigt Alexander aus. Dann geht es los. Der Beamte lässt sich alle Tascheninhalte zeigen. Die Küche muss ausgeräumt werden. Er greift selber nach vorn in die Kartenablage und findet den Revolver, der dort seit dem Saubermachen unbeachtet und unbenutzt liegt.

"Wo sind die Patronen?" fragt er scharf.

Sie blicken sich fragend an. Sie wissen es nicht.

"Irgendwo hinten in der Kleiderkiste", glaubt Edda sich zu erinnern. Es nutzt alles nichts. Das gesamte Fahrzeug muss ausgeräumt werden. Alles sammelt sich auf dem Bürgersteig. Die Inhalte der Kisten werden sorgfältig untersucht. Die Reifen, das Werkzeug, die Tanks, alles, alles wird geprüft, geschüttelt, beschnüffelt. Die zwei Teppiche unter den Matratzen werden herausgeholt, interessieren jedoch nicht weiter. Endlich findet sich die runde Metalldose mit den Patronen in einer Tasche, die an der Verkleidung des Busses angeklebt ist. Der Zollbeamte ist endlich zufrieden, klärt sie mit ernster Stimme über die Konsequenzen ihres Vergehens auf. Sie hören verstört und still zu.

"Die Pistole und die Munition werden konfisziert. Sie müssen in dem Kommissariat in Alexandropolis eine Aussage machen und unterschreiben. Nun können Sie Ihre Sachen wieder einräumen.

Hoffentlich war das für ihre Frau eine Lehre, sich nicht mehr so unverschämt aufzuführen!" Er ist noch richtig ärgerlich.

Alexander besinnt sich und fragt, "und wann fahren wir nach Alexandropolis?"

"Morgen früh um 7 Uhr", ist die knappe Antwort. Jetzt ist es 4 Uhr nachmittags. Eine Stunde später ist alles verstaut. Was tun? Sie warten. Sie lesen. Alexander hält sich mit Vorwürfen zurück.

R. rauschelt samten "gehört diese Fahrtunterbrechung zu deinem Konzept Geduldsübung für Alexander?"

"Wenn es dir gefällt, sage ich ja", flüstert E., "abgesehen von der Idee des Zufalls, könnte ich natürlich als Regisseur behaupten, dass eine Waffe zu Beginn einer Reisegeschichte auch zu einer Schlusspointe führen müsste. Als Geduldsübung ist dieser Aufenthalt wirklich spitze. Daran werden sie noch Jahre zurückdenken. Denn später, wenn die Scheinwerfer der Zollstationen brennen, sitzen sie wegen der Hitze draußen. Moskitos werden ihre Beine zerstechen, viele Stiche an den Knöcheln, durch die Strümpfe hindurch, viele, die sie nicht zählen können. Tagelang werden sie sich kratzen, bis das Blut kommt. Das Erlernen von Geduld verbunden mit einer intensiven Körperempfindung, war immer wirkungsvoll".

An Schlaf ist wirklich nicht zu denken. Als sie um 9 Uhr das Kommissariat in Alexandropolis nach der Befragung, dem Verfassen eines Protokolls, in dem sie erklärten, auf Waffe und Munition freiwillig zu verzichten, dem Verlesen des Protokolls einschließlich ihrer Unterschriften, verlassen und auf der Straße stehen, müssen sie sich erst mal wieder kratzen.

"Und nun? Edda?" "Und nun? Alexander?"

"Ich glaube, das Meerwasser wäre die richtige Therapie für offene Wunden", schlägt er vor.

"Lass uns doch einfach dorthin fahren, wo unsere Reise in der griechischen Kneipe begann".

"Du meinst Stavros?"

"Ja, ich meine Stavros. Dort finden wir sicher eine Bucht, in der wir uns von dem Schreck erholen können".

"Von welchem Schreck redest du?" fragt sie scheinheilig.

"Ach, Liebste, manchmal glaube ich, du bist der Schreck in Person für mich".

Ein Paradies

Eine Bucht, die man niemals wieder im Leben vergisst, findet man nur, wenn man eine klare Vorstellung von ihr hat und wenn man bereit bist, dafür Zeit und Geduld zu opfern, denkt Alexander den ganzen Sonnabend, während sie an der Küste nach Süden in Richtung der Athos-Klöster fahren. Die Straßen sind schmal und ohne Befestigung. Die Orte, die sie durchfahren sind kleine Straßendörfer mit Allzweckbedarfsläden und einer Kneipe, die hier Kafeion heißt und auch als Bar genutzt wird.

"Was suchst du denn für eine Bucht Alexander?" Edda hat schon genug.

"Eine einsame Bucht wie damals im Patmos, in der wir ganz allein sind".

"Aber nicht so weit entfernt von einem Restaurant oder einem Laden", wendet sie ein. Einige Kilometer hinter dem Ort Stavros geht ein kleiner Seitenweg zum Meer ab, endet oberhalb einer Sandbucht von 100 Metern Breite, die von der Straße nicht einsehbar ist.

Große, dichte Brombeerhecken, voller Früchte, umgeben die Bucht und überziehen die Hügel bis zum Horizont hin.

"Eine wilde Ecke", Edda ist zufrieden mit der Wahl, "und zum Ort können wir in einer Stunde zu Fuß gelangen". Sie richten den Wagen aus, bauen das Vorzelt auf, inspizieren die Umgebung.

"Menschen müssen schon hier gewesen sein", stellt er fest, "da sind Reste von Lagerfeuern. Hier liegen auch alte Blechdosen".

"Tja, Alexander, ein Paradies ist es nicht, aber wir können es uns paradiesisch machen".

Edda zieht sich aus, genießt die Sonne. Das warme Wasser des Mittelmeeres umspült ihre Füße. Hin und wieder rennt sie jauchzend ins Wasser, planscht ausgiebig, zieht ein paar Runden durch die Bucht, klettert über Alexander, der noch nicht angekommen ist, lockt mit ihrer nackten Schönheit wassertriefend zum Spiel.

"Ich brauche noch einen Tag. Ich gehe erst mal in den Ort, Wasser und Brot holen, vielleicht gibt es auch Gemüse".

So gewöhnen sie sich wieder aneinander und an die paradiesische Situation. Morgens sammeln sie gemeinsam Brombeeren, um daraus Marmelade und Saft für das Frühstück zu kochen. Das Brot aus dem Ort ist einfach und schmeckt gut.

"Ich bin schon glücklich, wenn ich dieses frische Brot ohne Sand zwischen den Zähnen essen kann".

Mittags essen sie nichts. Abends kochen sie Kartoffeln und anschließend in der Pfanne Zwiebelgemüse. Wegen der vielen Moskitos müssen sie im Wagen essen, hinter den Insektennetzen, die sie an allen Fenstern befestigt haben. Die Nächte sind sternenklar mit Glühwürmchen und Zikadenzirpen. Sie schlafen selig Hand in Hand oder dicht einander gedrängt in langer Umarmung.

MORGENLANDFAHRER

Nach drei Tagen taucht ein Single auf, der auch einen Anspruch an das Paradies geltend macht. Der deutsche Lehrer stört ein wenig die Idylle mit seiner aufdringlichen Art die Weltprobleme zu thematisieren. Das ist schon der Übergang zum Wochenendgeschehen. Freitagnachmittag füllt sich die Bucht Stunde um Stunde mit griechischen Familien aus den Städten, die ebenfalls einen Fleck des Paradieses für sich beanspruchen. So werden sie ein Teil einer Gemeinschaft singender, trinkender, spielender Erholungssuchender, die durch Lagerfeuer, Lärm, Rauch, Geschrei und Gestank die guten Schwingungen der Bucht vertreiben. Edda und Alexander ziehen sich ins Auto zurück, sind eingeschnappt, vor allem auch, weil die Familienväter sich über die doch wirklich attraktiven, unbekleideten Körper der beiden aufregen und sogar mit der Polizei drohen.

"Die wollen mit ihren Bäuchen bloß nicht wahrhaben, wie sie sich verändert haben".

"Vielleicht befürchten sie auch einen Ständer zu bekommen, wenn ihre Blicke deinen Busen oder Schoß streifen".

Der Samstag und Sonntag erfordert Geduld. Sie entscheiden, das Paradies durch größere Spaziergänge auszudehnen. Ab Sonntagnachmittag bröckelt die Gemeinschaft. Abschiedsrufe, Kinderweinen, Väterbefehle und Mütterjammern entfernen sich. Müllberge, Lagerfeuerreste erinnern an das vergangene Familienglück. Der Müll wird am nächsten Morgen sogar abgeholt. Der Regen der folgenden Tage wäscht die noch störenden Überbleibsel hinweg. Das Paradies gehört ihnen wieder allein. Nun haben sie die allgemeinen Aneignungsregeln für Paradiese kennengelernt. Die Einsicht, dass Schönes und Hässliches zusammengehören, bestätigte sich erneut.

Die zweite Woche ist wieder geruhsam. Fünf Tage ohne Besucher. Die Tage vergehen mit Wasser und Brot holen, Brombeeren pflücken und einkochen, Zwiebeln braten und mit Lesen, Sonnenbaden und Schwimmen. Sie lassen die Abende in Sonnenuntergängen versinken, reden über Vergangenes und die Gegenwart.

"Weißt du übrigens, dass heute unser 3. Hochzeitstag ist?"

"Ach ja?" Sie ist überrascht, "stimmt, wir haben im August 67 geheiratet. Und?"

"Nichts weiter, ich wollte dir ein Gedicht schenken, wenn du magst. Ein Liebesgedicht, das sich über die Jahre unseres Beisammenseins erstreckt".

"Ich versteh nicht, was du meinst. Hast du das Gedicht fertig?"

"Es existiert in mir mit dir und jeden Tag neu. Das Gedicht ist in allem enthalten, was ich für dich tue. Das Gedicht der Liebe ist ein Prozess des liebevollen Daseins, es entsteht aus der Liebe selbst. Wenn die Gegensätze, die Nähe zu dir und die Ferne zu dir, das Einssein mit dir und die Entfremdung zu dir, nicht mehr von Bedeutung sind, ist die Liebe wirklich da. Sie existiert jenseits der vorhandenen Widersprüche. Verstehst du?"

"Naja, ich versuche und das ist ein Gedicht? Nimm mich lieber in die Arme und küsse mich". Sie drängt sich an ihn, um ihr versecktes Gähnen zu verbergen.

Nach einigen Minuten beginnt Alexander einen neuen Versuch, "schau, diese Familien, die am Wochenende hier in der Bucht waren. Möchtest du so ein Leben mit mir führen? Nach ein paar Jaren alltäglicher Gewohnheiten, ohne bewusstes Erneuern der Liebe, geht das Glück verloren. Anstelle des Glücks treten die Sorgen, manchmal auch die Eifersucht, oft nur die Gleichgültigkeit. Aber die Liebe, das Schönste im Leben, die das Leben erst lebendig macht, ist ein immer währender Zustand, der die ganze Aufmerksamkeit der Liebenden verdient. Es ist <a work in progress>. **Die**

Liebe als Lebensgedicht ist das Leben als Liebesgedicht, könnte als Spruch über meinem Heim stehen, falls ich mal eines besitzen sollte", schließt er scherzend und gibt ihr einen sanften Stups.

Das Wochenende wiederholt sich. Die Griechen kommen, lärmen, amüsieren sich, genießen auf ihre Art die Freizeit und verlassen das Paradies, ohne an einen Sündenfall zu denken. Das Wetter ändert sich. Wind kommt auf. Wellen peitschen den Tang des Meeres an den Strand. Sie behalten ihre täglichen Genüsse bei. Auch im Regen ist das Mittelmeer warm. Das Wageninnere ist mit Kissen und Decken ausstaffiert und sie liegen beieinander, lesen und lassen die Zeit verstreichen. Die Gedanken reisen in die Zukunft, nach Deutschland, in die Heimat, die sie in nicht allzu fernen Tagen wieder erreichen werden, nach Berlin, zu dem Miethaus von Edda, zu den Alltagsproblemen mit Verwaltung und Mietern, zu der Gaststätte, von deren Einnahmen sie solche Reisen machen können. Sie denken daran, wo sie in den nächsten Monaten wohnen werden. Ihr schönes Apartment am Breitenbach Platz haben sie aufgegeben, die Möbel sind untergestellt. Vielleicht wird eine Wohnung in dem Haus von Edda frei? Vieles bleibt offen. Alexander erscheint die Zukunft wie eine offene Landschaft. Soll er sich wieder der Architektur zuwenden? Soll er sich mehr um die Filmerei kümmern? Was wird aus dem Projekt Kabul, an dem er jetzt täglich arbeitet?

R. rauschelt samten, "er steht kurz vor dem Durchbruch zu sich selbst, nicht wahr E.? Scheint frei von Vorbedachten zu sein, frei für Neues".

"Ganz deiner Ansicht R.", *flüstert E., "die Geduldsübungen seit dem Stress an der griechischen Grenze hat er bestanden. Die zielorientierte Strenge ist wirklich großer Gelassenheit gewichen. In den kommenden Tagen wird er sich noch mehr lösen und auch die Freiheit körperlich ausleben. Das wird dann <your turn> R.! Wahr-*

nehmungen zu optimieren und zu genießen ist doch deine Spezialität, nicht wahr, R.?"

"Du willst also, dass er das Fallenlassen körperlich genießt? So die Freude am kindlichen Spiel? Sich hingeben an die Elemente?"

E. nickt. "Dann wird er mit mir sein großes Glück erfahren und nicht mehr von mir lassen wollen", freut sich R.

So vergeht auch das dritte Wochenende mit griechischer Familienunterhaltung. Die letzten drei Tage, allein am Strand des wiedererlangten Paradieses, sind für Alexander die schönsten und eigenwilligsten der Reise. In einem kindlichen Spiel überlässt er sich ganz dem Element Wasser, das ihm seit der Kindheit aus Angst vor dem Ertrinken fremd war. Ein großes Stück Holz wird zu einem Krokodil, das ihn zum Kämpfen und Siegen herausfordert. Auf dem Rücken schwimmend vertraut er sich endlich dem Element an. Ein bisher unbekanntes Lustgefühl überkommt ihn. Alles scheint möglich. Er gewinnt Vertrauen in die eigene Natur. Die Wahrnehmung des Körpers, die Kraft der Glieder, der Übermut beim Tauchen, verändert sein Selbstwertgefühl. Das Sein wird endlich lebendig. Jetzt würde er am liebsten nicht mehr von der Bucht lassen.

Aber ein Wetterumschwung mit kühlen Regenschauern und ein Stimmungsumschwung bei Edda wegen seines Übermutes erreichen endgültig den schon überfälligen Abbruch der Ferien im Paradies. Das Vorzelt hat der Wind bereits abgebaut. Die Utensilien werden verpackt. Ein letzter Blick auf den Ort der genossenen Veränderungen und er startet den Motor.

MORGENLANDFAHRER

Zurück in Europa

Die Fahrt nach Norden geht zügig voran. Auf der Autobahn in Richtung Saloniki platzt vorn rechts bei 110 km/h der Reifen. Der Wagen zieht gegen den Standstreifen, kommt nach einigen 100 Metern zum Stehen.

"Wir lassen auch nichts aus", ist sein Kommentar.

"Wirklich prima gemacht, Alexander, wie du das Auto abgefangen hast". Er steigt aus, sieht sich den Schaden an, zuckt mit den Schultern und beginnt mit den Vorarbeiten zum Reifenwechsel.

Die Nacht verbringen sie in Jugoslawien, irgendwo an Bahngleisen im nirgendwo. Die Fahrt führt sie weiter nach Skopje, Beograd und Ljubljana, das alte Laibach, in dem sie den morbiden Charme der K.u.K. Monarchie noch spüren. Der Zauber der Vergangenheit reizt sie zum Übernachten in der Nähe eines alten Heilbades, das sie an den Film von Alain Resnais <Man wird mich wiederfinden> erinnert. Der morgendliche Kaffee in einer alten Wiener Kaffeehausstube erneuert zwar die Atmosphäre, aber leider nicht ihre Lebensgeister. Der Kaffee erweckt nur Erinnerungen an Kaffee.

Österreich empfängt die Reisenden im Regenschleier. Sie fahren ohne Unterbrechung, erreichen am 6. September, an einem Sonntagnachmittag, Süddeutschland. In ihrer seit Monaten gewachsenen Unbekümmertheit wollen sie auf einem Feldweg in der Nähe eines Dorfes nächtigen. Aber deutsche Bauern wissen genau was sich gehört, nämlich weg von ihrem Eigentum.

"Geht doch nach drüben oder mindestens auf den nächsten Campingplatz!", schreit er ihnen hinterher. Sie finden im Dunkeln einen anderen Platz auf einem abgeernteten Feld. Am nächsten Morgen beim Einkauf von Lebensmitteln sind sie von den Preisen der Nahrungsmittel überrascht.

MORGENLANDFAHRER

"Hat sich inzwischen alles so verteuert? Oder haben wir die Preise vergessen?"

Es ist alles sauber und akkurat in den Supermärkten und die Menge des Angebots und die Auswahlmöglichkeiten irritieren sie sehr. Ihnen erscheint Deutschland eng, kleinlich und übertrieben ordentlich. Zum Nachmittag gönnen sie sich eine Auszeit im Altmühltal: Natur pur, ohne Beanstandungen, ohne Verweise. Sie wollen baden, lesen und entspannen, bevor die letzten 200 Kilometer bis zur deutschdeutschen Grenze ohne große Begeisterung für das deutsche Mittelgebirge an ihnen vorbeirauschen.

Grenzkontrolle zum Niemandsland der DDR. Wozu etwas wahrnehmen, was sich nur als Unbehagen in der Seele eingebrannt hat? Es war wie bei jeder Fahrt durch den real existierenden Sozialismus diese unaussprechliche Empfindung der Transitreisenden, wie sie offiziell genannt werden, die sie erneut einnebelt. Aus diesem Zustand erwachen sie erst wieder, als sie endlich am Abend des 8. September an der Havel am sog. großen Fenster bei dem Restaurantschiff <Alte Liebe> Berliner Luft einatmen.

Der Tachometer zeigt 26.500 gefahrene Kilometer. Sie sind wieder da und auch nicht da! Sie können sich nicht vorstellen, in einer kleinen Wohnung zu leben, in einem geschlossenen Raum zu übernachten, ohne das Rauschen von Wasser, von Wind und Bäumen direkt zu hören. Sie suchen nach einem stillen Parkplatz in der Nähe von Schildhorn und richten sich für die Nacht ein. Alles um sie herum ist fast so, wie es in den letzten Wochen war. Sie genießen die rauschende Stille, die samtene Luft, die flüsternden, inneren Stimmen und die explosive Schwingung um sie herum. Glücklich träumen sie von einem Sein ohne Grenzen und Raum.

Plötzlich dröhnen Schläge an der Außenhaut ihres Schutzraumes: "Aufmachen! Polizei! Was machen Sie hier! Zeigen Sie mal Ihre Ausweise".

MORGENLANDFAHRER

Aus dem Schlaf gerissen, fühlen sie sich ertappt und hilflos. Die Autorität des Ordnungsstaates spielt seine Überlegenheit aus und sie fügen sich widerspruchslos.

"Nein, wir haben hier gestern Abend niemanden gesehen. Nein, kein anderes Auto. Ja, wir übernachten hier. Ja, wir sind von einer längeren Reise gerade den ersten Tag wieder in Berlin. Ja, natürlich haben wir eine Wohnung. Wir sind doch keine Obdachlose! Können wir nun hier stehen bleiben? Danke, also bis morgen. Gute Nacht".

Eine Woche unter regelmäßiger Polizeiaufsicht und unregelmäßigen, nächtlichen Ausweiskontrollen halten sie aus. Dann reicht ihnen die bundesdeutsche Wirklichkeit und sie finden sich wieder in einer Dreizimmerwohnung, von der sie monatelang nur ein kleines Zimmer benutzen werden. Ein Hochbett auf einer Stahlkonstruktion für die Matratze aus dem Bus, darunter ein Arbeitsplatz am Fenster und Kleiderhaken an der Tür sind alles, was sie brauchen. So versuchen sie das verlorene Leben im Bus zu verlängern. Einige Wochen später wird In der Küche auf einer alten Kochmaschine eine Sitzbadewanne zum Luxusgut.

Die Nähe der Zweisamkeit braucht Zeit zum Lösen der so schön klebenden Fäden eines selbstgesponnen Liebesnetzes. Nach einer Weile der Illusion von anhaltender Paradiesstimmung überfällt die beiden Rückkehrer das pralle Leben in einer Nacht mit Feueralarm. Die Gaststätte brennt ab. Aber das ist eine andere Geschichte.

Über den Autor

Im November 1939 in Berlin geboren, prägten Kriegs- und Nachkriegsjahre seine Jugendzeit. Mit 16 erlernte er das Tischlerhandwerk, studierte dann Innenarchitektur und arbeitete als Architekt in Berliner Büros.

1970 bereiste er 5 Monate im VW-Bus den Vorderen Orient und Afghanistan. Anschließend studierte er Stadtplanung an der HdK Berlin, machte sich selbstständig und errichtete Solar-Passiv-Häuser in Berlin.

Ab 1980 erweiterte er seine Fähigkeiten mit Studien in der Astrologie, Meditation, NLP-Therapie und der Feldenkrais Methode. 1986 gründete er das Centrum für bewusstes Leben (CBL) in Hameln. Seine spirituellen Erfahrungen vertiefte er in mehrmaligen Reisen zu einigen Ashrams in Indien.

Seit 2000 lebt er an der Küste der Algarve in einer Herberge, die er für Gäste, Freunde und der eigenen Familie errichtet hat. Er ist verheiratet und hat 4 Kinder.

Neben den visuellen Ausdrucksformen Film und Malerei, die ihn seit seiner Studentenzeit beschäftigt hatten, begann er in den 70ger Jahren zu schreiben. Es entstanden ein Gedichtband im Selbstverlag, Reisebeschreibungen und 2010/11 die vorliegende Autobiographie.

Seit 2013 erschienen von dem Autor unter seinem Pseudonym Satgyan Alexander mehrere Romane im Verlag tredition GmbH.

https//tredition.de/autoren/satgyan-alexander-21790/

https//www.satgyan-alexander.de